破案女神

從學院講堂、急診病房到FBI的地下室，
找出與殺人魔對話的方法，寫下解讀邪惡之心的規則，
「行為科學組」與犯罪剖繪技術的幕後女傑

A Killer by Design

Murderers, Mindhunters, and My Quest to Decipher the Criminal Mind

安・伍柏特・布吉斯、史蒂芬・馬修・康斯坦丁 — 著　　高子梅 — 譯

謹以此書紀念

羅伯・肯尼斯・芮斯勒（Robert Kenneth Ressler）

羅伯特・洛伊・哈茲伍德（Robert Roy Hazelwood）

琳達・利特爾・霍姆斯壯（Lynda Lytle Holmstrom）

目次

作者前言

致讀者：

本書包含以下可能導致負面情緒的元素：暴力、凶殺、綁架、性侵、家暴（包括針對孩童和動物）、性別歧視、厭女、種族歧視、精神疾病。

請注意，本書記述的是我在工作上與執法人員、犯罪行為受害者、以及凶犯之間的互動。書裡對話來自於真實事件確切發生當時的抄本與錄音。資料不足時，我會根據前後的文件記載以及我自己的記憶所及來呈現對話。

有些內容非常逼真，但並非聳人聽聞或大肆渲染，而是為了忠實呈現事件的發生，以免削弱這些犯罪行為的真正本質、以及它們所造成的創傷。我誠摯希望這本書能提醒我們：永遠不要遺忘被害者，並尊敬和追念書中出現的敘事者。

序章　先從考試開始

我逐一檢視攤在桌前的照片。它們分成三組，每一組都是標準的鑑識照片，都有全景、中景、和特寫的取鏡。在標示為「丹尼，九月二十一日」（Danny 9.21）的第一組照片裡，全景照攝於內布拉斯加州寧靜的郊野，景致看似一片田園風光。但是這片景觀只是充當背景，真正的焦點是藏在裡頭的那一小具屍體，被局部覆蓋在一條土路旁的長草叢底下。中景照更令人不安，照片裡是死亡的男性被害者——可能是一名孩童或是少年，身體以一種不自然的下腰方式向後折，手腕和足踝都被繩索綁住，除了一條海軍藍的內褲之外，全身赤裸。特寫照則聚焦在男孩殘破的身軀上：胸骨被亂刀捅得四分五裂，後頸被一道很深的傷口劃穿，泥巴和乾掉的血漬讓頭髮纏結成團。蒼蠅四處飛舞。

當我把這些照片放回桌上，拾起另一疊被標為「克里斯多佛，十二月二十五日」（Christopher 12.5）的照片時，瞬間被一股似曾相識的感覺淹沒。這疊照片雖然是昨天才拍攝，卻顯示出某種模式的延續。照片裡是第二位男性被害者，年紀和外觀與第一位被害者沒有太大差別，跟「丹尼，九月二十一日」的屍體一樣，也是在內布拉斯加州郊野處同樣偏僻的地帶被發現。兩者之間的相似處多到驚人，只是在這組照片裡，季節已經是秋去冬來，所以細看這些中景照的時候，我看見男孩蒼白的皮膚已經覆了一層薄雪，厚度剛好蓋過他的傷口與臉部五官，使他看起來猶如一具櫥窗裡的人體模型。但從特寫照裡看得出來，被害者的頭部和下腹部有大灘凝結的血跡。兩張驗屍解剖照更是觸目驚心，照片裡光線明亮，焦點完全擺在那具被攤在檢驗台上、身軀瘦小的屍體。第一張照片顯示出一道很深的切口，曾有一把刀子切進受害者的後頸，再逆時針扭轉，拉出好幾英寸長的傷口，從右耳一路劃到下巴底下。第二張照片則聚焦在那沿著被害者的腹部和胸口所砍出來的七道刀傷。很難分辨這些傷口是隨機砍的，還是想傳達出某種意義。

那是十二月的早上，我猛地吸口氣，將思緒集中。那時是一九八〇年代初，我站在五位探員旁邊，就在維吉尼亞州匡提科（Quantico, Virginia）聯邦調查局國家學院（FBI Academy）的中心位置，號稱是「防空洞」（the bomb shelter）的大型地下會議室裡。牆上沒有照片、屋裡沒有電話、也沒有任何可以讓你分心的東西。唯一的窗戶是一小扇方方正正的嵌絲玻璃窗，面向無人的辦公室和空蕩蕩的大廳。匡提科的這處地帶鮮為人知，隸屬聯邦調查局的行為科學組（Behavioral Science Unit，簡稱ＢＳＵ）。這樣的遺世獨立就像在時時提醒我們，這份工作具有多大的爭議衝擊性。我們追捕的是連環殺手；我們的工作是研究他們，瞭解他們的思考方式，並找到方法盡快逮到他們。我們會透過一種叫做「犯罪剖繪」（criminal profiling）的新穎技術來展開追捕——然而在當時，局裡上上下下的同事都對這套技術抱持著輕重不等的懷疑或輕蔑態度。不過，自家人如何批評並不重要，重要的是結果。而我們下定決心要證明這套方法真的有效。

那個冬日早晨，我們之所以全員到齊，正是為了進行犯罪剖繪。特別探員羅伯·芮斯勒（Robert Ressler）當時正在內布拉斯加州以外的地方處理一樁緊急案件，因此前一天晚上，他先把一份簡報傳真給我們ＢＳＵ團隊裡的每一個人，然後預訂好這間會議室，等日出之前我們全員一到齊，就可以直接開會。我們正在等芮斯勒現身，並在此同時翻閱攤在眼前大會議桌上的各式文件，有案卷、驗屍報告、證人的證詞、畫師的素描圖、嫌犯名單、以及被我握在手上的一堆鑑識照片。整個陣仗令人心驚膽跳也印象深刻。

至少對我來說是如此。因為，雖然我成為ＢＳＵ的一員已經有好幾個月了，而且還接下領導職務，負責開發犯罪剖繪的主要研究方法，但這些探員還是始終跟我保持一定的距離。他們不知道要怎麼對待我。當初我是以被害者研究（victimology）和性暴力犯罪的專家身份被延攬進來，我知道探員們雖然都很敬重我在這方面的專業，但還是認定我是外來者、一個外卡參賽者、萬一有緊急事故或許可以破窗救援的一號人物。我或許是個專家，但我畢竟不是探員。這也是為什麼這個晨會這麼重要的原因。它是我被要求正式參與的第一個現行案件。所以這是考試，是在測試我有沒有辦法以這個核心圈子裡一員的身份跟他們一起合作。對我來說，考試已經開始。

其中也還攙雜了其他因素。除了這是我第一次以團隊成員身份參與現行案件之外，我還得面對的事實是：我是BSU裡唯一的女性，也是這個男性主導的匡提科廳堂裡極少數的女性之一。我感覺得到我正在被仔細打量。如果我說我不會因這個位子所帶給我的壓力而偶爾受挫，那是騙人的。我只是想要有個機會來證明我自己。在這個世上最封閉的機關之一，我已經見過它的幕後作業，而現在我準備好要在這裡做出一番成績。

這真的不難。打從你穿過FBI大門的那一刻起，調查局就在操練你，想看看你會不會崩潰。你當初可能是靠自己的技術、才華、和優點才被招攬進來，但是他們會根據你的缺失來評量你。這裡的文化就是這樣。就某方面來說，它是苛刻和過度簡化的——我是指根據一個人失敗的可能性來評量對方的這種伎倆——但很有效。那些撐得下去、在排山倒海的壓力下挺過這一波考驗的人，就能正式入會了。他們會成為不可或缺的一份子，肩負重任，必須有出類拔萃的表現。那天早上站在我旁邊的那五位探員就是這樣熬過來的，而這也是我對自己的期許。

因此我主動關掉在我四周嗡嗡作響的各種懸念，集中思緒，重新專注在每一組鑑識照片上。我知道每組照片都有它看不到的細節和隱匿的線索，可用來作出結論甚或破案。答案就在那裡，我只需要找到它們。

「嘿，安，你還好吧？」

這聲音嚇了我一跳。我放下照片，只留一張在手上，轉身去看是誰在問候我。約翰・道格拉斯探員（Agent John Douglas）正在等我答腔。

「很好啊，」我說道。「但是不管這傢伙是誰，他都開始變得更有自信了。你看這些傷口。」我把第二位被害者的胸部特寫照遞給道格拉斯。「傷口不再是手忙腳亂地捅出來的，他變得越來越從容不迫。」

道格拉斯點點頭。

我知道他對這張照片或者我的發現都不感興趣。他只是在查探我能不能嚥得下這案子裡的所有細節。我看過他以前用過這招。道格拉斯和其他探員就像調查局裡的所有人一樣，經常在試探同事們的弱點——只是他們處理得不夠細膩。事實上，道格拉斯最喜歡的試探方式之一，就是那顆他明目張膽擺在自己辦公桌上的骷髏頭。要是有人走進他辦公室，卻不敢直視那顆骷髏頭，對方就算失敗了。通過這個考試的唯一方法就是承認它的存在，繼續往前走，彷彿這顆骷髏頭根本干擾不了你。

我通過了骷髏頭測試，也通過了其它全套測驗。事實上，當我和道格拉斯那天早上站在防空洞裡的時候，我的自我證明次數已經讓我收到ＦＢＩ助理局長詹姆斯・麥肯錫（James D. McKenzie）寫的肯定函，正式歡迎我加入ＢＳＵ。不過調查局雖然史無前例地延攬我（既是個局外人，也是女性）進到局裡，探員們本身還是沒有被完全說服。他們需要證據相信我能經得住這些赤裸裸的暴力形式。

通過最後這一場考試，才代表我有資格加入道格拉斯和芮斯勒自那年年初就私下進行的秘密專案計畫。他們有個令人難以抗拒的點子，會挑戰到當時的偵查規範。數十年來，執法系統都將某些罪行僅僅視為超出理智所能理解的純粹精神錯亂行為。但道格拉斯和芮斯勒有不同的想法。他們相信如果能夠靠訪談那些被監禁的殺人犯來得知他們的行為動機，或許就能對犯罪行為有更深入的瞭解，幫忙調查員改寫劇本，利用犯罪者自身的心理來對付他們。

調查局看準這個概念的潛力，放行道格拉斯和芮斯勒以暗箱作業的方式訪談幾名被監禁中的連環殺手，再將這些內容轉化成以犯罪心理學為主題的ＦＢＩ正式研究報告。但是道格拉斯和芮斯勒在心理學方面都沒有什麼背景。他們需要幫手來讓他們的辦法正式化，將他們的資料收集方法加以組織化，以便從這些發現中理出頭緒。這就是我進來的原因。

我是一位具有博士學位、眾所公認的精神病學專家，我很清楚這些精神失常者的心理，也知道需要哪些步驟才能把這類非數字性的凌亂調查內容發展成一套標準化的研究。而且多年來，我都是跟性侵被害者和創傷患者共事合作，意思是我對這類難以啟齒的暴力有第一手的處理經驗，而這種暴力日後勢必會出現在眼前。不過最重要的是，我知道其中的風險所在，我瞭解這工作對整體社會將有什麼樣的深遠影響。它可以拯救無以數計的被害者，免於被迫承受我以前的病患所面對的可怕創傷。我們會對犯罪心理學的瞭解有新的突破。它將前所未見地為我們打擊犯罪的方法帶來一場革命。而我的工作就是確保這個目標可以達成。

第一章　FBI的致電

當博士生的時候，我因為研究精神科護理學（psychiatric nursing）才初次接觸到人類本性裡頭的暴力面。對人類心理向來著迷的我，很想知道它是如何運作，它的不穩定性又是如何導引出最極端的行為形式。但是誠如一九七〇年代一貫以來的氛圍（那是一個性別歧視很是明目張膽的年代），我雖然有興趣想瞭解那些異常行為的動機何在，處於上位者的男性卻總是不屑一顧，認定我這種想法只是「一陣子」的興趣而已，或者這想法「很奇特」，又或最糟的是，我這想法「挺可愛」的。在當時，女性如果是以護理作為自己的志業，人家都會期待她們必須符合「女僕」的刻板印象，譬如有洋娃娃般的身材，穿著純白制服、長筒襪，戴著全新漿白的護士帽。她們的價值取決於她們有多確實執行醫生的指令，而不是自我貢獻了什麼。但這一套不適合我。我想要有所作為。我想要自己作主，完全無視於長久以來加諸在我這個性別身上的古老桎梏。

當然，我走的路並不輕鬆。除了要面對文化上的難關之外，我得應付的另一個難題在於：當時精神科護理學在很大程度上還是未知領域。其實這門專業是在一九五五年才成為專業護理教育的必修，為了因應二次世界大戰的結束，市場上需要有更多合格專業人士來照護精神出現問題的返鄉退伍軍人。我畢業前幾年，護理這個學門才有了最高學位可以攻讀，於是，林林總總的原因加起來，我就在一個較不為人知的學門裡成了極少數的權威專家之一。我當時是身處在一個未知的版圖裡。

當年，透過馬里蘭州（Maryland）斯普林葛羅夫州立醫院（Spring Grove State Hospital）的研究所課程，我才首度有機會去協助精神方面有問題的病人，但是那裡的精神科人滿為患，經費又不足，所以他們讓我自由挑選「最需要你協助的病人」。我一開始就被那些飽受精神疾病之苦的女性病患給吸引。但我很快明白這些女性大多不是天生患有精神疾病，也不是年幼時開始罹病。她們多數人都曾是性侵被害者。這些女性曾被攻擊、被誣蔑、然後被迫獨自默默處理自己的創傷經驗，或者可能得面對眾人的怪罪，說是因為她們自己的問題才煽動對方對她們性侵。這是一個讓人無法承受的擔子，它的傷害會一直持續，直到她們再也受不了了，最後住進了精神病院。

有一位病人尤其吸引我的注意。她叫做瑪麗亞（Maria），才二十出頭，她丈夫發現她被人強暴之後便立刻無情地離了婚。當我第一次遇見瑪麗亞時，她整天都在搓揉雙手，嘴裡喃喃自語，在醫院的木地板長廊上來回踱步。那是寬條的松木地板，在數不清的腳步踩踏下，已經褪色到有些黛青了。我陪著她走，以示我對她的支持，希望終有一天她會對我敞開心房。這個陪走動作持續了好幾週，直到有一天她來來回回地拖著腳走，越走越快，害我只能一路追在她後面。我靠近她，想聽她在喃喃自語什麼。結果她兩眼直瞪著我，像一只燒開的茶壺噴煙似地開口劈啪罵道：「停，不要再跟著我了，你這個討人厭的紅髮婊子。」

我的確停下腳步，愣在原地不動。瑪麗亞的話像是當頭棒喝，那一刻之前，我從來沒想過兩個人對同一件事的詮釋角度會有這麼大的差異，每一個人都在自己的腦袋裡自行展演出截然不同的事實。在我的想法裡，我是在安慰瑪麗亞，我是在陪伴她。但對瑪麗亞而言，我的接近和執著幾乎就像是掠食者。我恍然大悟這種動態關係（dynamics）更大程度上也是暴力互動（violent interactions）裡的一種核心元素。我一直太專注於被害者的創傷經驗，以致於沒有考慮到在這些攻擊裡頭還有另一個人牽扯其中，我只是把加害者單純貶為殘暴、專橫、或病態而已。我終於明白如果我想徹底瞭解一樁罪行的本質，就必須把被害者和加害者各自視為同一篇故事裡的一半。我必須去瞭解為什麼犯罪者會有當時的行為，當他們在做出這種無以名狀的暴行時，心裡都在想什麼。

那位瑪麗亞的經驗成了我職業生涯的轉折點。後來那幾週，我不再找那些飽受精神疾病之苦的女性病患，改而專注在司法精神病房裡的男性病患，因為他們都有官司得打，所以審理之前先被安置在這裡。其中很多人都有重大刑案在身，譬如性侵或強暴，也基於這個理由，醫生都不太願意搭理他們——自然也不會有人想找他們談那些罪行，而這反而使他們更像是一處可供挖掘的寶地。我想弄清楚他們對自己犯下的罪行以及被害者有什麼看法，我想知道我可以從他們身上學到什麼。先澄清一點，我並不想改造他們，我只是把他們視為犯罪心理學新生領域裡的一個機會點，我可以利用這個機會點深入洞察加害者，得出的觀點日後或許可以用來協助被害者。反正我也沒什麼好損失的。於是我開始利用訪談式的方法跟他們晤面，重點擺在他們的幼年和青少年生活，這方法有助於他們用自己的話完整重述過去的罪行。

我的關注和訪談方式似乎令這些受訪者很驚訝。他們自從被收容進病房的那一刻起，就被當成賤民對待。但是隨著他們慢慢說出自己的故事（在重溫過往犯罪行為裡的每一刻時，有時小心翼翼、有時愉悅、有時咄咄逼人），也同時曝露出了某種更深層的行為共通性。他們都有一個習慣，都會全神貫注地瞪著我看，想知道我對他們暴行裡的逼真細節作何反應。他們想看出來我有沒有坐立不安。這似乎是對掌控權的一種詭異迷戀，而且是幾近普遍的迷戀。雖然他們每一個人都被鑑定具有某種潛在的心理疾病（思覺失調症、憂鬱症、或者其他常見診斷下的多種疾病之一，只是當時所受的了解都很有限），但我還是看得出來這裡頭有其它東西在運作，而且這東西值得一追。

我很好奇，感覺自己就快要抓住某種極其重要的洞見，可用它來解釋被害者和加害者之間的動態關係。這正是我一直在尋找的那種有所作為的工作。但另一方面來說，我的同僚對這些事情一點興趣也沒有。他們寧願把性暴力斥為下流的、屬於邊緣社會的「女性的議題」，不該被拿出來討論，彷彿犯行裡頭根本沒有男性牽扯其中。

然而這種態度是跟事實完全脫節的。暴力強姦是全美四大暴力犯罪之一。它是一個規模不小的問題。光是一九七〇年就有三萬七千九百九十件案例，而雪上加霜的是，想掙脫心理創傷的被害者能適用的治療方法卻付之闕如。

「你沒抓住重點，」每當我的同僚對我不以為然時，我都會這樣說。「這是一個好機會，我們可以趁機瞭解以前從沒被研究過的一種獨特類型的人類行為。這是個從來沒有人探勘過的研究領域，是個可以有所作為的機會，也是一件好事啊。」

但他們的回答都一樣：「算了吧。這可能危害你的事業，不值得。你難道不想未來有終身職嗎？」

我不敢相信。這些專業人士（其中很多都是我平常合作的良師益友，公認是精神病學領域裡的領袖人物）竟然都上下一氣、試圖延續我想要拆解的汙名偏見。他們不是沒搞懂就是不想搞懂。不管是哪一種，都只會害原本的問題更雪上加霜。

這個頓悟對我來說是決定性的。我越來越清楚，醫院裡的同僚永遠無法理解深入研究這類行為的重要性，於是我索性辭掉工作，在學術界開創新的事業。我知道一次幫助一個病人這件事很重要，但是我想要作出全面性的改革，我想打破那層阻礙被害者得到治療和應得支援的藩籬。學術界就是我的下一步。它能讓我繼續研究，更徹底瞭解那些犯下強暴、騷擾、和其他性暴力的罪犯的心理。而且這也是個機會，可以改變普遍的文化認知，也就是助長這類罪行擴散的幫凶，因為它一直頑強地深陷在「譴責被害者」的心態裡。

雖然在斯普林葛羅夫州立醫院裡的那位女性病患教會了我要把被害者和加害者視為同一篇故事裡的各一半，但是後來我才慢慢意識到，我的男性病患令我見識到掌控權這個因素的影響力有多深遠。掌控權（或者更確切地說，一種缺乏掌控權的感覺）說明了為什麼鮮少有女性走出來報案或談論她們所受到的創傷，它也是為什麼性暴力的心理分析觀點（普遍盛行的理論是，強暴發生的原因跟女性的穿著有關、或者因為她們幻想被強暴）數十年來都無人挑戰，哪怕這種觀點毫無道理。掌控權造成污名化，而污名化使得所有問題都被噤聲。畢竟，從來沒有人問過被害者心裡在想什麼。

這也是我和琳達・利特爾・霍姆斯壯（Lynda Lytle Holmstrom）之所以發起一項跨領域研究計畫的動機所在，這項計畫的重點在於被害者對強暴的反應。琳達是一位社會學家，也是我的同事，我在接下波士頓大學的精神科護理學教職後不久才認識她，我們的研究目標是想更瞭解性暴力的情緒和創傷效應，這兩者通常會比暴行本身所造成的生理影響還要持久。我們希望我們的研究不只能協助臨床醫師辨識出強暴創傷的症狀並理解之，也能進而提供更多有助於被害者的服務。我們的作業方式是這樣：那一整年，每當有性侵被害者被收治進波士頓市立醫院急診室（Boston City Hospital Emergency Room），負責檢傷分類的護理師就會立刻打電話通知我和琳達，我們獲准即刻面談被害者。而我們的方法很不同於當時典型研究的做法。我們不會找來一大群調查員以臨床的方式漠然地分析對象，彷彿只是把被害者當成數據點在觀察。我和琳達會以對方所希望的方式來晤面，多半是在醫院急診室病人的小房間裡私下進行。我們會把她們當成獨立的個人來對待。她們會分享她們的故事，而我們也會反過來提供危機處理的輔導。這實屬歷史上的一個轉捩點，畢竟當時鮮少有被害者能得到這類專業照護。這樣的交流互動並不涉及任何金錢：我們沒有付錢給被害者，也沒有因這樣的服務收取任何報酬。但是雙方深入獲取的資訊是無價的。晤談協助我們跟被害者建立起良好的關係，也首度為強暴創傷症候群（rape trauma syndrome）這個概念定下名稱：被害者在被攻擊過後所經歷到的心理創傷。最重要的是，這個研究是管用的。我們總共訪談了一百四十六位個別被害者，年齡從三歲到七十三歲都有，總共收集到兩千九百頁筆記可供歸類、分析、和詮釋。我們給了這些被害者發聲的機會。

一九七三年，我們在《美國護理期刊》（*American Journal of Nursing*）以〈急診病房裡的性侵被害者〉（The Rape Victim in the Emergency Ward）為題，發表了研究結果。一九七四年，我們又接續在《美國精神病理學期刊》（*Amercian Journal of Psychistry*）以〈強暴創傷症候群〉（Rape Trauma Syndrome）為題發表第二篇重要論文，進而將我們的觸角從護理學的讀者伸向精神病學的讀者。在我們的研究裡頭，最大的關鍵之一是，性暴力其實跟權力和掌控權有較大的關係，而非性行為本身。對被害者經驗的新認識產生了巨大的漣漪效應，有助於全面性地證實被害者創傷的確實存在，它帶來了新的認知以及對改革的要求，包括執法單位應如何與被害者互動、醫療保健機構應如何回應被害者的需求，以及法律制度應如何處理強暴案件。這個研究調查所引發的漣漪擴散效應遠遠超出我的預期，而且開始有了自己的力量，變得勢不可擋，不僅顛覆了眾人對性暴力的全面認知，也改寫了我職業生涯的道路。

這個研究讓ＦＢＩ注意到我。

在我們的研究之前，ＦＢＩ就已經注意到一九七〇年代末性暴力犯罪數量的急劇上升。而瞭解和處理新的暴力犯罪趨勢是這個機關的任務之一。由於相關新聞淹沒了各地方的執法單位，於是如野草蔓生的性暴力犯罪遂成為調查局必須解決的當務之急。起初，調查局只是用標準套路來回應：指派ＦＢＩ國家學院訓練科（Training Division）的探員去全國各地的執法單位進行教育訓練，教他們如何理解和因應這類型的犯罪行為。他們以為這個趨勢就像其他潮流一樣終究會消退。但是有個問題，國家學院裡沒有人懂性暴力。沒有任何一個探員具有這方面的背景或專業可以談論性侵、強暴、姦殺、或者被害者研究。他們沒有辦法交流這類問題，或者教育其他執法人員。

儘管缺乏這方面的知識，調查局的要求卻非常清楚。他們給了整個訓練科一個更新過的指令，明白表示性暴力現在是所有教育訓練裡頭必須強制學習的知識。ＢＳＵ裡一位叫做洛伊・哈茲伍德（Roy Hazelwood）的新探員接到這個命令，於是他在一九七八年為洛杉磯警局（Los Angeles Police Department）上人質談判教育訓練課程時，曾特意提到這個新的教學任務主題，不過他承認他對性侵被害者研究所知不多，然後就很快改變了話題。他這種刻意跳過的做法以前也做過幾次，但都沒有人提出異議或造成什麼影響。但這一次不一樣。訓練課程結束時，一位女性警官（她也是一位護士，週末時就在當地醫院的急診室兼差工作）找上哈茲伍德。她告訴他，她曾讀過一篇文章說明性暴力的生理和心理本質。她覺得裡頭的研究發現或許對他所提到的這類案例會有幫助。哈茲伍德很感興趣，認為可以趁這個機會深入去瞭解調查局裡目前沒人弄得懂的問題。他向那名警官詢問了詳細內容。隔週，對方就郵寄了一份我共同發表的文章影本給他。

大概在同一時間，也就是一九七八年的秋天，那時我的重心都擺在授課和發展新的研究計畫上。當時是九月中，學期才剛開始，我正著手進行一項剛撥款下來的計畫，想瞭解心臟病發作的病人、以及他們重返工作崗位時的社會心理層面風險。這時候有人在敲我辦公室的門，我的助理探身進來，通知有電話來。

「你幫我留個話，好嗎？」我拜託她，連頭都沒抬。「我正在忙。」

她停留在原地好一會兒，我感覺得到她先是瞪著我看，然後才聽見她很小心翼翼地說：

「我覺得你最好接一下，是ＦＢＩ打來的。」

哦，這句話的確引起了我的注意。我點頭示意她離開，然後緩緩拿起話筒。「哈囉？」

電話另一頭的人用一種俐落短促的聲音在回應我。「哈囉，我是督察探員洛伊・哈茲伍德。你是安．布吉斯教授嗎？」

「是的，我是。」我回答。

「就是那篇〈急診病房裡的性侵被害者〉的作者嗎？」

「沒錯。」

「太好了。」他說道，「我希望我沒有太打擾你。我想跟你聊一下你那份研究結果的細節。」

哈茲伍德後來的語調迅速轉變，本來例行公事式的明快問法被一種較為低聲細氣和認真的語調取代。他語氣和善，但還是很小心自己的用詞，不管他意圖表達的重點是什麼，他總是用很長的句子慢慢說出來，聽起來就像是繞著那個重點在跳舞似的。一開始，我並不知道他是怎麼找到我的電話號碼。他花了好幾分鐘時間解釋他是如何意外讀到我的論文，又過了幾分鐘，才說出他打這通電話的原因何在。

「你知道嗎，就算是在像FBI這種擁有眾多資源的機構裡，我們有時候還是會——雖然機會很少啦——我是說，我們有時候還是會尋求外部的專業人士來為我們提供新的視角。你在論文裡提到的這種暴力犯罪趨勢，對我們來說相當頭疼。」他停頓一下。「我想原因是太少有人敢挺身而出討論他們的經歷。我懷疑我們的問題在於，我們都是倒回去看整件事：

只用統計數據來收尾，用這個來評估問題的嚴重與否。但你卻是想辦法往下挖掘出現況裡頭的人為因素，我很想瞭解你是怎麼辦到的。我希望你能來匡提科，以你的研究調查為主題開一個講座。我認為這一定能大大協助我們的探員認識被害者研究、以及性暴力加害者，這類寶貴知識。」

我猶豫了一會兒。直到那一刻之前，我講演的對象主要都是護理師團體和性侵害危機工作人員。女性群體很能接受這個主題，她們跟我一樣能夠感同身受。她們能理解，以前還在念大學的我為什麼在醫院值完班後得趕緊跑步穿過波士頓廣場（Boston Common），趕在天黑之前回到三角洲姊妹會女生宿舍（Tri Delta）。但更重要的是，她們懂得某天晚上我經歷到的那種恐懼，當時一群十幾歲的小夥子從巷子裡衝出來，開始騷擾我，他們搶我的護士帽，抓住我的手臂，最後我好不容易才掙脫。我不確定男性聽眾聽到這一段會不會一樣感同身受。我躊躇了一會兒，但好奇心佔了上風。

「好吧，哈茲伍德探員，」我說道，「麻煩你把細節傳真給我。我想看看FBI是如何訓練探員思考性犯罪的問題。」

我在FBI國家學院的第一場講座，聽眾大約有四十幾名男性探員，他們看起來大多跟電視裡大眾文化產品所描繪的FBI探員差不多：運動員般的體格，剛理的平頭，大多穿著筆挺的藍色襯衫。他們甚至很盡職地提早五分鐘坐定在自己的位子上，手裡拿著筆記本和筆。

抱持樂觀態度的我一開始就先拋出一個問題。「你們對性侵案裡的被害者研究瞭解多少？」

有幾名探員低下頭去，還有幾個默默地傻笑。但是沒有人回答。

我對品格高尚的執法鐵漢曾有過的短暫幻想瞬間破滅。

「傳統上，性侵案是用性來定義，」我說道，「但真相是，它不是這樣運作的。性侵是一種展現權力和掌控權的行為。被害者很清楚這一點，這也是很多人沒有挺身而出的原因。他們覺得無助、不知所措、甚至羞愧。從字面上最確實的意思來說，他們是真正被侵犯了。有極少數個案的被害者的確曾挺身而出，尋求你們的協助，那是因為他們抱著一絲希望，渴望可以在你們的幫忙下奪回他們在缺乏掌控權的時候被對方搶走、破壞、和醜化的東西。這才是你們對性侵應該有的認識。因為當被害者挺身而出的那一刻，你們的回應方式會是這世上最重要的一件事。」

我從我的筆記上抬起頭來，留意到他們現在全都在位子上坐得筆直。他們有在注意聽了。

「好了，」我說道，「我們來看幾個案例。」

我調暗頭頂上的光，打開投影機，然後點開一系列的照片，向他們出示沾血的內褲、暴力下天翻地覆的臥房場景、以及佈滿瘀青和虐打傷痕的女性臉部特寫。有幾名探員記下筆記，但多數人只是瞪視著這些嚴重的犯行。看完這些照片之後，再沒有人傻笑了。

第一場講座進行得還算順利，沒多久我就又被邀來定期開課。這感覺很不真實。除了調查局裡的職員和秘書之外（她們總是盡量避免跟我有目光上的接觸，只投以好奇的眼神），我通常都是整棟建物裡唯一的女性。而有鑒於我的專業領域，我只能自行想像身為新到ＦＢＩ的性暴力專家的我，一定有什麼流言正繞著我轉。但哈茲伍德總是不厭其煩地確保我不會遇到任何問題。他會花時間跟我解釋調查局內部文化的各種眉眉角角，並向我請益他自己正在進行的案例和研究調查。此外，他也動不動就向其他探員引薦我。這些對話通常很簡短、很職業性、很冷淡——就跟我和探員們互動的大多情況一樣——但也有一些明顯的例外。

其中一個例外發生在不久之前，新任的助理局長肯恩·約瑟夫（Assistant Director Ken Joseph）宣佈國家學院的所有講師（包括行為科學組的「心理追凶專家」〔mindhunters〕，心理追凶專家這個稱號是源於他們對連環殺手的思考方式很感興趣，因此會去做研究和瞭解）

都得著手做一些原創性研究。這個命令明顯改變了調查局裡傳統的思維方式。就像是守衛的交接換崗一樣，胡佛（Hoover）時代的領導班子開始陸續下台或退休，再不然就是高升到其他單位，而隨著他們的離去，原本的信仰也跟著褪色，那個信仰就如同約瑟夫的前任助理局長約翰·麥克德莫特（John McDermott）所描述：「FBI的工作是抓罪犯，把他們送進法庭，監禁他們。至於研究調查，那是社會學家的工作。」時代正在改變。哈茲伍德瞭解這一點，視之為一種機會，於是趁機安排我跟他的另外兩名同事碰面：羅伯·芮斯勒和約翰·道格拉斯。

「他們想要多瞭解你的研究，」哈茲伍德說道，同時帶我走進電梯，直達地下樓層。「他們對你的工作範疇印象深刻，因為……呃……」他停頓了一下。「我可能不應該討論它，不過他們有個副業（編制外的專案計畫）你可能會感興趣。我想你們一定可以相處得很好。」

哈茲伍德說得沒錯。我跟芮斯勒和道格拉斯很快就相談甚歡。部份原因是我可以跟他們很自在地討論暴力犯罪的話題，另一個原因是我對他們那份副業很感興趣，鮮少有人會這麼有興趣。但也有很大部份的原因是，芮斯勒深信透過外人的角度去學習是很重要的。

不過從另一方面來說，道格拉斯一開始的時候有點愛理不理，可是等到芮斯勒開始解釋他們那不太正統的研究的背後故事時，他就比較放得開了。

「我們稱它是罪犯人格研究，」道格拉斯說道。「這是小羅（指羅伯・芮斯勒）的點子，我們會趁國家學院派我們出差的時候，順道探監，訪談連環殺手。從以前到現在，我們看到的這些犯行全都沒有什麼明顯的動機。所以要找到答案，看來最好的方法就是直接去問這些被定罪的凶手本人。結果我們發現這其實很容易辦到。我們的調查局徽章可以讓我們在監獄裡通行無阻，所以不會有任何問題。我們也能夠取得任何人的錄音，從艾德蒙・肯培（Edmund Kemper，譯註：美國的連續殺人犯和戀屍癖者，在謀殺祖父母被假釋後，又於一九七二年和一九七三年殺害了六名大學生，之後也殺害了他的母親及她的好友）到索罕・索罕（Sirhan Sirhan，譯註：巴勒斯坦基督徒激進分子，一九六八年刺殺美國參議員羅伯特・甘迺迪），甚至是理查・史派克（Richard Benjamin Speck，譯註：美國的殺人狂，一九六六年在芝加哥的住所中殺害八名女護士）都可以。」

「對，」芮斯勒打岔道，「但最困難的地方是，要弄清楚這些錄音內容所代表的確實意涵是什麼。而目前為止就只有訪談的內容而已。這也是為什麼哈茲伍德談到你的研究時，會這麼吸引我們。你運用的技術和我們想要釐清的東西，這兩者之間或許有重疊的地方。你覺得呢？」

我頓時有了興趣，同意當場聽聽看那些錄音帶。

我聽到的內容就像是在竊聽人性裡頭最原始而赤裸的角落。我按下播放鍵，逐一仔細聆聽，直到每一捲咻咻轉動的卡帶止住。我記下筆記，再重聽一次。錄音對話顯示出這些殺手的傲慢，內容令人著迷，在我腦海裡久久盤桓不去。不過這些訪談內容結構鬆散，沒有立基於任何一門傳統的研究學派，毫無章法，缺乏明顯的規畫，沒有預先想到要怎麼套進未來的分析作業。看來對話的唯一目標就是讓殺手不停說話。不過我還是很刮目相看。芮斯勒和道格拉斯真的是很投入這種前所未見的行為調查。我在我們下次碰面時，將這個感想告訴了他們。

「我覺得你們真的錄到了一些很重要的東西，」我說道，「這可能會是瞭解犯罪行為本質的一種全新方法。就我目前所知，從來還沒有人試著去搞懂連環殺手究竟為什麼殺人。所以這裡頭的意涵非常深遠。」

「我就知道。」道格拉斯微笑道，同時朝芮斯勒轉頭。

「等一下，」芮斯勒沒理道格拉斯，反而小心翼翼地專注在我身上，「你覺得我們到底錄到了什麼重要的東西？因為那些內容聽在我耳裡，就像是一堆精神失常的人在幻想自己的犯罪行為，其他什麼也沒說啊。我有漏掉什麼嗎？」

「你是漏掉了很多，譬如背景、成長環境、暴力史，」我承認道。「但這些都可以靠制式化訪談方式、以及擬出正確的研究方法，來加以修補。你們需要有一份問卷式的腳本作為基準，才能拿這次的訪談內容去跟下一次的做比較。你們必須把它當成真正的研究調查，對資料的收集和分析要有具體的目標。唯有如此才能弄懂是殺手是受到什麼刺激。而且你們必須發表研究結果，別人也才能懂這是怎麼回事。」

「你是說寫一本書？」道格拉斯問道。

「我是覺得寫一篇期刊文章就可以證實這些研究結果，」我說道。「不過也許也可以寫書。」

道格拉斯連芮斯勒都沒看一眼，就直接問我能不能幫他們忙。

拜工作性質之賜，兩名探員已有現成管道可以接觸到這個專案所需的一連串刑事案件：犯行中包括有強暴或性暴力元素的連環殺手。我們的材料一應俱全，剩下的挑戰是想出一套嚴謹周全的辦法，要能經得起日後ＦＢＩ勢必會對我們做出的嚴格檢驗。事實上，芮斯勒已經被找進局長威廉．韋伯斯特（William Webster）的辦公室參加午餐匯報了，並在沒事先預告的情況下，就要求他趁現場其他與會者都在用餐的時候順道說明罪犯人格研究的性質為何，最後結果卻是被局長親自嚴正警告，調查局裡絕不容許任何「千篇一律式的研究調查」。芮斯勒倒是不擔心這一點，他只是很不爽花了他七塊六毛一美金的餐費的三明治，竟然一口也沒吃到。

在我來說，我是很清楚這裡頭的風險。我做的性侵案研究、以及學術環境裡同僚們對我的懷疑，早已給了我足夠的鍛煉，能面對眼前的任何一種形式上的官僚監督和審查。我知道我們的專案計畫會被認定是在挑戰現況。它會被嘲笑、會碰壁，也會被人看衰。當時在多數人看來，殺人犯就是純粹的病態，沒什麼其它話好說，沒有什麼潛在因素得釐清，也沒有什麼課題有待學習。對這個主題所做的任何努力，都只會被視為浪費時間。然而這些對我來說全都無關緊要。我知道心理層面的真相披露從來不是那麼簡單。真正重要的是，我很清楚好的研究調查向來都能揭露真相。我相信的是這一套。

當時我最擔心的其實是，罪犯人格研究的範疇會有多大、多包羅萬象。它必須區分成幾個清楚的重點，至少三個，才會比較容易管理。首先，我們會分析這些被定罪的罪犯的訪談內容，此舉將有助於我們理解這些沒有明顯動機的犯罪行為。然後我們會分析連續殺手的案例，總共有三十六件，目的是要從加害者的成長環境和人格裡頭，找出可能吻合他們犯罪模式和行為的蛛絲馬跡。最後，我們會打造出可用來建構犯罪者剖繪資料的基礎。每個重點都要能明顯地彼此相通。但因為這是研究調查裡的流程，研究方法上若要言之有理，整套作業就都必須條理化，各個階段都要能互相建構。

此外我也忍不住好奇，道格拉斯和芮斯勒得花多久時間才能完全信任我。就算他們已經拜託我幫忙了，但只要我在場的時候，他們還是顯得有點提防。他們談論被害者的態度總是小心翼翼，分享案例裡的暴力細節時，也都有點遲疑。但這麼做究竟是他們保護自我利益的一種方式，還是在試圖保護我？我就不得而知了。

因此我堅守自己的路線，只專注在我能掌控的事情上。由於訪談是這項研究裡頭主要的資料收集工具，也是這個專案的骨幹，因此當然得設計出一套訪談的方法。目標是盡其所能地瞭解連環殺手的本性，同時強調三個重點：研究對象為什麼要殺人、他們對自身的暴力有何看法、以及他們的暴力是如何演化。一開始我先研擬出一套資料收集工具，在以顏色分類標示的五十七頁裡由五個不同的單元組成，平均每個罪犯都有四百八十八項條目，用來釐清所有事實資料，從犯罪者的人口統計特徵到被害者的人口統計特徵、行凶動機、被害者的挑選、攻擊手段、攻擊特徵、以及其他許多取證細節。這套流程是受到我一位同事的啟發：尼克·格魯斯（Nick Groth）是心理學家，曾在康乃狄克州（Connecticut）的薩默斯矯正機構（Somers Correctional Facility）利用類似工具去瞭解獄中性侵犯的犯案動機。不過這兩者的不同之處在於，我的工具不會被學術界所用，而將被ＦＢＩ探員近距離地活用在有史以來最惡名昭彰的一些殺人犯身上。我必須把尼克的概念精修得更適用，能更直觀地貼合未來作業的實際面。

最後設計出來的資料收集工具很是簡便。它看起來像是問卷，讀起來也像是問卷，不過它真正的功能是不著痕跡地引導整個對話，讓探員保有掌控權。掌控權是想當然耳的關鍵要素，得靠它才能讓我們獲取特定類型的資訊，而不是任由犯罪者來決定想給我們什麼資訊。這是能夠解開連環殺手心防的那把鑰匙，我們藉此才能弄清楚對方的思維方式，了解是什麼原因使他們的思想變得跟別人不一樣。這就是我們想追的東西。所以我得確保訪談問卷的設計方式會很高度專注在主體對犯罪行為的重述上，還有他們過往的暴力史，以及他們對幻想和暴力念頭的最早記憶。

此外，我們也會看來自官方犯罪報告的文件記載、鑑識照片、法醫鑑定報告、心理評估、以及被害者的相關資料。這個步驟很重要，因為它可以給我們可參考的來源，用以確認罪犯的觀點與個案裡的證據兩者之間的吻合度，若是訪談內容不符或者偏離犯罪事證，還可以當面質問對方。最後，我們研擬出一套學術方法來管理定性和定量資訊，再利用它們來探索凶犯的心理成分。換言之，這就是我們揭露這些殺手真實面貌的密碼破解方式，也是我們利用他們的心理去反制他們的一種方法。

BSU對犯罪行為的創新研究，宛若野火燎原傳遍匡提科。每個人似乎都有意見。FBI

內部有些團體持反對立場，對我們的作業成果不屑一顧，只當它是紙上談兵的偵探所搞出來的東西，無非是一套不靠譜的方法，絕對比不上實地現場作業的探員所交出來的成績。但也有人承認我們的分析很實用，想要看到它的成果證明。這使得我們的工作變得輕鬆一點。只要我們能提供有實證憑據的例子，證明我們的研究成果具有無可置疑的價值，就能讓調查局的看法有利於我們。這也是剖繪階段（profiling phase）可以發揮作用的地方，也就是罪犯人格研究的第三個重點。研究調查和現實成果這兩者之間的缺口可以靠剖繪搭起橋樑。探員們可以靠剖繪資料來控制局面，用比你所能想見的更快速度解決錯綜複雜的案子。罪犯剖繪即會是這份研究調查的成果呈現。

在幫罪犯人格研究的前兩個階段設計好一套研究方法之後（也就是資料的收集和分析），我們就把注意力轉移到第三階段。我們的決定是，要推動犯罪剖繪工作，最好的方式就是研擬出一套按步就班的方法，在周全性和易懂度上都要像一本使用手冊。我們已經透過我們的調查收集到相關資料，所以我們只需要去蕪存菁——把我們對犯罪心理學的瞭解形塑成一份藍圖，根據被害對象、行凶方法、和犯罪現場來界定連環殺手的動機和差別何在。我們知道這套方法必須簡單易懂，但也必須是一套強大實用的工具。我們稱它為犯罪者剖繪生成步驟（criminal profile-generating process），它是依循以下五個不同步驟來發揮作用：

剖繪資料輸入：第一個步驟強調的是資料的蒐集，這些資料包括犯罪現場分析（物證、跡證型態、屍體位置、武器）、被害者研究（背景、習慣、家庭結構、最後一次被看到、年齡、職業）、鑑識資料（死因、傷口、死前／死後性交行為和性交傷害、驗屍報告、實驗室報告）、警方初步報告（背景資訊、警方的觀察、犯罪時間、報案人、鄰里的社經狀態、犯罪率）、以及照片（空拍照、犯罪現場、被害者）。

判定流程模式：第二個步驟是查看殺人的類型和方式、主要意圖、被害者風險、犯罪者風險、惡化程度、犯罪時間、和地點因素。

犯罪行為評估：第三個步驟瞄準的是犯罪行為的重建、犯罪行為的分類、條理型／混亂型／混合型、被害者選擇、對被害者的控制、犯罪行為的順序、佈局、動機、和犯罪現場裡的動態關係。

犯罪者剖繪：第四個步驟是建構出犯罪者的複合輪廓。過程中會描繪出行凶者的物理特徵、習慣、行凶前導致犯罪的行為、和行凶後的行為，並為正在試圖縮小嫌犯名單的調查人員提供建議。

調查和逮捕：最後一個步驟需要跟當地執法單位合作，進行追捕，逮住行凶者。

最後一塊拼圖是道格拉斯想到的。他的推理是，要證明這套剖繪流程的成效，最好的方法就是請當地執法單位把最難破解的凶殺案送上來，交由我們的團隊來研究和處理。他強調BSU本來就該隨時協助當地警方調查棘手的案件。「這才是做這個研究的意義所在，」他說道。「我們可以把搜索重點放在最有可能的嫌疑犯身上，利用先發制人的技巧來引出真正的罪犯。」

結果，來自全國各地警局的回應數量說明了一切。光是最初幾個月，BSU就收到數十件案子。由於通報數量不斷，團隊只好明文規定，除非當地執法機關已至少花了三個月時間試圖破案，否則FBI不會介入。即便如此，還是有很多案件待查。現在該來上工了。

由八名成員組成的剖繪小組很用心地推敲這些案子，每件案子都找來三到六名得空的BSU探員互相合作，而且通常都是同時間進行多件案子。不過真正棘手之處在於，犯罪剖繪只是我們研究調查的一部份，而且在那個時候，研究調查又只是整體工作裡的一小部份。畢竟本來就有各種講座、巡迴教學、分派的案件、以及調查局丟下來有的沒的事情得忙，於是研究調查就只能被強塞進零碎的時間裡。另一件棘手的事，是道格拉斯和芮斯勒訂了一條嚴格的規定，要求除非當地的調查人員送來齊全的調查資料，否則誰都不可以進行剖繪工作。但等待是艱難的，因為這些連環凶殺案都有急迫性，可能很快就會有下一次的犯案。可是這條規定在方法上合情合理，畢竟這樣才能保持我們作業的完整性——更何況，道格拉斯和芮斯勒的犀利目光便足以警告任何人不得偏離遊戲規則。

儘管有這麼多難處，儘管週末都得耗在辦公室裡（再加上漫無止盡的日夜工作），可是當我們真的集合進行剖繪時，精神全都來了。每場調查都會指派一名探員擔任剖繪負責人，也會事先提供案件裡的所有細節。然後負責人會盡可能清楚扼要地將這件案子呈現給其它組員看。他的工作是只就事論事，提供每件案子的人、時、地這類基本資料，再輔以任何可以取得的警方報告或驗屍資料，然後會開放提問，澄清任何調查方面的細節。

真正的剖繪作業是在這之後。這個團隊會從案子裡找出線索：譬如遺留在犯罪現場的各種蛛絲馬跡、被害者的特徵、攻擊手法的細微差別。從這裡，我們會透過犯罪者的眼睛去看這起案件，然後以最清楚的細節開始描繪犯罪者是誰。我們會全力瞄準他們特有的行為和特徵，弄清楚這個「不明嫌犯」（unsub，也就是未知或未經確認的主體）究竟是誰，還有他接下來會做什麼。簡單地說，罪犯剖繪就是思索出一條路進入犯罪者的腦袋。

這些會議的氣氛是緊張的，與會者會做出生動的描述和激烈的辯論。在這些你來我往的快速交流裡有一種誇張的元素，不過會議最後總是會以一份周全完善的剖繪資料作為結尾，再由擔任負責人的探員回傳給當初拜託我們協助的原執法單位。

在這些早期的案子裡頭，有一件尤其膠著，它來自內布拉斯加州，引起了BSU主任羅傑．迪蒲（Roger Depue）的注意，他立馬打電話叫芮斯勒趕搭最早一班飛機到歐馬哈市（Omaha）。有個連環殺手剛殺害了第二名孩童，當地調查人員毫無頭緒。但從犯罪現場的照片還有他們送來的驗屍報告來判斷，有一件事情很清楚：這個凶犯越來越有自信。如果不快點阻止他，恐怕會有第三個被害者，甚至第四個，而且以後還會有更多。時間正一點一滴流逝。我們的動作要快。

第二章　防空洞

「所有連環殺手都會在某些時候犯下錯誤。你只是從來不知道那個錯誤會是什麼。」

芮斯勒是在第一個內布拉斯加州男孩失蹤後，說出以上這句話。這不是我第一次聽到他這麼說。事實上，我三不五時地就會聽到有探員這麼說，這是他們很愛搬出來使用的格言，猶如不言自明的真理，能夠讓最棘手的案件變得比較可以忍受。我猜這樣應該很有效吧。這種眾口同聲的簡單說法代表的是樂觀的態度和同仁的支持，挺能安慰人的。但在我的想法裡，這也像是一種藉口，就好像是在默許我們對這些生死攸關的案件是缺乏掌控權的，這令我很懊惱。可是在此同時，從犯罪者手裡拿回我們的主控權，正是我做這份工作的動機所在，因為我知道犯罪剖繪可以助我們一臂之力。如果我們能充份發揮剖繪工作的潛力——而且我也知道它有這樣的潛力——我們就可能扭轉乾坤，不必再被動等待連環續殺手犯下錯誤，甚至可以趕在他們有機會出錯之前，先逮到他們。

那個十二月的早上，我還在思索這件事情的時候，芮斯勒竟叫我去參加內布拉斯加案子的小組簡報。這個要求嚇了我一跳。雖然我已經在著手處理各種研究和辦法，研發BSU的剖繪技術，但我終究不是探員，從來沒到地下防空洞參與過現行的案子。但他根本不在乎這些。

「你聽我說，」他說道，「現在先別去擔心什麼規定，反正這件案子我就是得找到所有可能的幫手。我需要趕在對方下一次犯案之前弄清楚這一切。」

他說得當然沒錯。這是我可以幫忙被害者的一個機會。如果有誰認為我的參與違反標準程序，我以後再來處理那個後果。現在是危機關頭，有更重要的事得辦。

芮斯勒的急迫感延續到了隔天早上的剖繪會議。他一走進防空洞，就關掉頭頂那排日光燈，直接走向投影機，把注意力轉向我和其他成員身上。

「好了，」他開口道。「我們要放聰明一點。這王八蛋專門找小孩下手。我不想再有任何人受到傷害。」

他直接跳進案子裡的具體內容，利用照片和目擊證人的證詞來釐清某些細節。他小心翼翼地將自己的報告侷限在真憑實據的那部份。這是這套流程裡刻意守住的一個底線，也是非常重要的一環。每當我們開始要做新的剖繪時，領軍的總負責人必須盡量保持中立，不能表露出任何的個人意見或偏見，以免影響團隊對案件核心裡那位不明嫌犯的歸類方式。

這個不明嫌犯是一個專挑小孩下手的殘酷殺手。那時，他已經殺害了兩名已知的被害者，不過也可能還有其他人受害。

一九八三年九月中一個星期日的早上，十三歲的丹尼．E輕手輕腳起床，穿好衣服，像平日一樣準備去送報，他的送報路線遍及內布拉斯加州貝爾維尤（Bellevue）這座小鎮的各個地方。那時天還是暗的，他摸黑沿著走廊躡手躡腳地經過他爸媽的臥房，走到屋外，外面空氣充斥著紡織娘的嗡嗡叫聲。他打開腳踏車車鎖，輕手輕腳，以免鑰匙鏈發出吵人的咔咔喀喀聲，然後牽著腳踏車走到住家車道的盡頭。遠方有輛車子的頭燈在閃爍。那時是清晨五點十五分，太陽略低於地平線，他光著腳騎到當地的便利商店，拿起派給他的那疊報紙，在窗邊的地上悉數摺好，然後出發上路，沿著例行路線騎。

一兩個小時過後，早上七點才剛過，丹尼的父親被男孩的老板打來的電話鈴聲吵醒。

「我收到客訴，說報紙沒送。」老板在電話裡嘟囔道。「你可不可以叫丹尼來聽電話？」

「我不懂你在什麼，」丹尼父親問道。「嘿，丹尼？」他去敲丹尼的房門，等了一會兒，然後又喊了一次。「丹尼？」

還是沒有回應。丹尼不在房裡，他的腳踏車也不在。丹尼的父親開始擔心，於是跳進車子，沿著送報的路線尋找。他先從那家便利商店開始，詢問店員，然後再開車經過一棟、兩棟、三棟住家，這才看到他兒子的腳踏車斜倚著籬笆，但是不見丹尼的蹤影。腳踏車的布袋裡只少了三份報紙，其它的仍塞在裡面。丹尼的父親就在那個時候打電話報了警。

當地的調查人員立刻組成搜索隊。他們爬梳了那個地區，並逐棟搜查所有房舍，也徹底檢查了丹尼的腳踏車，但沒發現任何掙扎的痕跡。他們還聯絡了他的親戚，包括離開該州到外地旅行的叔叔和嬸嬸，但都沒有人知道丹尼的下落。一位目擊證人回報那天早上稍早時，曾看到一台陌生車輛停在腳踏車被發現處的附近，還描述有個人從車裡出來在街邊張望。但是沒有具體的細節，沒有任何線索可以追查這條情報。丹尼完全憑空消失。

兩天半後，就在調查人員把搜索範圍擴大之後，發現了一具男孩的屍體，半掩在路邊的長草叢裡。他的腳踝和手腕被綁在背後，嘴巴被貼上膠布。他的軀體受到殘暴的對待：肩膀上有很深的傷口，臉部有些傷，有一條腿被劃開，頸部也有切口，一路切到脊椎。胸部有多處刀傷，連內臟都被戳爛。他全身赤裸，只穿著海軍藍內褲。其它衣服一直沒有找到。

法醫報告說丹尼的死因是因身體被數不盡的刀傷摧殘，失血過多而亡。腿部和背部的傷口被認為是死後才出現，而且呈現出十字形，似乎暗示著某種象徵或刻意性的圖案，但還不完全清楚，也有可能只是單純地亂砍，後者似乎是比較合理的推測，因為被害者的肩膀也少了一塊肉。沒有性侵的跡證，也幾乎找不到加害者遺留的物證。但是報告上有提到用來捆綁被害者的繩索不太尋常，繩索裡面有一種特別的藍色纖維是在切斷男孩腳踝和手腕上的綑綁時才裸露出來。

ＦＢＩ歐馬哈分局主管探員（SAC）要求芮斯勒寫出一份不明嫌犯的初步剖繪。芮斯勒答應了，但要先飛到內布拉斯加州親自跟調查人員談過之後再提供。他的調查發現很令人吃驚，因為跟前兩件ＦＢＩ所知的案子極為相似，那兩起案子都還沒破案，遇害的男孩年齡也都差不多。第一起案件是一年前，就在德梅因（Des Moines）附近，也一樣是報童，周日早上消失在他平常的送報路線上。這男孩一直沒被找到。第二起案件則發生在佛羅里達州，一名小男孩跟他母親去某家戶外商場購物，結果失蹤不見。幾天後，男孩的頭顱被發現在一條河渠上漂浮。調查人員找幾名目擊證人談過，他們都宣稱有看到一名男子從商場裡頭拐走男孩，坐進一輛掛著別州車牌的車子。當時，這些證詞仍不足以構成拘捕。這場調查後來沒多久就夭折，因為有「缺乏管轄權」這類政策作梗，再加上各種官僚手續，ＦＢＩ只能被迫旁觀。

芮斯勒在跟內布拉斯加州的調查人員談過、並親訪過犯罪現場、也看過案卷之後，確定丹尼很可能是被一個連環殺手鎖定。他先用這樣的輪廓在心裡對不明嫌犯勾勒出初步的樣貌，他描述這名殺人犯是十八、九歲的男性，可能認識丹尼，並把謀殺視為一種握有主宰和掌控權的行為。犯案過程沒有性暴力，暗示這名犯罪者對性不感興趣，至少就傳統意義上來說是如此。他甚至可能是性冷感。當時沒有太多資料可以追，以致於第一次的剖繪有點薄弱，只能很大程度地靠被害者的年齡、當地少有犯罪活動來著墨，還有就是我們已經從連環殺手研究裡頭得知，著名的連環殺手所找上的被害者都很類似。芮斯勒將這個分析分享給聯合專案小組：那是由當地警方和州警、軍事機關、FBI歐馬哈分局的探員們所組成的一個團隊。這些參與的機關從來沒碰過這麼凶殘的殺童案，過他們知道資源和專業共享的協調作業是他們或許得以釐清案情的最好機會。

「很可惜，第一次的剖繪沒有什麼收穫。」芮斯勒把頭頂上方的燈重新打開。「描述太過籠統：白人男性、青少年、在那個地區工作、可能有加入某個社團或社交團體，試圖想融入。但這些資訊還不夠。警方有做過一些嘗試：催眠法、對目擊證人測謊、對誘拐發生時可能曾在附近的人繪出素描。但基本上都還是毫無頭緒。所以這是第一號案件，被害者叫丹尼，有問題要問嗎？」

「有，」哈茲伍德率先發言。「被害者肩膀上那一小塊肉，最後有找到嗎？或者還是沒找到？」

「沒找到。」芮斯勒回答。

「它有多大？」

「大概一元硬幣這麼大，」芮斯勒想了一下。「就是很乾淨俐落的一個切口，像是你把火腿的尾端切掉一樣。」

「嘿，小羅，」道格拉斯打斷道，「那個路邊只是棄屍現場嗎？還是也是凶殺現場？」

「還蠻確定那裡只是棄屍現場。」芮斯勒說道。「事實上，屍體全身都是碎石的印痕，但發現屍體的現場沒有小碎石。被害者若不是在碎石區被殺害，就是屍體曾被留在有很多小碎石的地方，然後才運到那裡棄屍。」

我突然靈光一現。照片裡顯示屍體是在一條土路旁，並沒有被完全掩蓋起來。看上去就像是丟了就跑。而這是會忙中有錯的。「有檢查路上的胎痕嗎？有任何可以辨識胎痕的鑑識照片嗎？在我看來，這種棄屍方法很焦急和匆忙。」

「那裡的胎痕沒有到很清楚的程度，」芮斯勒回答。「也沒有鞋印。我們認為這個不明嫌犯只是靠邊停車丟屍體。沒有擺放它，只是把它扔了。」

肯恩・藍寧（Ken Lanning）探員舉起手。芮斯勒朝他的方向點頭示意。

「你曾說過繩索有藍色纖維，」藍寧說道。「這條線索有什麼後續發展嗎？被害者的四肢有繩索捆綁的凹痕嗎？」

「好問題。他們切斷繩索之後就檢查被害者的手臂和腿，結果發現沒有出現很深的凹痕或任何跡證來證明他曾被長時間捆綁。現場雜草留下來的凹痕都比繩索來得明顯。繩子已經送到我們的實驗室，但不吻合任何已知的樣本。」

藍寧想再接著問，卻被道格拉斯打斷。「你會怎麼分類這個被害者？被動消極？好動挑釁？還是很有自信？」

「他有點像是典型中西部那種很陽剛的男孩子。」芮斯勒說道。「挺正常的。他房間的搜索結果沒有找到任何毒品，也沒有跟可能有毒品的人有任何關係。」

「那凶器呢？」我問道。「有跡證顯示是什麼樣的刀子嗎？」

「傷口都有三到三吋半那麼深，」芮斯勒說道，「我們猜最可能是某種獵刀。沒有不尋常的鋸齒邊緣或者雙刀刃之類的特徵。就是很容易在店裡買到的那種獵刀。」

藍寧舉手，但芮斯勒沒理他，堅持先把自己的想法說完。藍寧畢竟是小組裡最年輕的探員，常被當成小弟。

「你們聽好，」芮斯勒繼續說道。「你們的問題都很好，但是沒有人問到那台腳踏車。而那才是我要點出的重點。我的意思是，你們都以為腳踏車是被丟在路旁，而不是不慌不忙地停靠在籬笆旁。所以這傢伙是認識這個孩子嗎？他有槍嗎？這當中應該有一些私人的交情，跟掌控權很有關係。你們可以從攻擊的猛烈程度以及這孩子被捆綁的手法看得出來。但是沒有性侵。所以從被綁架到被殺害的這幾天之間，究竟發生了什麼事？」

「小羅，小心你的用詞。」道格拉斯說道。「你變得有點像在引導方向。我們並不知道他們是不是私下認識。」

芮斯勒停頓下來，頭頂上方日光燈的滋滋聲響越來越大。

「你說得對，」他承認道。「我們來看第二起凶殺案。」

芮斯勒把新的幻燈片轉盤裝進投影機裡，然後關掉頭頂上方的燈，打開投影機的開關。

「你們會注意到被害者看起來很類似，棄屍地點也很類似，傷口外觀也一樣很類似。有很多這種類似的東西連結了這兩件案子。只是第二件案子比第一件更嚴重。」

克里斯多佛．W是奧夫特空軍基地（Offutt Air Force Base）一位軍官的兒子，大概是在十二月二日早上七點半被綁架。克里斯多佛長得弱不經風，瘦瘦高高的，才初來乍到那個地方，還沒交到什麼朋友。但是城裡的人都知道他，一方面是因為他父親的軍階，另一方面是他們住在都是陸軍的街坊社區裡，那裡離空軍基地不到一英里。目擊證人就是在那兒看見他跟一個白人男性說話：就在奧夫特空軍基地的外緣，歐馬哈的南邊，緊臨內布拉斯加州的貝爾維尤。目擊證人離他們的距離不夠近，所以只看得出來嫌犯的膚色（白人）、年紀（「相當年輕」）、以及他們兩個看起來都很冷，因為兩個人說話的時候，不斷呼出熱氣白煙。克里斯多佛跳進不明嫌犯的車子後座，過程中沒有掙扎、抵抗或爭吵。男孩可能看起來悶悶不樂，但似乎是出於自願進入車內。

「我以為他只是要搭便車到學校。」目擊證人說道。

這是克里斯多佛生前最後一次被人看到。他的屍體三天後被發現，地點類似前一名被害者被發現的地點。也一樣是鄉下空曠的地方：一片田野，四周都是林子，非常偏僻。

調查人員能找到他也算是運氣好。那個周末剛好整個州都被暴風襲捲，被害者屍體被雪覆蓋之前碰巧被獵人們發現。他們本來是開車要到小鎮外圍去獵松雞，結果路邊停好車後，意外注意到有兩雙腳印走到道路的外面，但是只有一雙腳印走回來。他們循著足跡走了大概一百五十碼，就意外發現那具屍體，於是立刻報警。

專案小組立刻將這起案件與前一起案件聯想起來。這個孩子就像第一名被害者一樣也是全身赤裸，只穿一條內褲。從胸口到腹部也一樣被捅了幾個很深的傷口，頸部則從脊椎頂端一路割到下巴底下，可能是在試圖切開頭顱。同樣也沒有性交的跡證。他十三歲，體重大約一百二十五磅，是一個相當拘謹的孩子。

但不管這兩起案件的被害者和棄屍地點有多類似，還是有三個差異點值得注意。第一個差異點是，最新的被害者被發現時，他的衣服是整齊疊放在離屍體幾英尺的地方，但第一名被害者的衣服一直沒找到。第二個差異點是，最近這起案子沒有用到繩索。第三個差異點是，實驗室的初步報告顯示，最新的被害者死後身上的刀傷數量多過於前一名被害者。

「大概就是這樣，」芮斯勒再度把燈打開。「還有其它細節會陸續補進來，另外還有一位目擊證人要問。但目前專案小組只知道這麼多。當地警察正在跟那個地區的報社和電視台一起合作，呼籲大眾協助。民眾若有什麼消息、或者知道車牌號碼抑或可以具體描述嫌犯，都有一條熱線讓他們打進來。另外也已經通知民眾若有看到任何人在找小孩說話，或者在附近鬼鬼祟祟，都可以報案。還有什麼問題嗎？」

「你說衣服是疊好的，」道格拉斯說道，「可以讓我們再看一下那張幻燈片嗎？」

芮斯勒在投影機上反向點擊了幾次，「在這裡，有點難看得出來，但是比只是扔成一堆要來得更刻意一點，也不是有多整齊啦，但就是有好好擺放過。有點像是你會稍微折一下你的外套，而不是把它四處亂扔。衣服疊放的次序也值得注意。」

芮斯勒停頓一下，給我們時間寫在筆記上。這時藍寧開口了。

「我只是好奇，有器官切除的痕跡嗎？」

「沒有，」芮斯勒搖搖頭。「傷口都是砍出來的，看上去像是某種圖案，不過顯然只是純粹亂砍。」

「這一點我不這麼認為，」藍寧否決，「那些傷口看起來太類似上一名被害者，我會說這是一種儀式感，是憤怒使然。」

「好吧，先等一下，我們回頭看一樣東西，」芮斯勒說道。「我們有找自己的人去查看過第一位被害者的鑑識結果，砍傷的部份還是沒有什麼新發現，但是他們對那個小孩手臂上少掉的一小塊肉有不同的解釋。他們找到一個齒痕，但只有局部，所以被拿走的那一塊肉可能是為了掩飾咬人癖（biting fetish）。」

「被害者背景呢？」我問道。「我認為一定要好好研究這兩起案件被害者的特徵，對犯罪者來說，被害者共通的特徵是什麼，可是這些照片不能讓我們清楚看見兩名被害者的長相。年紀是主要關鍵嗎？還是他們有類似的長相？」

「他們看起來的確很像，」芮斯勒說道。「就被害者背景研究的角度來說，這當中有很多相似處。這傢伙只挑容易下手的被害者。他選定的是男性青少年，不是女性，這一點別有含義。你看到的這傢伙基本上就只挑年輕男孩當被害者。我認為這是他人格形成的關鍵。這傢伙是個膽小鬼，對，我知道我又開始有點偏頗。」他聳聳肩，很快地瞄了道格拉斯一眼，趕在有人抱怨之前先自行招認。「所以我們現在開始吧，來做一點剖繪。」

最後這個部份才是這次開會的真正原因。會議室裡的每個人那天早上都已經熟悉了案子，因為我們早就充份研究過這些簡報。雖然芮斯勒的報告很周詳和深入，也透過照片和幻燈片在脈絡上做了很多補充，但多數都只是在回顧。會議的真正目的，是要讓一群精英級的剖繪專家有機會可以合力將嫌犯的搜索範圍縮到最小。流程是這樣進行的。每一位探員都會各自表達獨特的見解和看法，幫忙界定嫌犯的身分。這是一門藝術，也是一門科學。雖然調查局裡有些人會因此存心挑毛病，但我視它為一種優勢。這也意謂這個流程必須盡可能審慎。每個證據、每一個慎重考慮到的細節，都要受到檢視、都要給出一個脈絡、都要去蕪存菁，才能把嫌犯當成一個完整的個體來勾勒出清楚的面貌。最後出來的結果會是完整的全貌，大過於各部份相加的總和。剖繪無法指出實際犯罪者的名字，但是它可以利用現有所有的證據，來做出一份深入且細膩的嫌犯剖繪檔案，包括年齡、種族、體格身高、工作、教育程度、嗜好、以及所能想像到的其它所有細節。

以內布拉斯加州的案子來說，我們利用了手邊可用的所有證據，盡可能做出最完善的剖繪。我們是先從芮斯勒最起初的剖繪開始，他已經推論殺手工作的地方可能很輕易接近年輕男性，譬如足球教練或者童子軍領隊。也因為殺手是粗魯地使用刀子，切掉他咬在被害者身上的齒痕，所以芮斯勒相信這名不明嫌犯會讀鑑識科學方面的警察和警探雜誌。此外我們也同意他沉迷於掌控權，會聚心會神地有關他犯罪的新聞報導，想知道媒體如何描述他。而至此，我們也補充了我們持續研究連環殺手時便已經解析得很清楚的基本人口統計特徵。他是白人，因為連環殺手通常都會殺害跟自己人種相同的對象；他很年輕，因為那些年輕的被害者性徵都未成熟；還有他的過度暴力說明了他有很深的憤怒，無法適應這世界。

不過剖繪的成敗關鍵靠的多半是最小和最細微的細節。這需要我們的全神貫注。我們將這名不明嫌犯做出以下描繪：

他是白人，大概在十八、九歲或二十出頭。他有一輛保養得還不錯的車子，外觀還算中等水準，看到他的被害者可以安心地坐進車裡。他能夠裝出很自信的樣子，可以自在地跟他偏好的被害者對話，因為他們年紀相仿。但是這種自信只是表面，這可以從攻擊雖然是事先安排好的（這名凶犯有先備好繩索和捆綁物來控制他的被害者），但棄屍手法相對匆忙（代表他缺乏經驗，很是急迫）看得出來。

繩索的使用也暗示出這些犯行裡頭的「性」意味，這跟證據顯示出被害者死前或死後都沒有被性侵是吻合的。繩索有「捆綁式性交」（bondage）的元素在裡頭，符合所謂的性控制（sexual control）。少了後續的性交動作，證明對方「性不成熟」（sexual immaturity）、性經驗有限、以及有妄想症。而那些凶狠的刀傷顯示凶犯對於自己無法將這場攻擊轉變成一場性經驗感到挫敗和憤怒。這暗示凶犯被迫活在性幻想裡，而這可能根源於他小時候有過的性創傷（sexual trauma）。

凶犯習慣早上時間進行誘拐，表示這是一個需要輪班的藍領工人，有點類似半技術性的技工，晚上得值班。而這也意謂對方智商一般，可能只有高中學歷。他沒有結婚，跟女性相處不自在，沒有性經驗，心智未成熟，行事衝動。他是本地人。他對年輕男孩很著迷，可能有參與某種活動讓他有機會可以跟這些男孩打交道，譬如小聯盟球隊或者類似團體。他獨居於公寓，把偵探雜誌當成色情刊物在讀。他年少時曾有案在身，性侵過年輕男孩。他獨來獨往，很想離開這座小鎮，可是行不通，因為沒有什麼就業機會。他越來越有自信，很可能會透過高危險性的行為來曝露自己。

我們也注意到凶犯可能遲早再度出手。但是當地警方不會想聽到這件事，他們已經被眼前可怕的案子給嚇到了，可是我們還是得讓他們認清事實。更何況，不明嫌犯已經顯示出，從殺害第一名被害者到第二名被害者，他的殺人技術變得越來越純熟。而且假期即將到來，學校就要放寒假，孩子們會離開安全的教室，將更容易受到攻擊。這種犯案機會對凶犯來說一定是難以抗拒。

又過了幾週，調查人員找到幾名嫌疑犯帶回來訊問。其中包括一名經常強迫男童進入他車內的戀童癖男子。不過雖然此人隨後遭到拘捕和定罪，但這個案子跟丹尼．E和克里斯多佛．W沒有任何關連。十二月在沒有進一步意外消息的情況下平安度過，一月初也是。

一月十一日早上，案子終於破了。學校當時已經開學，一名女老師在一間教堂的日托中心注意到有可疑車輛逗留在停車場附近。女老師立刻將車牌號碼抄下來。但那名男性駕駛竟又倒車回來，停好車，下車威脅女老師如果不把紙條交出來，就要殺了她。女老師好不容易掙脫對方，跑進屋內，打她在新聞裡看到的那支熱線電話。男子隨即逃之夭夭。

當地警方和ＦＢＩ歐馬哈分局的特別探員火速回應，追蹤那輛車，查到附近一家修車廠。發現那是駐紮在奧夫特空軍基地的一個航空兵所租的車子，航空兵自己的車子目前正在修車廠維修。探員們徹底檢查了那輛車的車窗，在車內找到繩索，很類似第一名被害者身上找到的那種繩索。他們聯絡了空軍特別調查辦公室（Office of Special Investigations，簡稱

ＯＳＩ）的軍官，以便能夠立即進入車主的住所內搜索。車主是一名雷達技師，叫做約翰．喬瑟夫．朱伯特四世（John Joseph Joubert IV）。這次的合法搜索和扣押行動找到了更吻合證物的繩索、大型獵刀、以及幾十本翻舊了的偵探雜誌，其中一本的折耳處剛好是一篇跟殺害報童有關的報導。這些發現（再加上二十一歲的朱伯特外貌也剛好是年輕的白種男性，身體瘦弱）完全吻合剖繪裡的所有描述。

原來朱伯特是一名初級技工，負責為空軍裝備做基本的日常保養，都值大夜班。此外他當過多年的童子軍，是空軍基地某部隊的童軍副團長。

朱伯特接受訊問時，一開始否認犯案，但是拿證物質問他的時候，他就開始動搖了。當調查人員告訴他，他車內的繩索吻合第一名被害者身上找到的繩索時，朱伯特解釋他是童軍副團長，繩索是團長送他的禮物。然後他說他想跟團長說話。這給了我們一個策略運籌的機會，可以趁機利用訊問技巧來解緩嫌犯的恐懼心理，方法就是找對方信任的人進來。於是我們安排他們會面，兩人經過冗長的交談後，朱伯特接受了團長的忠告，承認是他殺了丹尼．Ｅ和克里斯多佛．Ｗ。他說男孩們上車後沒多久，他就殺了他們。他也承認他從來沒有過兩廂情願式的性關係，還說年輕男孩會使他性欲高漲。另外，他很喜歡讀偵探雜誌裡關於主宰、權力、和掌控權方面的文章。

朱伯特的認罪內容進一步吻合了FBI提供的剖繪。他心智未成熟，對性的態度矛盾混亂、容易衝動，跟我們描述的一模一樣。從他條列式地重述殺害丹尼的方法裡頭，最能清楚顯示：

我設好鬧鐘早上叫我起床（五點半）做這件事。我上了車，開到一家快客便利商店（Quick Shop），看到那裡有個小孩。他正在送報。我在停車場裡開車從他旁邊經過，就在車子經過他的那瞬間，我突然想到我可以抓這個小孩，把他塞進後車廂裡，帶他到別的地方。我從他後面走過去，用手摀住他的嘴巴，跟他說：「不要發出聲音。」然後我用膠帶封住他的嘴，再把他的手捆在背後。我心裡想，我不能在這裡做……我開到一條土路上，停好車，把他從後車廂裡抓出來，叫他脫掉襯衫和褲子。我記得我用手摀住他喉嚨，由於他的手被鬆開了，因此試圖阻止我。我告訴他：「別擔心。」隨即抽出一把刀子。那是一把生魚片刀，很便宜。膠帶是醫院的。我之前用美工刀（X-Acto牌）做模型時，切傷了手指，所以醫院有給我膠帶。

朱伯特後來描述他在丹尼的胸口捅了一刀，聽著他放聲尖叫，然後就又一次一次地捅他，每次刀子捅進去時，他的性欲便跟著高漲。

在朱伯特的整篇供詞裡，沒有絲毫的情緒，直到他提到丹尼左大腿那道很大的傷口。「那是為了掩飾一個咬痕。」他解釋道。「我一定得按標準程序殺了男孩，這很重要，一定要做對才行。」然後他強調，當他親手殺害丹尼的時候，一點感覺也沒有，他只是在把一場精心排練過的幻想實際搬演出來而已。「我知道這聽起來很冷血，」朱伯特補充道，同時描述他後來是如何「滿手鮮血地走進麥當勞，進到男廁裡把手洗乾淨。然後我點了早餐，吃完後就回家躺在床上，香甜地睡了一、兩個小時。」

朱伯特有很多特徵都跟我當時所做的連環殺手研究裡頭的其他凶犯一樣。他吻合一種可識別的模式，而這個模式隨著我檢視每個案子而變得越來越清晰。就某些方面來說，研究朱伯特的背景確實證實了我從一開始就懷疑的事：連環殺手是依據某種邏輯慢慢養成。他們會變成連環殺手，不完全是隨機或混亂造成的，而比較是建立在一種扭曲的設計組合上，這個組合混雜了這名凶犯的成長背景、人格、以及心理。所有這一切結合在一起，才造成他們會以恐怖暴力的手段因應某些一觸即發式的情境。朱伯特正好是個教科書級的範本。

朱伯特的父母在他小時候就離異，他的母親只能帶著家人離鄉背井，前往緬因州（Maine），在那裡努力賺錢養家。心裡感到挫敗和憤怒的朱伯特開始發洩。他才十三歲，就在短短四個月內首度犯下連串暴行。一開始他是用鉛筆或螺絲起子去捅一名騎著腳踏車從他旁邊經過的六歲女孩。幾周後，他又拿刀子戳刺街上一名從他旁邊走過的二十七歲女子。兩個月後，他使用 X-Acto 牌美工刀割了一名九歲男童的喉嚨——男童熬了過來，但縫了幾十針才將那兩英寸的傷口完全縫合。這些攻擊對朱伯特來說，只是他慢慢開始產生殺人幻想時的一種初步測試。

朱伯特說自他有記憶以來就飽受暴力幻想之苦。他記憶所及的最早一個幻想是出現在他六歲的時候，在那個幻想裡，他從後面偷偷走近他的臨時保姆，將她勒死，再狼吞虎嚥地將她吃進肚子裡。朱伯特說他整個童年都在腦袋裡回播這些畫面，一再重覆，不斷精進，直到他犯下他的第一樁謀殺案。他不記得他的幻想是什麼時候從女性變成了小男孩。但他確實知道這個幻想似乎變得比真實世界還要真實。真實世界始終是一連串的失望和限制，幻想卻能讓他沉溺在自己的想像世界裡。

他被逮後，負責評估朱伯特的精神病學家作出評論：「他似乎與情緒經驗完全疏離到呈現出某種長期分裂的狀態。我懷疑他隱約知道自己有這個缺陷或這方面的不足。而在某種程度上，殺人是為了體驗強烈情緒的一種嘗試。」

朱伯特似乎吻合這樣的評估。他相信他的幻想可以幫忙他遺忘年幼時目睹到的家暴事件，包括他父母之間多起的家暴。從那個時候開始，朱伯特只要覺得有壓力，就會開始幻想。

「我會開始有這些想法，是因為那可以紓壓，」他說道。「我知道它可以讓我覺得好過一點，後來我慢慢長大，它就成了一種習慣。」

他也主動告知他對被害者年齡的見解。「我從七歲到十三歲那段時間都很不開心，所以我想挑選那個年紀的男孩，就像是把我自己當成攻擊對象一樣。」

報告裡頭的其它細節也引起我的注意，我決定把這些內容全納進我們還在ＦＢＩ進行的連環殺手研究裡頭。第一是在他做精神鑑定時，證明了自己的智商很高，記憶力絕佳。第二，他在重述那些事件時，態度非常客觀、非常抽離、非常冷靜，就像是在回憶一部電影而不是自己的恐怖暴行。第三，他的思維和行動都極度有結構。

我的心得是，朱伯特是一個聰明、細心、有條理的人，對他人鮮少或完全沒有同理心。但同時，他對自己的不同之處有足夠的認知，他覺得是因為這種不同之處才使自己被深度孤立。這也使得朱伯特建構出一種錯綜複雜的幻想常規，試圖將自己的情緒鴻溝跟周遭的現實世界橋接起來。但這還不夠。他需要使別人痛苦，才能感受到任何一種真實的情緒。他在對被害者的追逐、以及引發別人痛苦的方法裡頭，找到了一種寄生般的方式，可以去感受他長久以來求之不得的那些情緒。

朱伯特的案例為道格拉斯、芮斯勒和我標示出一個關鍵的時刻。在那之前，我們的重心都是在訪談被定罪的連環殺手和分析資料，將那當成我們罪犯人格研究的一部份。可是當我們把調查結果運用在犯罪剖繪的調查技術上時，便等於踏出重要的下一步。我們證明了即時的犯罪者剖繪蘊藏著潛力，哪怕是對最急迫的調查案件，都能助上一臂之力。我們證實了這種方法雖然還在初始階段，卻可能成為強而有效的工具。最後也很重要的一點，就是我們證明了就算是在跨機構合作的複雜架構裡（在州層級、地方層級、和聯邦層級上的資源共享），犯罪剖繪仍然可以成功達陣，是管用的。

芮斯勒火速將朱伯特的案子納進他在國家學院的教材之一，強調跨機構之間的合作有多重要。而在最早的幾場講座裡，其中一場有一位來自緬因州波特蘭市（Portland）的警官注意到內布拉斯加州的這個案子跟他轄下的一樁懸案有類似之處，於是要求課後跟芮斯勒碰面談話，那時他的說法是緬因州這個案子發生的時間剛好是朱伯特還住在附近的時候，三個月後，他才加入空軍基地。芮斯勒同意這兩起案子的雷同處巧合到令人無法忽視。他要求拿到調查記錄的影本，才得知一九八二年八月二十二日，小名里奇（Ricky）的十一歲男童里察・斯泰森（Richard Stetson）被發現遭人殺害，死因是刀傷和勒喉。但最引人注目的是鑑識照片裡被害者的腿上有人齒的咬痕，但犯罪者似乎試圖用一連串十字形的切口來掩飾。芮斯勒把咬痕拿去檢驗分析，證實了朱伯特除了在內布拉斯加州兩次犯案之外，緬因州的斯泰森謀殺案也是他幹的。

朱伯特案子的重要性也被放大了。它被全國媒體冠以「伍德福殺人狂（Woodford Slasher）」這個名稱大肆報導，伍德福是指內布拉斯加州的伍德福市，也是犯罪行為的發生地。ＢＳＵ還是頭一遭像這樣被放在鎂光燈底下。我們的成功贏得了ＦＢＩ局長威廉．韋伯斯特本人的點頭認可，他寫了一封推薦函，說明剖繪對破案和真相大白來說具有關鍵性角色。全國媒體的關注也是這案子得以在《國會記錄》（*Congressional Record*）裡發表的原因，上面還附有一張紙條寫著：「參與其事的各方都值得被高度稱許」。

這樣的公開支持就像推進了一大步，向ＦＢＩ裡頭所有的人證實行為科學組是對的。調查局裡的守舊派仍然認為犯罪剖繪太過純理論，無法對現實世界裡的犯罪行為有任何長久的影響。不過就連那些最堅定的詆毀者也無法否認我們最近的成果。我們證明了瞭解罪犯的心理是有其價值的。我們走對了路。

終於得到全國認同，是一件備受肯定的事，但是能夠在現行案件裡利用剖繪方法來找到殺人犯，更是所有報酬裡頭最令人滿意的。它使得其他一切有的沒的事情（包括我所面對到的懷疑、我必須忍受的各種測試、還有無止盡的批評）都變得似乎微不足道。我們已經利用剖繪拯救了難以數計可能受害的孩子。但這只是開始而已。一九八〇年代，犯案中的連環殺手在數量上將會前所未見地達到高峰。朱伯特代表的只是對這種暴力行為的驚鴻一瞥。對我們來說，重頭戲才剛要開始。

第三章　為「剖繪專家」做剖繪

不久前，就在我學著同時兼顧學術界的工作和ＢＳＵ的新差事時，那些頻繁往返波士頓和華盛頓特區的班機，讓我活像是在兩個不同的世界裡旅行一樣。整個旅程的感覺很刺激，就像變身的過程，我從態度溫和的布吉斯教授化身為剛毅勇猛、打擊犯罪的探員。說得再明白一點，當時很少人知道我的另一個身份。這對我而言很重要，因為我家裡有小孩，我不想讓他們知道我在ＢＳＵ研究的都是一些很令人不安的案子。可是要完全劃分清楚不是那麼容易。我從來不知道什麼時候會有探員打電話找我；有時只是詢問一個簡單的問題，有時是緊急要求我「盡快趕過去」。無論他們基於什麼原因找上我，我都必須做好隨時上路的準備。因為在我的平凡世界裡，每天儘管可能遇到各種快樂或挑戰，但那些探員每次打電話來的原因卻絕對都是生死攸關的。這就是它的現實面，沒得商量，也是我打從一開始就同意的條件。

我養成了習慣，總是備好一只打包好的行李箱，裡面放了基本用品——探員們都稱那是「應急包」——結果我發現自己使用它的頻率越來越高。無論什麼時候，只要接了電話，我就會拿起自己的東西，趕搭第一班飛機過去。當年，這種往返波士頓和華盛頓特區的雙引擎螺旋槳飛機並不需要提前訂位，也沒有安檢，我只要取票，登上飛機，在自己的位子上坐好就行了。萬一飛機客滿，他們也保證會「推另一架飛機出來」。他們甚至還提供三明治和酒精飲料。等落地後，總是有司機等著接我，讓我鑽進一輛沒什麼特色的黑頭車裡。我會趁駛往國家學院的漫長車程中翻閱和研究個案的資料跟筆記。車窗外的景致也從櫛比鱗次的聯邦辦公大樓變成住家房舍，然後是森林，最後就像不知身在何處地來到一個前不著村後不著店的地方。

當時是一九七〇年代末，國家學院才剛從華盛頓特區搬到維吉尼亞州匡提科的海軍陸戰隊基地（Marine Corps），位在國家首都南邊四十哩處。這處新的位址涵蓋了五百四十七英畝的退耕農地、起伏的山丘、和潮溼的沼澤，所以環境自然清幽僻靜，東邊有波多馬克河（Potomac River），西邊有片原始林。這裡非常幽靜。但是隨著調查局的規模、範圍、和調查專長不斷擴張，匡提科的地坪面積本身就成了越來越重要的資產。一九六九年，他們開始對一棟複式大樓進行工程，以便提供最先進的訓練設施給新進探員。等到我來報到時，FBI已經變成有兩個分支單位坐落在兩個不同地方：華盛頓特區還是總部的所在地，被稱為總局（the Bureau），而匡提科則成了國家學院的座落地點，它是訓練部門，致力於課程訓練、射擊術、實驗室作業、和其他專業的研究計畫。

可是奧坎剃刀理論（Occam's razor）同時適用於正反雙方：儘管執法單位技術不斷精進，但犯罪行為也是不斷在演化，變得更純熟和機巧。總局很清楚這一點，也承認領先一步是很重要的。而這就是匡提科的功能所在。它透過法醫學訓練、實驗室作業、和犯罪現場架設等應用來擴大探員的教育培訓，特別強調在逼真的訓練場地裡練習射擊術和實地技巧。不過或許最重要的是，這也是FBI有史以來首度由總局提供專用的資源去瞭解罪犯行為背後的心理學。過去十年來，異常犯罪案例的數量令人擔憂地激增，譬如綁架、強暴、和連環凶殺。FBI想知道原因是什麼。BSU因此誕生，其任務就是去釐清案件背後的成因。

最初我以客座講師身份到訪BSU的那段期間，便親身經歷了FBI那場現代化的變革，很難不對它刮目相看。新的設施有劇院式禮堂、二十四間教室、兩棟宿舍、一間食堂、一座健身中心、一棟技術最先進的圖書館、以及一座很大的靶場。整個地方的景象一片繁忙，充斥在那裡的嘈雜聲響不只來自探員，也有從全國各地來訪的軍事人員和執法人員。在很多方面，它更像是一座大學校園。只是在這裡——普遍來說就像在總局一樣——紀律和忠貞這兩個傳統仍然主宰一切。

雖然我在國家學院的地位有點特殊，但遵循的標準並無二致。畢竟匡提科是一座聖地。要進入它的殿堂，意謂你必須通過身家調查，取得合法文件，用一個很容易識別的超大訪客徽章來證明自己的身份，才能隨時通行無阻。它也意謂我必須接受當局無情的審查和層級繁複的作業流程。那是我最早的時候有一次來這裡講課很快學到的經驗。那些我深夜才抵達，簽到之後，就被護送到一間很特別的客房，在兩棟宿舍裡頭比較小的那一棟。我當時很快就睡著了，可是感覺才過了幾分鐘，便突然被一種像是起床號、接二連三的槍響聲給驚醒，那聲響離我房間不到一百碼。當時是清晨六點，靶場才剛開門。可是雖然它叫人起床的方式很嚇人，但我知道我絕對不能對探員們抱怨，我必須證明我是很有適應力的，就算身處在新的領域裡，也能泰然自若。這只是另一場考試，想知道我是如何應對這份工作裡頭的意外元素。

我在FBI國家學院的啟蒙階段大概持續了三年：從一九七八年首度接到哈茲伍德的那通電話開始，然後在八〇年代初破了朱伯特這個案子作為收尾。這就是我如何從國家學院的講師身份搖身一變，加入BSU探員們專業團隊的整個過程。至少這是我最後何以會待在那裡的官方版說法，畢竟鮮少人知道，自從我踏進那扇門，幫探員們研擬那份編制外專案計畫的那一刻起，其實就一直在幫忙做這類非公開的工作。但我還是很興奮能成為這個團隊的一份子。我是以罪犯人格研究計畫的聯合主任身份加入芮斯勒的團隊，我們將這個研究拆成連環殺手研究和犯罪剖繪流程兩部份。而且拜美國國家司法研究院（National Institute of Justice）的大筆資金挹注之賜，我開始負責監督罪犯人格研究的預算和設計，以及波士頓市立醫院八名專案人員的研究方向，舉凡罪犯人格研究的資料輸入、統計分析、訪談，以及剖繪過程對話的抄錄，都是在那家醫院進行。

在我得到消息、知道自己正式加入團隊之後，第一個向我道賀的是哈茲伍德。他急著跟地底下那座聲名狼籍的防空洞辦公室裡的其他BSU成員分享這個消息。於是他帶我抄捷徑去搭電梯，一路穿過建物裡頭擺滿槍械的槍房，我們經過時，裡頭有名講師正在個別指導受訓的探員們，當下所有人立刻停下動作對我們行注目禮。

「別緊張，」哈茲伍德說道。「她是自己人。」

我微笑以對，那是我第一次對自己在調查局裡的角色就跟對自己的工作價值一樣那麼有自信。

可是得意的一刻沒有持續太久。「嘿，安，你杵在那裡幹嘛？」哈茲伍德劈頭問道。

我趕緊追上去，跟著他走進電梯，他撳了一個沒有標記的按鈕，電梯就把我們往下帶，越來越往下，終於下到了那個熟悉的地下樓層。電梯門在眼前打開，道格拉斯就在電梯口用玩笑迎接我們。

「安，恭喜你了，現在你是國家級地窖暴力犯罪分析專案小組的正式成員了。」他說道，「就在六十英尺深的土堆底下，我們可是比埋在地底下的死人都還要深十倍哦。」

探員們哄堂大笑。我也笑了，不過我覺得很奇怪，ＦＢＩ將我們塞在一個別人看不到的地方，跟一堆設備擠在一起。我們身處在一個沒有窗戶的空間裡，離地面有好幾層樓的距離，這地方最初是設計成一個安全的站點，在發生全國性的緊急狀態時可供聯邦的執法官員避難之用。沒有人會查核我們，甚至很少人知道我們在這裡。而這一點說明了一切。雖然總局最近的興趣是想弄清楚罪犯行為背後的意涵，又雖然我們早期的幾個剖繪個案都還算成功，但這份工作本身仍沒有被完全驗明正身，所以無法取得太多資源或支持。我們得靠自己來證明這份工作的成果穩定性和廣泛運用性，我們必須自立自強。

我很快就留意到，這種孤立對ＢＳＵ的非常身份來說扮演著一個決定性的角色。所有探員都有各自的教學任務[1]，而且每個人也都全力鑽研自己在專業上的研究計畫，非常打拼。

不過在此同時，由於他們之間沒有共同的責任必須承擔，因此在他們當中，各自的獨立意識都很強。此外這也意謂他們鮮少像一個單位那樣齊聚一堂。除非我們收到前所未見的案件，需要各種專業背景的人才（像是縱火罪、爆炸案、或儀式性暴力犯罪的專家）提供意見。然而在這座競技舞臺上謀算出幾次旗開得勝的例子之後，我們開始看到有越來越多所謂前所未見的案子被送到我們這裡來。我們很快贏得了一個美譽，被人當成是FBI裡頭的求助徵詢處，專收最奇怪的懸案。這影響了BSU裡的動態關係。起初這是一個很微妙的改變，雖然每位探員還是在他們各自關注的領域裡埋頭苦幹，但這種集體的目標感讓我們變得像團隊一樣，拉近了彼此的距離。

我也在BSU這些探員當中注意到另一個共通的特點，那就是他們不相信當權者。也不是說他們會公然表現得目中無人，而是比較像是習慣性地在有利於自己的情況下令人捉摸不定或害人誤解，尤其是面對自家單位主任羅傑．迪蒲的時候，這種態度更是明顯。迪蒲是

1 除了在國家學院全職授課之外，BSU探員也得偶爾被安排去進行為期兩周的「巡迴教學」作業任務。巡迴教學都是兩人一組，由兩名探員組成，他們會在星期天出差到指定的城市，然後那一整週的工作日都在那裡授課，接著再前往第二座城市，進行第二週的授課。

ＢＳＵ的創始元老，一路爬上來，一九七〇年代末當上這裡的主任，同時也擔任講師和管理者的角色。他的發跡是循規蹈矩來的，從來不惹麻煩。他雖然人緣不錯，受到探員們的尊敬，但老是得費很大的力氣才管得動他們。他說他們很固執，有一次甚至形容自己的工作就像是在指導一支全都是四分衛的足球隊，還補充說這些探員「對於他們想要做什麼還有怎麼做都有各自的意見。」

迪蒲的說法一針見血。我最初認識這群探員的時候，他們就是各種人格的罕見集合。對當局來說，他們的與眾不同不只在於他們的性格跟興趣，也在於他們各自的經歷，亦即他們怎麼會來到ＦＢＩ的原因。不過他們還是有共通點才會被集結起來：他們每個人都對犯罪心理學有與生俱來的悟性。他們當中沒有任何一個人曾受過人類思維和行為研究這方面的正式訓練，但他們就是有那個竅門，洞見會突然閃現。我是從他們分析調查資料和檢測行為模式的方法裡頭，以及現場專案小組是如何追著他們要求快速詮釋犯罪行為和動機看出了端倪。這些探員很精通自己的工作，他們對工作的熱情已經不再只是把它當成日常作業任務來對待。他們都想把自己的獨到技術做出更上一層樓的發揮。

但是這裡有個問題。集體來看，ＢＳＵ有無限的潛能可以幫忙重新定義ＦＢＩ對暴力犯罪的心理學運用方式。但前提是他們得先把自己看成是一個團隊。要做到這一點，探員們就得先肯定他們每一個人都可以為這個團隊做出貢獻。我在想因為我還蠻瞭解他們每一個人，而且也在他們的專業範圍內跟他們合作過，所以我應該可以幫忙加速這個流程。沒多久，我就跟著團隊裡的四名「元老級剖繪專家」參與了幾次聯合專案，他們在這個單位裡都是赫赫有名的：洛伊．哈茲伍德、肯恩．藍寧、約翰．道格拉斯、和羅伯．芮斯勒。

哈茲伍德是BSU資歷最久的探員之一。他是在愛達荷州（Idaho）土生土長，有軍事背景，於一九七一年加入FBI。在某種程度上，他有著中西部人士天生的友善氣質，跟其他探員的嚴肅性格很不一樣。他很有趣，很愛跟人說他是怎麼來到這單位的。那是一九七八年的冬天，哈茲伍德在FBI的管理能力課程才剛結業。他在決策管理專業能力上拿到的高分使他成了轉調為駐地辦事處主管的首選。但是哈茲伍德想留在維吉尼亞州，因為他在這裡有棟房子，而且有一家子人要養。於是他決定抓住當時在匡提科唯一空出來的職缺機會：BSU的性犯罪講師。他拿到了這份工作。他隔年一月到職的時候，就被人家帶下去，一路下到建物的底層，進到一間本來是放拖把的小房間裡，就位在地底下最陰暗偏遠的角落，那裏就是他的辦公室。他打開燈，驚見一件黑色蕾絲三角褲被釘在他辦公桌上方的牆上，作為歡迎他上任的禮物。

哈茲伍德熬了下來，很快就靠他對性犯罪和姦殺犯詳盡的專業知識而建立起名號。他有顆好學的腦袋，而且他的不恥下問對ＢＳＵ而言簡直再適合不過了。這些特質使他天生就很適合做研究調查。當時才任職幾個月的他正在回頭檢視哈維．格拉特曼（Harvey Glatman）這個舊案件[2]，以便為一件現行的案子找出更多視角。哈茲伍德開始詢問一些似乎沒人能夠回答的問題：格拉特曼為什麼要把他的被害者綁在各種不同的位置，拍攝被害者被脫掉衣服的階段過程？他是從哪裡學會這種事的？這為什麼會激起他的性欲？他為什麼要把被害者的雙腿全捆綁起來，而不是只綁腳踝？哈茲伍德在挖掘一箱ＦＢＩ的案卷時，總覺得還有一些事情是可以從格拉特曼身上得知的。他一直有個想法，覺得人們會犯下性暴力罪行一定是有其原因，而確實瞭解那個背後原因會非常重要。他推斷，若能知道一個殺人犯的過去，或許就能更深入理解他們變成了什麼樣的人以及原因何在。他在格拉特曼的童年裡找到了一條線索。

案卷裡有一份文件描述了一起事件，格拉特曼的母親發現她那年幼的兒子將一條細繩的其中一頭綁在自己的陰莖上，另一頭則關在抽屜裡。過了幾年後，他還是青少年的時候，格拉特曼的父母發現他又在玩這種自慰性窒息的遊戲，但這一次是在浴缸裡，陰莖和脖子都跟水龍頭綁在一塊。在最初調查期間，沒有人把這些早期行為跟格拉特曼日後的性侵殺人行為做出任何連想。但對哈茲伍德來說，這中間的關聯性很清楚。

一九七九年，哈茲伍德在一場小組會議上，請BSU主任賴瑞・門羅（Larry Monroe）准許他做自慰性致死（autoerotic fatalities）的研究，他想知道這和其它異常行為有什麼關連。門羅默不作聲。哈茲伍德試圖解釋這個研究的重要性，但很快被一個尖銳的問題打斷：「為什麼這樣一個罕見的現象（一年大概只有一千五百個死亡案例）值得FBI花時間和資源去做研究？」哈茲伍德列舉了兩個足以支持這項研究的理由。第一，它可以終止被害者家庭的繼續出現，這些家庭通常因這類死亡事件而備受打擊。第二，警方必須區別他殺、自殺、和意外死亡這三者。將自慰性致死誤當成自殺，其實是一個可以避免的錯誤，而這些省下來的時間和資源絕對多過於他的研究調查成本。門羅點點頭，哈茲伍德得到許可，條件是他得把研究發現提供給更多的執法機關。

哈茲伍德立刻著手深入研究。他要求國家學院的學員去找出自一九七〇年代以來曾經發生的自慰性致死案件，提交給他。他要他們連同當時的調查報告以及死亡現場的描述或照片一起呈交上去。不到三年，他就收到一百五十七件自慰性致死的報告。他請我和尼克・格魯

2 格拉特曼是一名連環殺手，在五〇年代末犯案，他最眾所皆知的是他會在性侵的過程中拍攝被害者的照片，再殺了他們。

斯（他是一位心理學家，在矯正機關工作，在ＦＢＩ國家學院也有以強暴犯為主題的講座）幫忙。我們都很感興趣，但是我們兩個對自慰性致死是什麼完全不懂。事實上，似乎沒有人對這東西有太多的瞭解。哈茲伍德是第一個對這議題提出想法的人。他必須從無到有地慢慢深入瞭解這些案子，把它們當成意外性的性愛死亡案件來歸類，死因是呼吸道阻塞、胸部壓迫、化學藥物或氣體、或者電擊——全都是為了得到性刺激。

在我跟尼克同意協助之後。我們三個會利用傍晚時分在匡提科設計一套可以運用於每件案子的數據評量研究。但是初期竟遇到一個問題，原來尼克發現自己無法正視那些死屍的照片。但我的好奇心戰勝了我的恐懼。再說我曾經跟性侵受害者共事過，這些經驗教會了我如何把焦點放在資料上，而不是恐懼上。我學會與創傷共處，因為我知道我能提供協助。因此我們設法分工：我負責檢視、分析照片，以及做具體的分類，尼克則負責輸入資料。

我們一評估完一百五十七件案例，就趕緊將我們的研究發現按門羅要求的提供給所有執法機關。但是要把這種主題鮮為人知的資訊傳播開來並不容易。每當有地方上的警察局要求開講座時，哈茲伍德（那時的他對自我刺激性的行為與暴力行徑或死亡這兩者之間的關連有很獨到的見解，因此備受肯定）就會列出所有他能提供的講座主題，並特別強調自慰性致死這個題目。有一位警察局局長很特別，他想了一下才回答：「我們這裡沒有太多車禍死亡案

件欸。」（編註：此處局長誤會autoerotic與汽車[automobile]有關）

哈茲伍德的辦公室曾經是一間放拖把的小房間，但是這還不是最糟的，肯恩・藍寧比他還慘。身為這個團隊裡最資淺的成員，藍寧得湊和著使用一間以前是儲藏室的辦公室，它甚至沒有門，但是運氣不錯的是，位置竟然就坐落在道格拉斯和芮斯勒辦公室的正對面。這也正是藍寧學會所有秘訣的獨門方法。他花了好幾天和好幾周的時間仔細聆聽這兩位資深探員分析各種案件的細節，像海綿一樣將他們說的話悉數吸收。久而久之，在一個案子接一個案子的情況下，這些對話為他的剖繪專業教育打下了基礎。他曾經告訴我，那是他有生以來受過最好的訓練。

藍寧是在紐約布朗克斯區（Bronx）長大，童年有大半時間都在參與政府贊助的某種ＦＢＩ少年營隊，他才十歲，就引人注目地當上了這個團體的主席。他在校表現很好，是一心求勝的泳隊明星，畢業於曼哈頓學院（Manhattan College）。而當時正逢越戰如火如荼。他知道他必須作出決定，於是選擇入伍加入海軍，並拿到資格進入它的後補軍官學校（Officer Candidate School）就讀。他在那裡還擔起額外責任，自願加入某種專案計畫，這個計畫涉及到水下軍用品和簡易型爆炸裝置的拆解。而這裡也正是藍寧跟ＦＢＩ不期而遇的地方。兩名來自當局爆破單位的探員到馬里蘭州印第安角（Indian Head）參訪海軍的爆炸物處理課程時，親眼目睹到藍寧的身手。他們開始密切注意他。等到三年服役期滿，藍寧收到了FBI特別探員見習職務的招聘信函——但要等測試通過——起薪一年一萬零兩百五十二美元。那是他夢寐以求的工作。

接下來那十年，藍寧在全國各地的分局擔任現場調查人員，累積了相當多的經歷。他的工作表現出色，付出受到了肯定和重視。一九八〇年十二月，他的努力終於獲得回報。藍寧被派到FBI國家學院的BSU擔任督察探員的職務。他立刻看出這個職務的好處，他終於可以做自己的研究，提供案件諮詢，或者對新進探員開講傳授他十年來在這個領域裡的經驗所學。但不管計畫再遠大，他那間沒門的辦公室卻把他送上了另一條路。他準備成為一名技術精湛的犯罪剖繪專家。

藍寧的個性很適合這份工作，他個性沉著冷靜而且專業，是很深思熟慮的人，在開口之前，會先在腦袋裡想清楚。他的沉穩氣質正適合處理那類會引起恐慌的犯罪活動，而BSU正是靠解決這類案子而聞名。所以在一九八一年年初，當哈茲伍德找他合作某研究專案，瞭解罪犯犯下性暴力的背後原因時，藍寧立刻一口答應。這是他在BSU為自己揚名立萬的一個機會。其他探員都在著手類似的專案計畫，藍寧決定把這當成自己的門票，用來證明他不只是一個正在學辦案竅門的新人而已。然而，我有時候還是會好奇藍寧到底知不知道他把自己推進了什麼坑。他同意把重心放在兒童案件上，哈茲伍德則專精於成年人的案子。雖然這兩種犯罪行為都屬於惡夢級，但我從自己的經驗裡得知，小孩的案子絕對是最令人難以承受的。

藍寧的工作重心是對孩童掠食者（child predators）的行為進行分析。他得查看這些人的人口統計特徵和個人過往歷史，分析他們的動機模式及行動模式，然後發展出一種類型學。他下定決心要釐清猥褻兒童者（child molester）和戀童癖者（pedophile）這兩者的混淆之處。這項研究使大家對兒童加害者的高度可預測性行為有了全新的認識，藍寧將他們的行為分成兩類：情境式猥褻兒童者（situational child molesters）和優先式猥褻兒童者（preferential child molesters）。隨著時間的過去，藍寧的研究成了孩童受害案件調查人員極度倚重的工具。他的研究成果為那些經常被低估的犯罪行為帶來了新的參考框架，畢竟在那種孩童對上成人「各說各話」的證詞本質下，這類犯罪行為都相當難被起訴。

我向來覺得藍寧對這個領域的最大貢獻之一，就是讓大家意識到公開出庭作證對孩童來說是多麼大的創傷。基於這個理由，他非常強調執法機關在建立這類案子時一定要獨立於被害者之外，整理出足夠的證據，讓加害者不用走到審判那一步就能先伏首認罪。

藍寧的工作態度和那鋼鐵般的外貌終於為他掙得名聲，他被公認是總局裡兒童犯罪行為的專家。他有教授一門課，專門解說這類案子的行為分析，也成了負責類似犯行的第一線探員徵詢的源頭。他的研究成果也得到美國國家失蹤與受剝削兒童研究中心（National Center for Missing and Exploited Children，簡稱NCMEC）的青睞。他們希望他能開發出一套資源素材來概述他的所學，供執法機關、檢察官、社工、醫療專業人士、和其他人運用，同時達到教育和訓練的目的。藍寧很感興趣，但是他對這個流程方法或裡頭的內容毫無頭緒，問我能否幫忙，於是我們以兒童色情（child pornography）和兒童色情集團（child sex rings）為主題，為《執法學報》（*Law Enforcement Bulletin*）合力寫出一篇論文。藍寧再以它為起點，幫NCMEC擬出一篇專論，透過全面性和深入性的分析來細分兒童性騷擾者的各種跡象和行為。文中介紹幾種新的概念，譬如先友後姦兒童（grooming）（譯註：尤指透過網路先與兒童成為好朋友，再迫使其發生性關係）以及誘姦（seduction），結果很快成為全國各地執法機關倚重的調查工具。

藍寧總是把自己的成就三兩下地歸功給ＢＳＵ「這群全心奉獻、悟性很強、自動自發、成就卓越、而且自負非常的探員們，雖然管理高層老是不懂、不在乎、或不同意探員們所做的事，但是他們還是使命必達」。除了他對ＦＢＩ高層的不滿之外（由於我們的工作性質很與眾不同，所以不分彼此地或多或少都有類似的經驗），他對這個團隊的描述聽起來也不假。

尤其是「自負非常」這個形容詞，我相信那是善意地在戳他走廊對面辦公室裡那幾個鄰居。

約翰．道格拉斯是另一個紐約客。但是他家為了躲開城裡日益升高的犯罪率，在他十歲的時候就從布魯克林區（Brooklyn）搬到郊區。他是一個很有運動天份的高中生，後來去了蒙大拿州立大學（Montana State University）就讀。但是他的成績最後成了一個問題，道格拉斯「一敗塗地」（這是他自己說的），只好回到紐約的家。沒多久他被空軍徵召入伍，在各駐點服役期滿，完成大學學業，然後拿到美東新墨西哥大學（Eastern New Mexico University）產業心理學研究所課程的入學許可。缺少社交生活的道格拉斯加入校園附近一家健身房，在那裡遇到FBI的實地現場調查員法蘭克．海恩斯（Frank Haines）。法蘭克馬上對他產生好感。他說了一些當探員的經歷，鼓勵道格拉斯也去申請。道格拉斯真的去了，但儘管他申請表格裡的內容很有實力，體格也極為出色，但還是被刷下來，除非他把體重減到調查局要求的一百九十五磅以內。他宣稱他花了兩周時間，什麼也不吃，只吃果凍和水煮蛋——再加上剪了三次頭髮，讓自己看起來儀表得宜——直到他認定自己夠像樣了，才又去拍了一張證件照。那是一九七〇年，道格拉斯才二十五歲，在當時被認為是一個很年輕的探員。

道格拉斯人很誠懇，但也很逞強，這樣的組合格外吸引人。他的人緣不錯，但是因為個性很強，對很多事情的看法是非黑即白，沒有灰色地帶，所以不喜歡他的人通常對他很有意見。但是他在工作上無可挑剔。他願意加班工作，盡所能地研究每個案子，也經常提問，而且會去試圖改進流程和程序。盡忠職守所博來的名聲讓他在一九七七年六月獲派去ＢＳＵ擔任特別探員。這份差事是有培訓期的，是要讓他在資深探員芮斯勒類似學徒制的調教下慢慢融入這個單位。這種安排絕非懲罰，純粹是ＢＳＵ的作業方式：由資深成員來帶菜鳥，以身作則給他們看。除此之外，這不僅能有效地快速培訓新進探員，也能幫忙培養同一個團隊裡老手與新手之間的信任度。我注意到這種獨特的凝聚意識是ＢＳＵ的典型特徵，很令人感動，而且我相信這股意識終會在挑戰不斷的未來日子裡讓我們獲得回報。

在培訓期間，道格拉斯有部份工作是必須跟芮斯勒合力完成一系列的兩週巡迴教學作業，為全國各地挑選出來的執法團體提供訓練。這類研討會總是供不應求，送來的申請案經常得等上好幾個月才排得進去。但是大部份的探員對巡迴教學這件事不是很熱中。因為它很單調乏味。他們在外地教的課程跟匡提科那裡教的是一模一樣的。所以當道格拉斯和芮斯勒抽出時間周遊全國各地、教導當地機關應用犯罪心理學時，總是非常歡迎任何消遣活動的機會，通常是課後跟當地警察喝啤酒和聊天。也因為有這樣的消遣，道格拉斯和芮斯勒開始聽聞到一些很不尋常的殺人案件，都是小鎮裡的警方解決不了的懸案。這類案子裡頭有很多都相當離奇，毫無道理可言。而且大多被當成隨機暴力行為（random acts of violence）而被駁回。但是道格拉斯對這些案子有不同的看法。他認為這類行為背後一定有某種原因，一定是有某種邏輯才說得通，但前提是他得搞懂那是什麼才行。

道格拉斯決定查出原因，最好的方法就是直接去源頭找——去監獄探訪，找有類似犯行但已被逮捕的加害者談一下。芮斯勒本來就有訪談囚犯、瞭解他們犯罪行為的習慣，於是他表示歡迎道格拉斯一起來。那是一九七九年，那時他們就知道有很多答案鎖在被定罪的罪犯腦袋裡，只是他們不懂該問什麼問題或者該如何去理解從這些幸災樂禍的記憶裡所挖掘出來的暴力故事。此後那幾年，他們一直很努力地想要弄懂。

羅伯．芮斯勒在芝加哥出生和長大。他在密西根州立大學的預備役軍官訓練團（ROTC）計畫課程裡相當活躍，畢業後，他搬回老家，想加入芝加哥警察局（Chicago Police Department）。但是他得知這裡的警察「對受過太多高等教育的菜鳥不是很感興趣，因為他們可能很會製造麻煩」。很是挫敗的芮斯勒決定接下陸軍的職務，擔任德國某憲兵隊的參謀官。他的工作表現出色，於是留下來參與第二個作業任務，那是臥底工作，得去滲透那些反越戰團體。他甚至還留起長髮，打扮成滿肚子不滿的退伍老兵，在某抗議集會裡跟大家打成一片。他原本的計畫是職業生涯的後半段都要待在軍隊裡，但他在ＦＢＩ的朋友說服了他，於是他在一九七〇年投身調查局。

芮斯勒帶著高階軍事經驗加入調查局，局裡公認他是個聰明又有紀律的天生領導者。這樣的特質引起了霍華德．德田（Howard Teten）和派崔克．慕拉尼（Patrick Mullany）的注意，這兩位是資深探員，會利用非傳統的剖繪策略來縮小嫌疑犯的範圍，因此享有盛名。德田和慕拉尼是犯罪剖繪早期的開路先鋒，這種方式的假設是，犯罪現場能提供的不是只有跟加害者有關的實物線索而已。他們兩個創立了一種課程，稱之為「犯罪心理學課程」。一九七二年，在他們的協助下，行為科學組終於誕生。但是他們對直覺的偏好勝過方法論，認為剖繪流程歸根究底還是得靠探員的老到經驗。對他們來說，最重要的是結案報告，不是研究。他們會出於習慣地仰賴一些站不住腳的假設，譬如他們會認為不明嫌疑犯可能精神錯亂，但這種判斷往往弊大於利。

不管這些早期缺失是什麼，德田和慕拉尼都深信這份工作的價值。他們看出它的潛力，於是想進一步發展，用現行個案來進行測試。一九七〇年代中，他們找來芮斯勒幫忙。擁有軍事調查員背景，曾協助美國陸軍逮住罪犯的芮斯勒以特工督察的身份加入ＢＳＵ，完全是天作之合。

芮斯勒盡所能地從德田和慕拉尼身上吸收和學習。只是剖繪這件事總是得塞在一長串需要ＢＳＵ優先處理的專案後面（應用犯罪心理學、當代警察所面臨的問題、變態心理學、性犯罪、人質談判、犯罪學和面談技巧）。這個新成立的單位始終忙得不可開交。這表示犯罪剖繪仍處於純理論的階段，被降級為私下的個案學術研討會，只能在下班後的深夜時間湊合著討論，年輕探員和學生會在討論會中跟德田、慕拉尼、和芮斯勒探討他們手中那些最離奇的懸案。

但是當道格拉斯和芮斯勒於一九七七年終於有了交集之後，一切就全然改變了。這兩人擦出了火花。芮斯勒描述他對犯罪剖繪的新願景，認為可以利用心理學去瞭解「究竟是什麼力量在掌控一個人，將他們逼出臨界點」。道格拉斯一聽立刻上鉤。不久之後，兩人開始利用夜間和週末時間去訪談已被定罪的殺人犯，試圖瞭解他們的思維方式。但是進展緩慢。這也是為什麼芮斯勒對我有興趣的原因。他看上了我對性侵研究和分析的經驗價值，以及我跟哈茲伍德合作過自慰性致死案件的經驗。犯罪剖繪若要發揮最大的潛能，就需要同一套系統方法。芮斯勒瞭解這一點，他看出來我能幫得上忙。

另外還有幾位探員也都是以第一代剖繪專家的身份而聞名，但我鮮少與他們合作——而他們也鮮少與其他剖繪者合作——因為研究領域沒有重疊。其中一位是主任羅傑．迪蒲，但他太忙於管理這個單位，根本沒時間做自己的研究。此外我在ＢＳＵ的時候有過一段短暫時間與當時快要退休的慕拉尼和德田重疊到。然後還有另外兩個夥伴：小名狄克（Dick）的李察．奧特（Richard Ault）和吉姆．里斯（Jim Reese）。奧特和里斯都成為很出色的剖繪專家，他們也都深信這份工作的重要性。我們很尊重彼此，雖然從來沒有機會正式合作過，但他們有時候還是會請教我對他們研究的看法。他們側重的是警察團體的教育，會教導他們剖繪的概念以及將犯罪行為的心理層面納入考量的重要性何在。他們的方法務實、講究實證基礎，人也很有趣。他們曾用一句免責聲明來總結一篇研究論文，那句話是「犯罪剖繪不是神奇咒語下的成果，也不見得都正確無誤。」

基於幾個理由，我在這個團隊裡的角色跟別人有點不太一樣。最重要的一點是，我是外來者，既不是探員也不是剖繪專家。我只算是某種特效藥，可以協助對性犯罪上升趨勢缺乏瞭解的國家學院處理掉這個問題。但機遇這種東西很有趣。多年來不斷有人告訴我，我在被害者和加害者心理學這方面的研究實屬「忌諱」或者是「危險」、抑或「不是女性應該涉入的領域」。而以我對FBI這個由男性主宰的世界的瞭解，我本來以為我的講座也會多少遭到類似的回應。但是在很多方面，BSU其實也像是由一堆局外人組成的陣容。他們是一群老愛製造麻煩的探員、懷有遠大抱負的理想主義者，而且他們不會接受常規的限制，或者讓官僚傳統擋住去路。在我身上，他們看到的是同路人。

在我看來——從我外來者獨特的角度去看，我看見了這個團體擁有還未完全發揮的潛能可以去成就重要的事情。我知道我們能像團隊一樣齊聚一堂是多罕見的機會。因此只要可以，我都會試著去激盪出一種團結的意識。但這並不容易。總局的基本規定是不鼓勵討論個人私事，並嚴格禁止八卦。即便是某些工作資訊也必須僅限在「須知」的範圍內。所以我們之間堆疊了很多障礙。

然而在他們的核心裡頭，探員們都把自己的工作當成一種使命，所以他們明白，我們在這個專案裡是一體的。總局已經投資了我們，全力賭上我們的集體努力一定會成功。而反過來說，我們也下定決心要證明，在歷經無數的漫漫長日和孜孜不倦的各種努力下，我們的工作是有價值的。

八〇年代初的時候，我在賓州大學（University of Pennsylvania）接下一個職務，擔任精神科護理系（Psychiatric and Mental Health Nursing）范亞梅尼根基金會的主席（van Ameringen Chair）。我在那裡可以快速通勤到匡提科。於是我發現自己更常出差去跟探員們並肩合作。我們每天早上在國家學院的自助餐廳碰面吃早餐，交談重點完全擺在當天的作業任務上，回來吃午餐的時候再核對哪些事情已經完成，下午還剩什麼事情得做，然後通常都會留到下午五點以後，以便把一些枝枝節節做個收尾。大多時候一天工作終了之後，我們都會齊聚在國家學院的酒館裡，那裡的規定是「店裡不談公事」。這是老規矩。酒館裡有桶裝啤酒和輕鬆的氣氛。大夥兒的話題都集中在體育活動和以前那些驚險刺激的案子上。探員們會聽我說性侵研究的各種故事，而我也會聽他們說以前有什麼難以捉摸的罪犯差點成了漏網之魚。然後慢慢的，我們一個接一個地離開酒館，開車離去。探員們不會把工作帶回家。他們的妻子完全不知道他們每天消化了多少可怕的事情。專案計畫的秘密都是心照不宣地進行。就是這些秘密——這些我們之間的秘密，我們正在進行的秘密——凝聚了我們。就在這些我們不能說出來的秘密當中，我們成為一個團隊。

第四章 讀懂犯罪現場

每一場調查都是從犯罪現場開始。它記錄下那裡發生過的事情，是怎麼發生的，以及誰牽涉其中。但犯罪現場裡的語言有時候是很難理解的。它是由過去的混亂、暴力和變動所形塑出來的。它是事件留下來的回音。雖然近幾百年來演進出的各種先進科技為調查人員提供了很多輔助，譬如高科技相機、指紋辨識庫、和DNA分析儀，但罪犯也一樣變得越來越擅長不留痕跡地離去。這是一場軍備競賽，就像貓捉老鼠的遊戲一樣，因此緊張的追逐過程對犯罪者的刺激程度來說並不亞於犯罪行為本身。但是犯罪者和調查者的動態關係於一九六〇年代末出現了意外轉折。起初是少數幾名個別調查員在工作裡頭運用了基本的剖繪元素。他們領悟到犯罪現場或許可以說明犯罪者的主要特徵，哪怕是在沒留下太多傳統跡證的情況下。

就核心來說，犯罪剖繪是紮實地建立在對心理學、行為、和思維的傳統理解上。它只是把這些理解做了不同的運用，不再利用性格去預測行動，改而利用行動去預測性格。它採用的原理是，一個人的思維方式（他們的思考模式）會在可預期和量化的方式下引導出行為。因此，對一個完整的犯罪現場進行審慎和結構化的分析，可揭露出關鍵性要素，來告訴我們犯罪者的可能動機，再反過來幫忙描繪出這個犯案者的具體類型。換句話說，如果你知道如何讀懂犯罪現場，你就能更瞭解留下這個犯罪現場的罪犯。

自一九五〇年代末，調查人員就會私下分析犯罪現場，想找出關於犯案者的線索。那時候ＦＢＩ也剛好請來從前任調查局反間諜活動高手轉職為佛洛依德派精神病學家的詹姆斯・布魯賽爾（James Brussel），幫忙破解紐約那樁惡名昭彰的「瘋狂炸彈客」案子（Mad Bomber）。當時紐約市黃金地段都深陷炸彈重圍，包括中央車站（Grand Central Terminal）、紐約市立圖書館（New York Public Library）、和無線電城音樂廳（Radio City Music Hall）。而且每次連串攻擊之後，都會有一段很長的休止期。當地警方坐困愁城。他們心想找布魯賽爾來，至少多一雙眼睛幫忙。於是一九五六年十二月，紐約市防爆小組指揮官霍華德・芬尼隊長（Captain Howard Finney）史無前例地把十六年來極具價值的資料全數交給布魯賽爾，包括犯罪現場照片、案件報告、以及炸彈客的親筆信，看他能不能找出任何線索。

在布魯賽爾看來，他自信一定能幫得上忙。他自有一套理論，認為連續犯案者都會透過行為洩露出身份裡的蛛絲馬跡。他把他的方法稱之為「逆向心理學」（reverse psychology），視之為從凶手腦袋裡找出邏輯的一種方法。布魯賽爾這套做法其實是結合了演繹推理、直覺、對證據的仔細審視、以及佛洛依德理論，再加以拼湊，描繪出警方該鎖定的人是誰。在瘋狂炸彈客的案子裡，布魯賽爾看到犯案者親筆信函裡的英文大寫字母W，其曲線看上去很像乳房，象徵這人恐有性挫折。他推論犯案者文筆不佳，應該是在國外出生。他還補充對方選用炸彈當武器，可能是跟東歐血統的人種有文化上的關連。他描述犯案者是中年人，在國外出生，未婚，可能與母親同住。然後布魯賽爾又加了一條最後的線索，這條線索被未來的BSU探員日後視為先見之明的代表之作，他是這樣說的：「還有一件事，你們逮到他的時候——我相信你們一定會逮到——他一定是穿著雙排鈕扣西裝，而且還扣上扣子。」一個月後，警方逮捕了喬治・邁德斯基（George Metesky），認定他涉及紐約市的爆炸案。幾乎所有特徵都吻合布魯賽爾的描述，連完全扣好的雙排鈕扣西裝也不例外。非常不可思議。

犯罪剖繪的首度呈現便如此獨樹一幟，調查人員在過程中僅利用了案卷資料和他自己的理論基礎便對犯案者做出詳細的描繪，接下來十幾年，無人能出其左右。但是到了一九七二年，也就是ＦＢＩ在維吉尼亞州匡提科全新國家學院工程建案完工的同一年，調查局透過行為科學部的成立來證明他們對這門技術又有了新的興趣，於是除了其他事情之外，也把「犯罪剖繪的研究工作」交辦給了這個新單位。這是意味深遠的一小步。首先，這等於是ＦＢＩ第一次正式承認剖繪是切實可行的調查策略。雖然剖繪只是這個集團廣泛指令下的一部份而已，但ＢＳＵ新上任的主任——前任加州警探霍華德．德田和ＦＢＩ講師派崔克．慕拉尼——都看見了它表面下蘊含的潛力。於是他們開始動了起來。

德田對布魯賽爾的逆向心理學技巧、以及他在瘋狂炸彈客一案的成功運用尤其欽佩。他讀遍了找得到的每一篇文章，其中許多篇都稱布魯賽爾是「沙發上的福爾摩斯」（the Sherlock Holmes of the couch）。他希望自己能深入理解這種技巧的操作方式。但是沒有任何一篇文章有解釋到其中的作法。於是一九七三年，他從匡提科開車到紐約，專程拜訪當時已經退休的布魯賽爾，並向對方提議：德田會按精神分析學家的時薪付費，請他傳授逆向心理學的操作方式。布魯賽爾大笑。他說ＦＢＩ付不起他的時薪，但他還是同意幫忙。於是後來的幾場會議為德田和慕拉尼在ＢＳＵ的任期做足了充份準備。他們都認為布魯賽爾是一位遠見之士。他們想把他的技術發展成一種調查工具，讓調查局上下都能受惠。

儘管這兩個新主管充滿熱情，但ＦＢＩ決定制度化犯罪剖繪的這件事（雖然就跟新成立的ＢＳＵ一樣，只被挹注了最低程度的少許經費）仍不免遭受批評。當時的公眾觀感都認為這種技術比較像是某種伎倆而非科學。有幾家報社曾引用布魯賽爾本人的話，他說：「我閉上眼睛，我看見這個炸彈客：乾淨整潔到無可挑剔，看上去規矩正當，我知道我正在讓我的想像力左右我，但我就是身不由己。」局裡多數守舊派都在開玩笑說，不需要剖繪也知道是誰精神有毛病了。可是觀感無法左右需求。全國各地的現場第一線調查員都注意到暴力犯罪案數量節節上升到令人不安的程度，於是大聲疾呼必須有新的技術來幫忙他們更釐清眼前的問題。他們提報的都是更離奇、更不可預測、和更複雜的案件。針對陌生人動手的暴力犯罪事件尤其如此，它們都很難破案，而且發生頻率前所未見的高。顯然犯罪者正在改變方法，調查人員也需要改變。

德田和慕拉尼認為剖繪可以用來解決新一波的非理性犯罪。他們看出布魯賽爾的這套技術可以如何描繪出一名不明的連續犯案者的行為模式和特徵，他們只需要為它建立起一套可以操作的流程。他們發展出一套方法，能將犯罪現場的證據跟可能涉及的犯案者類型連結起來。這方法有點粗糙，經常只用精神錯亂來定義可能嫌犯的狀態，但是在如何協助調查人員幫嫌犯打造出一個綜合生理、情緒、和社會特徵（譬如年齡、職業、和過去犯罪記錄）的大致輪廓上，卻是大有展獲。這門技術早期曾成功協助當地警方破了一樁棘手的持刀傷人案件。當時德田看著證據，準確地指示調查人員去搜查住在附近的一名青少年。這個初期的成績引起ＦＢＩ的注意，於是他們又給了德田和慕拉尼一個機會，可以利用自己的案子去進一步證實這門技術的效能。

ＢＳＵ的第一份剖繪作業任務是一九七三年夏天發生在蒙大拿州波茲曼（Bozeman）附近的一件孩童綁架案。七歲的蘇珊・傑格（Susan Jaeger）在一座很受歡迎的州立公園裡被人從營地帶走。犯案者直接割破女孩的帳篷綁走她，那時她父母就睡在附近的帳篷裡。當地的調查人員展開了好幾個月的大規模搜索，但都找不到失蹤的小孩。到了一九七四年，這件案子熱度不再，只能心不甘情不願地移交給ＢＳＵ，這個決策的作成比較像是出於絕望而非自信使然。結果這案子到了德田、慕拉尼以及該單位的新人羅伯・芮斯勒的手上。

ＢＳＵ團隊利用他們的初步剖繪原理（「行為反映人格」）來描述綁架者，認為他是年輕的白人男性，是住在波茲曼的本地人。他們形容他是可能會殺人的偷窺狂，是一個有性動機的殺人犯，會在被害者死後毀損屍體，有時候會把屍塊留下來當紀念品。慕拉尼後來回憶道，基於這類案子的經驗越來越多，「我們覺得這名殺手是精神分裂和心理變態的結合，純粹為了探索人體部位而殺人。」這個描述完全吻合該調查案裡的頭號嫌疑犯大衛・麥霍弗（David Meirhofer）。他是二十三歲的越戰退伍軍人，當地警方都知道他會癡迷地瞪看著正在街上玩遊戲的孩童們。[1]但是沒有充份證據證明這名嫌犯跟這起犯罪有關。少了證據，調查人員自然束手無策。

幾個月後，案情有了突破。十八歲的珊卓・迪克曼・史摩勒根（Sandra Dykman Smallegan）在同一個地區失蹤。史摩勒根跟麥霍弗約過幾次會後，就突然開始拒絕他的求愛。經過兩天密集搜索之後，她的部份屍塊在小鎮郊外一棟穀倉裡被找到。她被分屍、燃燒。殘骸當時是藏在一個桶子裡。麥霍弗被帶來訊問，他否認犯案，並自願在硫噴妥鈉（sodium pentothal）的影響下接受測謊，在當時那是一種很常用的「誘供麻醉劑」。他成功通過測謊，這似乎等於宣佈他在當地警方的眼裡是無罪的。

但另一方面來說，BSU不太相信麥霍弗是無辜的。他們認為他是一個工於心計的心理變態者，對自己的情緒有足夠的掌控力，所以能通過簡單的測謊。他們確信麥霍弗可能涉案。他的行徑模式很令人熟悉。畢竟過往經驗早就教會BSU，殺手通常會想方設法地讓自己介入調查作業，就像麥霍弗欣然自願接受測謊一樣。這是殺手監控案情的一種方法，他們想領先調查人員，保持優勢。但是這種興趣也導致他們自我曝露。

1 警方日誌顯示出很多報案記錄，都是附近地區的父母們在抱怨麥霍弗對他們的孩子有「不尋常的興趣」。

有鑑於麥霍弗常會痴痴看著本地的小孩，還有他跟第二名被害者的交往歷史，以及他急於介入案子，於是探員們開始著手將這名不明嫌犯的原始剖繪去蕪存菁——這對團隊來說是全新的一步，也對整個流程有重要影響。他們又檢視一遍案情，補充新的關鍵細節：這名有強迫性人格的加害者可能喜歡在腦袋裡反覆回味自己所犯下的罪行。這說明了麥霍弗何以喜歡追蹤調查作業，也幫忙解釋了這些犯行的連續性質。基於直覺，他們做出一個預測，認為殺手可能會在綁架屆滿周年時打電話給被害者的家屬，因為這個日期別具情感意義。德田的理由是「因為綁架者本身很覬覦那個女孩，所以他會打電話給那一家人」。一個如此明確的預測竟只有如此含糊其辭的解釋（顯然這是出於直覺而非任何方法論），這說明了當時的剖繪方法有多不完善。但是德田還是告訴傑格這一家人要做好準備。他建議他們在電話旁邊放一台錄音機，以防萬一。

結果事情果然這樣發展：殺手真的在綁架屆滿一年當天打電話來。他對傑格太太的語氣充滿不屑和優越感，揶揄死者的母親買生日禮物給現在已經八歲的蘇珊，並暗示她還活著，只是遠在歐洲。他甚至提到一個跟這個女孩先天缺陷有關的細節，她的「指甲隆起」，藉此證明他就是綁匪。剖繪小組立刻找來FBI的聲音分析師鑑識那捲錄音帶。分析師的結論是這聲音很像麥霍弗。縱然這個結論有FBI背書，卻仍然不夠。當時蒙大拿州的法律並不把這種鑑試結果視為合法證據，所以無法開出具有正當理由的搜索票或者進行逮捕。受挫的BSU只好改變策略，冒險探索未知的領域。誠如慕拉尼後來所言：「這是一種孤注一擲的做法。但是在聽過那捲錄音帶之後，我覺得麥霍弗可能容易對女性屈服。我建議傑格太太到蒙大拿州當面質問他。」他們希望這個主動出擊的方法可以讓麥霍弗崩潰，承認犯案。

傑格太太同意了，碰面時間很快敲定。但是儘管傑格太太再怎麼當面拜託他回答有關她女兒的問題，麥霍弗始終冷靜，幾乎不發一語。可是等傑格太太回到家的幾個小時後，她收到一通來自「崔維斯先生」的受話者付費電話，對方試圖解釋他對她女兒劫持案的所知內容。但致電者還沒說下去，傑格太太就打斷對方，直接了當地說：「哦，哈囉，大衛，接到你的電話真令我意外。」終於遭到正面對質的麥霍弗開始啜泣，隨即掛上電話。

接下來那幾天，傑格太太給了一份宣誓證明，描述她接到的那通匿名電話跟她和麥霍弗的會面在聲音上的類似性。有了她的目擊證詞，調查人員終於有足夠的證據取得搜索票。他們在麥霍弗的家中找到多名女性被害者被藏匿的殘骸，包括麥霍弗前任女友的手指頭。一切終於無所遁形。麥霍弗被逮捕。他在認罪這兩起殺人案、以及多年前兩名失蹤男孩的凶殺案時，完全面無表情。後來他趁被監禁起來的那幾天，用牢房裡的毛巾吊死了自己。從認罪期間的完全不洩露任何情緒到突然自殺（絕對情緒的展現），這樣的轉變顯示出這是一個預先計畫好的動機：要是被逮，他就自殺。歸根究底，他感受到的只有自己的情緒。

麥霍弗被定罪，代表一名連環殺手首度因ＦＢＩ借助新的剖繪技術而被逮捕。這裡頭有一些信口開河的做法，可能不是最正確的剖繪教科書範本，而且分析和預測之間也可能沒有很清楚的關聯性，但這件案子終究驗證了這套方法，證明行為分析有其潛力，終有一天能成為可行的調查工具。

「如果不是靠剖繪，」芮斯勒說道，「我們絕對不可能幫這件案子找到最有可能的嫌疑犯。他會繼續行凶下去。對現場第一線探員來說，有太多理由可以放棄麥霍弗這條線，但這是不對的。」

雖然麥霍弗大致吻合調查人員正在尋找的那個不明嫌犯的剖繪，但這門技術的整體方法以及執行面仍有很大的改進空間。如果仔細觀察這件案子，會發現你很難看出分析的內容和剖繪專家的預測這兩者之間有什麼清楚的關連性。事實上，這件案子裡頭有很多面向似乎都是匆忙拼湊的。譬如慕拉尼那句評語「我覺得麥霍弗可能容易對女性屈服」，就顯示出探員們還是憑著自己的直覺在做判斷，而不是透過任何系統性辦法。在某種程度上，他們還是只相信執法鐵漢絕不可能犯錯的那套神話——堅信直覺和經驗可以克服在理解上和知識上的任何鴻溝。這就是七〇年代調查局的文化，少有人敢不嫌麻煩地當面質疑。

但芮斯勒是個例外。他很早以前就不再在這方面逞強，很清楚剖繪專家不能只憑直覺來成功辦案。他們需要一個可以取材的參考架構。他親眼看見在暴力犯罪案件上，BSU若能累積越多資訊，探員們的工作就越能得心應手。過去的案例可以提供一個基線來瞭解現行的案子。這是他之所以在七〇年代末收道格拉斯為徒的原因之一：那是一個跟沒有任何先入為主觀念的新手分享知識和資訊的好機會。也是基於同樣理由，沒多久他也對我產生了興趣。芮斯勒很能認同我在性侵研究裡為了解開這種犯罪行為的真正動機而嵌入的那些問題。我竟然能想辦法把一個無比複雜的人性創傷拆解成可以量化的數據和研究，他為此感到刮目相看。他相信我也可以運用同樣方法去瞭解連環殺手腦袋裡那看似不理性的本性。更重要的是，他相信我。

芮斯勒和我一開始就一見如故，惺惺相惜。我很佩服他對犯罪剖繪的遠見，他則欣賞我對幕後研究的縝密態度，而這也正是讓犯罪剖繪能奏效的基本功。我們不斷溝通，試圖縮短分析和調查這兩者之間的差距。當風險達到最高點的時候，他還是比任何人都相信我，視為我為知己。一九八〇年代初，一個五月的早上，我們發現自己就身在這樣的處境裡。那天下午稍晚，芮斯勒和迪蒲主任要跟副局長約瑟菲斯（Josephs）還有幾名高層開現況會議。會議的目的有點含糊，芮斯勒擔心我們的專案計畫可能喊停。他需要證據來證明罪犯人格研究裡的三十六名連環殺手訪談作業就快要有成果回報。

「嘿，安，」他那天早上先跟我打了招呼。「再提醒我一次那套資料工具。我需要有個快速的摘要，告訴我在這套研究裡頭評鑑這些殺人犯，究竟有什麼幫助。」

雷斯特當時穿著全新的西裝，襯衫也漿得筆挺。他看上去很犀利，但我看得出來他徹夜未眠。

「我們可以就研究對象的行為態度、情緒狀態、對話風格等，來收集到可量化的描述性數據……」

「嘿，」他打斷我，「這不是要講給一堆學者聽的，這些傢伙對這種東西不會感興趣，只要給我一個講得通的東西。」

「好吧，好吧，我想想看。」我說道。「這樣說好了。基本上我們發展的是一套評估模式，可以讓我們用同一套標準辦法收集到每個殺手的資料，我們需要一套方法來把每個殺手互作比較。這就是這套數據工具能帶給我們的好處。它會對每個殺手的本質做出詳細的描述，換言之，使他們可以被量化。」

「很好，」芮斯勒說，「還有呢？」

「還有一種解釋可能有幫助，你可以說這套評估工具的設計是為了瞭解幾個重點：殺手的個性、他們的背景、他們在犯案期間的行徑、跟被害者有關的細節、以及犯罪現場的詳細回顧。」我補充道。「此外，我們一次只研究幾件案子，這有助於我們改進這套工具，才能確定未來可以如何運用在其他犯罪者身上。我覺得這很重要，因為這顯示出我們的辦法夠周詳。我們曾經靠這套方法創造和界定出新的暴力犯罪特定類型。這對後續的所有剖繪工作來說一直是很重要的參考點。」

「是啊，但我不確定最後那一部份，」芮斯勒說道，「最好還是談一下剖繪研究的最新進展。我只是不確定需要講到什麼程度。」

芮斯勒是我認識的探員裡頭最聰明的其中一位。一開始就是憑藉他的願景和努力，才有了罪犯人格研究這個概念。他一直在積極參與開發過程中的每個步驟，也很清楚這裡裡外外的方法。但他也是個完美主義者，從來不會在毫無計畫的情況下走進會議室。這種來回質疑的作風只是他想確定每一種可能思維都已經被充份探索過，而且也做了該有的全面考量。

「也許你可以提一下國家司法研究院已經同意，」我提醒他。「司研院一定是看到了我們工作成果的潛力。」

「得了吧，安，總局向來對研究和理論不感興趣。你比誰都清楚。」芮斯勒反駁道。「這些大頭要的是證明。我們起碼要有十五到二十件案子的研究成果和分析內容，他們才會認為犯罪剖繪是成功的。」

「所以你的想法是什麼？」

「我會把這個研究的第一部份跟他們說，還有我們是如何藉由類別來區分不同類型的連環殺手，」芮斯勒說道。「我在想如果我能用更多跟殺人犯有關的詭異細節來引導談話，他們就會對這個比較有興趣，反倒不會對我保留到最後才快速說明的剖繪研究最新進展有什麼興趣。」

稍早前，在我指出罪犯人格研究的複雜性之後，我們就同意將這個研究拆解成三個階段，每個階段都利用前一個階段作為發展基礎。而且因為幾乎從來沒有人試圖瞭解過連環殺手的心理，所以我們必須確定每個階段在被運用到下個階段之前，都要有它獨立的自我價值。

第一個階段就是持續芮斯勒和道格拉斯原本就在做的工作，對看似沒有明顯動機的犯罪行為進行瞭解。[2]對於第一部份，我們的目標是針對不同類型的犯罪者來打造分類方式，比較他們之間的異同。第二階段也是所謂的連環殺手階段，則會特別側重資料分析，資料來自於警方記錄，法庭訴訟案，以及最重要的，探員跟三十六名合併性侵罪或性暴力的已判刑殺人犯的訪談內容。第二階段的目標是要有系統地深入鑽研這些殺手的心理，窺探他們的真正本質——就像是用來堆疊出他們身份的積木一樣——根據模式和行為來為他們下定義。我們認為這三十六名殺人犯將可成為我們在剖繪那些仍然逍遙法外的連環殺手時所參考的架構。基本上他們會成為我們資料庫裡的「對照組」，是我們可以反覆利用的一個資源，使我們能從以前的殺人犯身上找出一些跟現在犯案者有關的線索。

第三階段就是犯罪剖繪本身的發展。這會是我們從第一和第二階段裡頭所學的一切累積出來的總和。一旦我們瞭解一個殺手的心理是如何運作的，並將它去蕪存菁成最基本的心理狀態元素、行為元素、幻想元素、和意圖元素，我們就能把這些發現運用在剖繪的流程裡，擊破犯罪者的所有面具，直到只剩下最真實的他。這就是我們的目標。因為連環殺手在本性上都會去依附一種模式。他們的行動都有目的。哪怕是最不理性的腦袋也都有其邏輯可循，前提是如果你觀察得夠仔細。

我們在這個研究的罪犯人格階段裡——也就是第一階段——所得到的初步發現之一是，犯罪現場本身通常都會循著模式落入三種類別的其中之一，這些類別分別被定義為條理型（做過規畫、深思熟慮下的犯罪）、混亂型（非安排下的隨機犯罪）、和混合型（現場同時有

2 我們很快得知道這些犯罪行為也不是那麼沒有動機……通常都有性動機，只是初步調查時經常會被忽略。

條理型和混亂型的特徵）。留下這些犯罪現場的殺手的類型差異都跟殺人幻想的存在和發展有關。條理型的殺手通常在腦袋裡都有一個清楚的計畫，會伺機等候被害者。而混亂型的殺手是涉入了一種會誘發衝動型攻擊的情境裡。至於混合型殺手往往是在預定攻擊的過程中出了岔，於是導致他們亂了手腳，殺人行動變得事出突然，沒有按原訂計畫。這些分類成了我們定義人格類型和行為模式的一種基本元素，也讓執法人員有一個更清楚的方式去談論和瞭解他們越來越常看到的這些暴力犯罪類型。

一旦我們建立起這些類別，就能依類型來分門別類那三十六名已判刑的殺人犯（條理型VS混亂型），再從那些背景裡找到更多的細節模式和特徵。而這裡頭所透露的一致性令人驚愕。比方說，條理型殺手的智商通常在平均值或高於平均值，但是做的都是粗活或地位很低的工作。他們往往在一個相當穩定的家庭裡長大，有很強的社交能力和人際關係，也有不錯的性能力。犯罪時，條理型的犯案者顯示出他們對方法很有自知之明，會特別小心地去規避偵查。他們的攻擊通常可以回溯至某種壓力或一觸即發的事件，但是在獵捕陌生人時，還是會保持足夠謹慎的態度，所以被害者幾乎都是落單的女性。大部份的條理型犯罪者也都有從被害者身上拿走「紀念品」的習慣，而且通常會收集剪報和其它有助於延長他們犯罪滿足心理的紀念物。在多數個案裡，這些條理型的犯罪者躲開偵查的時間越長，他們的攻擊就會變得更有侵略性和更頻繁。

相反的，混亂型的犯罪者往往有低於平均值的智商，來自不穩定的家庭，工作時有時無，通常是獨居或者跟父親或母親同住。他們無法適應社會，天生有強迫症，不是性無能就是性厭惡。他們是在衝動下犯罪，鮮少想到或甚至沒有去想如何避開偵查。他們通常認識被害者。他們的攻擊手法和事後的毀屍方法都可能極度殘暴。但是因為他們缺乏計畫，再加上犯罪後的行為總能被找到各種蛛絲馬跡，所以很容易被逮到。

有了這兩種截然不同的犯罪者類別，再加上三十六個獨一無二的殺人犯案例（連同記錄在案的罪行資料、背景、以及真實世界裡的調查研究），就確立了罪犯人格研究的第一和第二階段。而這也給了我們一個基本的剖繪模板，可以運用在還未破案的案子上，我們不用再從無到有地開始。不過最大的挑戰是把這些資訊轉化為第三階段。我們還需要一個方法來海納我們對罪犯們所知的一切，然後把它跟現行案子裡的偵查資料結合，再匯整這些資訊，精準陳述出這名犯案者的動機和特徵。那些零件都在那裡，我們只是需要更多時間將它們組裝起來。

第五章　一名女性殺人犯

即便是在八〇年代中，ＦＢＩ裡面仍有人誤解犯罪剖繪比較是憑直覺而不是技術的產物。我其實很難理解這種頑固心態，這種新的調查方法在開發過程中所涉及的那些研究，他們就是視而不見。這也害我的工作變得更棘手。因為縱然剖繪的成功案例越來越多——這些案子在ＢＳＵ介入之前難以捉摸——這份工作的未來仍然充滿不確定性。我們的罪犯人格研究無法保證會有經費持續挹注。總局裡的高層對剖繪的研究面和剖繪作業本身總是抱持著不置可否的態度。然而自從我們靠朱伯特案有了初步成功的成果之後，短短三年間，我們就看到申請協助的外部機關數量壓倒性地暴增，從一九八一年一開始是五十個申請案，隔年起每年案量倍數成長。顯然市場對我們的研究作業有很大的需求，但為什麼我們得不到支援呢？

芮斯勒的答案很簡單：「總局就是習慣卡在自己的一堆官僚作風裡。」

多數時候我已經學會去忽略罪犯人格研究周圍那種不確定的氛圍，只單純專注在手邊的日常作業任務上。畢竟一般來說，研究這種東西，不管在學術界、醫院、還是FBI，本質上都是不確定的，從來不會有任何保證。但是剖繪作業本身是完全不同的事。我們的剖繪結果很成功，隨著這個消息傳開，我們的小組開始面臨越來越高的期待和越來越多的壓力，都是在要求我們幫忙執法機關為最迫切的案子做剖繪。我們能做的就是在進度上盡量追上這些要求。但這個單位還肩負著授課和巡迴教學等重擔，再加上全面欠缺資源，所以勢必得做出讓步。

一九八四年一月，情況終於好轉。在迪蒲主任熱切的請求下，總局終於介入出手，核准四名新探員加入團隊。不過我們拿到的禮物不只有探員，FBI領導高層也列了一長串問題丟給我們：我們可以把犯罪剖繪弄得更格式化嗎（更一致嗎）？我們可以加快剖繪流程嗎？我們可以把它運用在範圍更廣的案子上嗎？雖然我希望我的答案不管檯面上檯面下一概是可以，但我其實完全不知道答案是什麼。我相信我們的工作，我相信這些探員。但是剖繪完全不同於犯罪偵查界曾經見過的東西。這門技術還處於嬰兒期。在我的腦袋裡，剖繪之所以有意義，是因為我在它跟我用來診斷精神病患的那門技術之間看到了雷同性——所有用來確認疾病或狀態的線索都已經在那裡，你只是需要知道去哪裡找，和如何做出銜結。但是新的探員們都來自不同的背景，他們需要對於剖繪的運作方式（一套循證式的方法，其基礎是建立在我們從罪犯人格研究裡頭所取得的洞見）有自己的想法。我明白這裡頭所代表的機會。如果道格拉斯、芮斯勒和我沒有打錯牌的話，我們可以幫新進探員開培訓課程，這將有助於一舉證實犯罪剖繪的研究面是有成效的。也因此一九八四年的夏天才剛開始，我就告假暫離學術界，全神貫注在匡提科的團隊以及我們的剖繪工作發展上。

我在匡提科的地底下並沒有自己的辦公室。但是探員們擔心他們的噪音太大，包括走廊裡的喊叫聲、不時響起的電話鈴聲、還有全新傳真機的尖銳叫聲，恐會害我分心，於是在兩條走道交接處的一間大會議室裡幫我放了一張小辦公桌。那個房間裡頭有六個大型檔案櫃，每個櫃子都塞滿按年代擺放的活頁夾，裡面有BSU的個案記錄以及它們的相關報紙索引。這個安排很完美。在此地、在這個空間裡，我感覺就像身處於蜂巢的正中心，四周環繞的全是我們所收集到的連環殺手和犯罪行為的偵查資料。這裡有我所需的一切，能夠解開罪犯腦袋裡塞著的一團混沌，從中找出共同的線索。我可以有機會為罪犯人格研究添增深度和做細部的調整，再將這套知識運用在剖繪上，使流程變得更快，更規律一致。

我先從資料和數據開始。那個時候，我們已經幫五十多名惡名昭彰的殺人犯做過訪談錄音：其中三十六名來自最初的研究，剩下的是我們後來又再對其他人做的訪談錄音（他們每一個都是侃侃而談，不會害羞忸怩）。他們欣然談到自己是如何挑選被害者，襲擊過程發生了什麼事，他們拿走了什麼東西當紀念品，色情媒材在裡頭扮演什麼角色，犯案後他們做了什麼，後來那幾天他們在想什麼，以及其他各式問題，所有這些答案都是用來釐清他們的犯罪癖性。很有意思的是，他們給的答案呈現出一致性。而從這些答案的研究裡頭可以看出這些犯罪現場和犯罪者的共通性，哪怕橫跨了時間和距離，也還是一樣，這證明了這些犯行絕非個人的隨機暴力行為。例如在我們所訪談的殺人犯裡，有百分之五十一的人智商高於平均，百分之七十二的人跟父親的感情疏離，百分之八十六的人有過精神病史或被診斷出精神疾病。這些背景方面的數據首度顯示出，相較於大半的人類行為，連環殺手的行為是有其清楚的模式，使得犯罪剖繪有了可測量的研究作為根據，也進一步證實了我們的成果。

當我第一次把我的研究結果秀給芮斯勒看時，他明顯鬆了口氣。

「我必須跟你說，」他承認道，「我最大的恐懼就是最後出來的數據完全顛覆我過去這兩三年來的努力。」

我懂他的感受。我們的工作是讓自己進入犯罪者的腦袋，瞭解他們犯罪的本質，但這種工作的風險很高，就像是手無寸鐵地在對抗恐懼一樣。體重減輕、胸口疼痛，這些都是

ＢＳＵ探員常有的毛病。道格拉斯的經驗尤其可怕。一九八三年，他在西雅圖調查一件案子，最後竟進了急診室住院治療，而且還喪失意識，染上差點致死的腦膜炎。他在維吉尼亞州的家中休養了好個月，最後才復元。「過去六年來我都在追捕地表上最兇惡的人，我覺得這就像是一種連本帶利的奉還。」他告訴我。這件事過後，我都習慣定期找夥伴們碰面，瞭解大家辦案的情緒起伏。不管用什麼方法，我們都得互相扶持，讓彼此安心。

而這也讓我在一九八四年的夏天有了第二個關注的重點。我不只有興趣瞭解罪犯的心理，也想知道探員們的腦袋是怎麼想的。如果他們的目標是要思索出一條路，進入不明嫌犯的腦袋裡，那麼我就必須瞭解他們確實的步驟辦法，才能把犯罪剖繪當成方法流程來加以改進。於是我開始留意，小心觀察他們的個人模式和行為，把我所看到的記下來。有些人是視覺性思考，會在自己的腦袋裡勾勒出犯罪的畫面，也有些人是在心中把自己的想法列表出來。還有的人每次開會都會抱持開放的心態，一邊質疑別人的分析，一邊小心翼翼地形塑出自己的看法。但是雖然方法各有不同，探員們十次有八次都會做出同樣的結論。這實在很不可思議。

比方說，後來被確認是約翰·朱伯特的那個不明嫌犯，當初我們在試著確定他的個頭和體重時，芮斯勒的看法是嫌犯應該很瘦，因為他把被害者丟在離馬路很近的地方，這表示不明嫌犯沒辦法再扛得更遠一點。哈茲伍德也深信不明嫌犯很瘦，但他的推論來自於他觀察到嫌犯的腳印距離都很近。兩名探員都描述嫌犯「身體瘦弱」，嫌犯也的確瘦弱。但是兩個人的思維方式完全不同，很可能是緣於早期生涯有各自不同的偵查經驗。

這種趨同現象產生了一些問題：哪些部份的剖繪技術是可以教授的，哪些部份可以透過經驗提煉出來，還有我們要怎麼幫一位準探員評估剖繪方面的資質？這些我都不確定，但這也正好是找出答案的好時機。在第二代的剖繪者羅恩・渥克（Ron Walker）、比爾・哈格瑪伊爾（Bill Haigmier）、傑德・雷（Judson Ray）、吉姆・瑞特（Jim Wright），以及新招募的見習生葛瑞格・庫柏（Greg Cooper）即將開始參與現行案件的情況下，我們很快就會有答案了。他們的發展和貢獻對犯罪剖繪的未來將有意義深遠的啟示。如果團隊裡的新成員能學會根據不明嫌犯現有的犯案資料為對方的行為特徵成功地做出分析、重建、和分類，我們就能確定剖繪是一門可以習得的技術，也等於為我們未來如何訓練新進探員和執法人員和精進他們的辦案技術，設下先例。

雖然只增加四名探員和一名見習生，卻已經讓我們暫時鬆了一大口氣。這些人力的補充不只能讓我們接下比以往更多的案子，也擴大了我們辦案的範圍。在那之前，我們所有的剖繪工作（包括研究的部份和現行案件的部份）都是涉及十八歲到三十五歲男性犯罪者的多重謀殺案，大多是白人。這些殺手的方法和動機差異頗大，但人口統計特徵大抵相同。在某種程度上，這只是反映出當時著名連環殺手的實際現況。但是這也說明了在執法世界的整體文化裡存在著一種普遍性的不足。七〇年代末和八〇年代初，白人被害者的案子會比少數族群被害者的案子得到更周詳的調查。這是一件可恥的事實，也是一個缺點，它侷限了我們對罪犯和犯罪行為的全面性瞭解。

在我的立場來看，由於我仍算是國家學院裡的少數女性之一，因此可能會比其他人對普遍的社會性議題更為敏感。我知道那種「跟人家不一樣」的感覺是什麼，我也學會從那樣的視角去看是非標準。這也是我經常向這個團隊強調的東西：我會跟他們解釋如果探員們來自不同背景，將可以如何協助我們更瞭解和思索犯罪行為裡的多元性。通常說完之後，都會看到有人認同地點點頭。隨著傑德・雷加入成為第二代的剖繪者，原本以白人為主的局面終於有了改觀。雷是隊上第一位黑人探員，我們兩個很快成為盟友。他瞭解把BSU推出舒適圈的重要性。他也認同，如果剖繪裡出現的殺手人口統計特徵不只侷限於單一人種，應該會更有成效。我們只是需要提出證明。我們需要一個可以突顯這門技術的案子，也是一個能讓偵查流程耳目一新的案子，不管殺手的身份可能多令人意想不到。我們需要它來作為確鑿的證據，證明犯罪剖繪有變身的潛能。一九八四年的一個下午，這件案子出現在羅恩・渥克的辦公桌上。

隔天早上一大早，我們六個人在防空洞集合（我還確定了雷一定會參加），由渥克擔任剖繪負責人。我們抵達時，一切都已經準備就緒。他給了我們一點時間檢視案件裡的關鍵細節，那時我就決定我在面對這個會議時的態度要很不一樣。我不想只專注在方法本身，也打算把焦點擺在案子的具體細節上。我知道探員們都會各自用獨特的視角去進行剖繪，但我從來沒有想過這些差異會如何影響最後的結果。這樣的背景脈絡至關重要。我要觀察探員們如何提問，如何處理資訊，以及如何把案子導向各自的專業領域，我才能更清楚將剖繪當作一套方法流程來理解。換言之，每位探員所記錄下來的評論正是剖繪會議運作方式裡的組件，我看著每位探員的作業方式，拼湊出他們是用什麼方法在處理和分析既定會議裡正在被研究的那個主體。探員們本身就是數據點，必須在這個更大的作業環境裡被納入考量。

「這件案子對這個小組來說恐怕是史無前例。」渥克說道，同時按下錄音機的錄音鍵記錄我們的談話，以供日後參考。「有目擊者目睹這場攻擊。顯然不明嫌犯是一名女性。」然後他關掉日光燈，將投影機對準遠處的牆面。

一九八四年六月二十三日星期六，在加州奧林達（Orinda）郊外一處中上階級的住宅區裡，十五歲的克莉斯汀．C（Kristen C）獨自在家，等人載她去參加入會秘密晚宴，好加入高檔的芭柏歐林克民間社團（Bob-O-Links），當地人都稱那是芭比會（Bobbies）。成為芭比會成員是很了不得的。只要入了會就代表你擁有了遠超過高中生所能得到的社會地位。所以當克莉絲汀的母親接到某身份不明的女性來電，說這場晚宴是秘密進行，她會在晚上八點半來接克莉絲汀時，全家人都興奮不已。

那天晚上，克莉絲汀的父母和她十二歲的弟弟離家去參加一場棒球盛宴，克莉絲汀單獨留在家中等人來接。到了晚上八點二十分，克莉絲汀的母親打電話來祝她女兒好運。沒多久，一輛車子在車道上按喇叭，克莉絲汀跑出家門，進了一輛外觀破舊、有兩種色調的橘色福特平托車（Ford Pinto）的副駕駛座裡。平托車駛向附近一座長老教會教堂，停在正前方，兩名乘客待在車裡三十分鐘左右，然後克莉絲汀下了車，走了五百多碼，來到阿諾德（Arnold）這一家人的屋前，他們跟她家是世交，屋子是在一條死胡同裡。阿諾德太太打開門，聚精會神地聽克莉絲汀解釋她目前的困境：「我朋友潔兒（Jell）有點怪怪的，她不肯載我回家。」然後她問她可不可以借用阿諾德家的電話打給她爸媽。那當下，阿諾德太太注意到有個淺棕髮色的十幾歲女孩站在人行道上。她覺得怪，於是邀克莉絲汀進來。克莉絲汀打電話回家，但她父母沒接電話，克莉絲汀只好接受阿諾德先生的提議，由他載她回家。他們離開時大約是晚上九點四十分。

在那全長三英里的車程上，阿諾德注意到有輛橘色的平托車一直跟在他們後面，但始終保持一段距離。他轉頭直接問克莉絲汀：「你剛是跟那個女孩在一起嗎？」克莉絲汀給了肯定的答案，但再三保證沒有什麼大問題，然後就冷靜地轉移話題，聊起學校的事和她的朋友們。等他們抵達C家屋前時，克莉絲汀注意到她父母還沒回來，於是她告訴阿諾德她會去隔壁鄰居家等他們回來。阿諾德說為了安全起見，他會看著她走進鄰居家門為止。但過了一會兒，他隔著副駕駛座的窗子瞄見有一個女性身影用跑的穿過鄰居家門前的草皮，朝克莉絲汀所站的門廊入口處衝過去。阿諾德聽見口角聲，然後就看到克莉絲汀倒在地上。尖叫聲隨之而起。過了一會兒，他又看見那名行凶者往回跑向車道，跳進平托車，急速來一個大迴轉，撞上路緣，迅速駛離。

接下來發生的事情就有很多目擊證人了，但大多只看到混亂的場面。門廊上的燈亮了起來，住在屋內的鄰居朝騷動處走出來。克莉絲汀站起身，跌跌撞撞地經過阿諾德的車，尖聲求救。她扶著後車廂撐住自己，血淋淋的雙手在那裡留下了很厚的血手印。阿諾德開車去追那輛加速駛離的福特平托車，後來想想又折回來想查看克莉絲汀是否需要幫忙，結果看見救護人員正忙著把克莉絲汀送進救護車裡，他找到一名警官，向對方描述他本來要追的那輛平托車，還有克莉絲汀對那位怪異朋友的描述。

就在這一片混亂當中，姓C的這一家人回來了。吵嚷的現場瞬間變得死寂一片，然後當這一家人瞄到他們的女兒躺在救護車後面的擔架時，現場又變得混亂不堪。她全身是血。救護人員甩上門，打開警笛，從聚集的群眾當中開出一條路。他們把克莉絲汀火速載到附近一家醫院，但一個小時過後，她就被宣告死亡，時間是深夜十一點零二分。

調查立刻展開，重點擺在調查人員所找到的主要線索上：殺人犯的那輛福特平托車。警方搜查了七百五十輛黃橘相間的平托車，但仍找不到任何確鑿證據可以將任何一輛平托車跟克莉絲汀凶殺案連結起來。

警方那時也開始在找證人。他們找到了三個。第一個是阿諾德家的鄰居，他晚上出來散步時，看到長老教會那裡停了一輛平托車。他注意到開車的是一名女子，她看起來很難過。於是他走到車窗那裡去查看她的情況。但那個女的只是揮手要他走開。「我沒事，別來煩我。」他們的互動僅止於此。

第二和第三名目擊證人是一對年輕的男女朋友。他們也停在教堂的停車場——那裡是當地高中生會去尋歡作樂、抽大麻、和做愛的幽會勝地。當時他們有看見那輛平托車開進來，停了大概三十五分鐘。可惜的是，他們不認識克莉絲汀或那個開車的女生，也沒看清楚車裡發生了什麼事。

「這就是這個案子的現況。」渥克把案卷裡的最後一頁翻過去，然後掃視桌前的我們。「已經幾個月了，都沒有更進一步的線索。這案子已經冷卻。但是我要再補充一件事，鑑識結果顯示出五處刀傷和右前臂的一個防禦性傷口。其中有兩個傷口深入被害者的後背，刺穿了右肺和橫隔膜。」渥克在投影機上快速地往前點擊出幾張幻燈片。「然後這是驗屍報告。這些照片顯示有一處傷口劃破了她的肝臟。至於胸部的另外兩個傷口大概都十五公分長，刺穿她的左肺。她看起來應該是被自己的血給噎死的。沒有身體攻擊或性侵的跡象。」

「好了，我們開放提問。」

「幾位目擊證人的描述是什麼？」雷問道。

「這就是問題的一部份了。」渥克搖搖頭。「阿諾德不算是一個好的目擊證人。他完全嚇傻了，記不起車牌號碼，也無法描述從他車子旁邊跑過去的那個人長什麼樣子，他只知道她是女的，一頭很髒的金髮，穿著像是要去慢跑的衣服。他甚至說不出一個年齡，只說她不老，但也不年輕。他們甚至試圖催眠那傢伙，但他還是什麼也想不起來。至於其他目擊證人……那對男女朋友是在車子裡親熱，把車子停在停車場最偏僻的角落，他們只看到那個被害者從平托車裡出來，然後走開。」

「你確定是那輛平托車嗎？」雷問道。「就是去她家接她的那輛，也是阿諾德去追的那輛？」

渥克沮喪的表情一閃即逝。「接她的是一輛橘色的平托車，在教堂停車場被看到的也是一輛橘色平托車，在這裡還有這裡看到的也都是橘色的平托車。就是同一部車。如果你需要更多證據，我們有很多目擊證人都描述它是一台被撞過且外觀有很多凹痕的車子，車況不是很好。」

我的眼角餘光瞄見道格拉斯微微一笑。我知道他打算做什麼。他一定會講個笑話或試圖打圓場，緩和會議室裡的緊張氣氛。

「哎呀，渥克，這樣我都不好意思明知故問了。」道格拉斯舉起雙手，故作投降狀。「但是那天晚上到底有沒有舉辦入會晚宴啊？」

「沒有，那天晚上沒有舉辦。這就又回到芭比會這個話題了。這個社團的幹事們全都去夏威夷參加一年一度的實地考察旅遊。你們必須記住，這是一個有點像姐妹會的民間團體，它是一種聯誼會和社交組織，會到當地醫院幫忙，有點像是擔任護士助手之類的。這社團只讓人氣很高的時髦女孩加入，會員基本上都是非富即貴。這也是她們能到夏威夷實地考察旅遊的原因，以及為什麼被留在城裡的都是剛入會的以及沒有任何頭銜的會員，不過會員人數本來就不多。這不是什麼很大的組織，大概二、三十個女孩吧，約有半數都在會內得到某種正式的頭銜。所以凶案發生時，大部份的會員都不在城裡。」

「跟我們說一下凶器。」芮斯勒重新聚焦這場對話。「他們有找到嗎？」

「沒有，一直沒找到。我們推測最可能是一把大型、單刃、典型的獵刀。不過還未經證實。目擊者沒有看到那把刀。我們只有最簡單的報告，認為傷口是被尺寸不小的單刃凶器造成，刀身至少一英寸半長。調查人員在現場找到一把奶油刀，但被排除跟攻擊事件有關。」

「除了奶油刀，鑑識人員還有找到什麼其它東西？」

「都不是什麼有助釐清案情的東西，」渥克說道。「但他們有在攻擊現場的門廊欄杆找到一枚血手印，而且不是被害者的。但可惜不完整，無法進行任何比對。」

「我們可以回到被害者這裡嗎？」我把話題轉回來。「她在這整起事件裡的神情和態度如何？目擊證人怎麼描述她？」

「她沒有驚慌失措。阿諾德和他太太都說她看起來悶悶不樂，有點沮喪，就只是這樣而已。」

「被害者背景和被害者剖繪呢？」

「我們來看一下。」渥克翻閱他的筆記。「在這裡看到的是一個十五歲的高中女生，在學校很受歡迎，屬於時髦女孩那一卦，她在家裡有一點公主病，父母總是對她百依百順。她還有其他手足，但她是長女。她是一個長相迷人的少女。從被害者研究的角度去看，在她的背景裡頭沒有任何因素會害她涉入險境。她跟她的女性朋友們都很要好，在學校跟男孩們的關係也不錯，跟成年人的關係也很好。就我們所知，她沒有性濫交。她的同儕形容她很會挑逗別人，會用某種方法讓男孩乖乖聽她話，但如果對方開始認真，她就會當機立斷地切斷關係。在她背景裡頭唯一有點不太尋常的是……呃，在加州也還算尋常啦，不過典型來說，就一個十五歲的女孩而言算是不尋常，那就是她喜歡偶爾用點毒品，此外她會抽大麻，而且喜歡喝很多啤酒，是會喝到醉的那種。她沒有到上癮的程度，不過她的確會去派對喝啤酒，當然也不會錯過機會抽點大麻。再強調一次，這對加州的高中生來說算是很尋常的活動。不過她就是喜歡這樣玩。」

「那個載她回家的傢伙，阿諾德……我們能確定他沒有涉案嗎？在這麼近距離的情況下目睹凶案過程，卻沒辦法完整描述不明嫌犯，這很不合常理。」芮斯勒說道。

「他就是驚嚇過度，整起事件對他來說無法承受。」

「我還是覺得怪，」芮斯勒繼續說道。「這令我不免好奇，他是不是認識不明嫌犯。也許是一個他想要保護的高中生。」

「等一下，」我打斷道。「在進入剖繪階段之前，你可以先釐清一件事嗎？你說被害者人緣很好，對吧？所以如果她在那個社團裡會有朋友跟她聊入會的事吧？她們難道不會告訴她那天晚上根本沒有入會晚宴這回事？」

「這個問題很有趣。」渥克附和道。「被害者的確有打電話給她一個朋友，兩人談到入會的事。那位朋友也是芭比，她完全不知道那晚有入會活動這回事。但是被害者和她朋友多少都同意可能是有在進行什麼，所以可能是有入會活動，只是我們不知道而已。別忘了，畢竟這是秘密社團。所以她就同意去了。」

「意思是說我們的不明嫌犯也是個芭比囉，」哈茲伍德說道。「不然被害者怎麼會上她的車？更別提還在停車場裡跟她待在車上好一陣子。」

「所以我們現在要開始進行剖繪，」渥克說道。「好的，可是在我們說嫌犯絕對也是芭比的時候，其實還有個疑點，那就是最初的那一通電話是打給媽媽，不是被害者本人。我覺得這是故意的，就像是某種偽裝。同時我們也都知道不管是誰打了那通電話，這個人一定對芭比會的入會流程很清楚。所以沒錯，你們說的可能都對。因為被害者一定知道來載她的人是她認識的會員，否則她不可能上車，因為芭比會是不找非會員的人來參與入會儀式的。」

「我是這樣看這件事啦，」道格拉斯說出他的看法。「這位剖繪專家的看法是，被害者和行凶者彼此認識，而且可能都參加了一個被害者的家人和朋友一無所知的社團。誠如渥克所指出，這裡有很多跡象顯示這個行凶者是芭比會的會員，或者至少很熟悉芭比會這個社團，所以一定是女性。這人很熟悉這個地區，這一點也很明顯，因為這輛平托車的駕駛載被害者去的地方是當地青少年經常去的地方。會去這個地點顯然是預先計畫的。年紀再輕一點的女孩應該沒辦法做這樣的事，所以可能是高中二年級或三年級生。又或者可能是剛畢業的學生，但還在城裡逗留，對自己仍卡在這裡很是憤怒，但已經不屬於那個團體。不過矛盾的地方在於，犯罪行為的規畫非常有條理，但犯罪的當下卻完全失序。她從坐在車內的目擊證人面前跑過去捅了被害者，然後又再次從目擊證人面前跑回去。第一次是去找被害者的路上，第二次是離開被害者，原路折回的路上。完全欠缺考慮。」

「做了計畫但又雜亂失序的這個元素很重要，」哈茲伍德同意道，並順著道格拉斯的思路說。「可是你一定會納悶，不明嫌犯的原先計畫究竟是什麼。我不認為這是蓄意殺人，我會這麼說的原因是她有很多機會可以下手，她們停在停車場裡至少有三十五分鐘，再加上車子進停車場之前兩人一路上都在車子裡面。」

「有道理，」渥克點頭附和。「一定是在停車場發生了什麼事情才使得情況急轉直下，一定是有某種衝突。被害者從平托車下車時說了類似這樣的話『這什麼鬼，我要走了，你這個怪胎』。所以不管當時到底發生了什麼事，一定是害那輛平托車的駕駛很難過、焦慮、憤怒，甚至火大到她決定跟蹤被害者回家，下車攻擊她。」

「這是一種很雜亂無序又衝動的行徑，」道格拉斯說道。「所有這一切都不是為了殺人而預先計畫好的，只是不知道是因為什麼理由要約這女孩出來。可能是情殺。」

「所以如果我們要就一個高中年紀的女生來做剖繪，聽起來大家都同意。」我環顧會議室，看到了幾個人點頭認可。「可是那把獵刀怎麼說？如果這是隨機使用的凶器，一個高中生怎麼會在她的車上放一把獵刀呢？」

「我們還不知道這輛車是不是這個駕駛的，或者她是不是習慣性地向朋友或家人借車，」渥克說道。「但如果是第二種情況，那麼這把刀可能本來就放在車子裡，不是不明嫌犯的，也跟她的意圖無關。」

「如果我們要從被害者背景研究的角度出發，我認為這輛車的車齡和車況也是另一個重要因素，」我說道。「它顯示出經濟能力的缺乏。這跟犯罪發生地居民家境普遍富裕有很大的落差。不明嫌犯的車況顯示出經濟地位較低，所以可能會有無法融入的焦慮心理。」

「讓我說一下我覺得很重要的一件事，」芮斯勒打岔。「先暫時忘了那輛車。我們看到的是一套把這個女孩從家裡誘拐出來的周密計畫，然後她被人用一把刀子殺害了……而這種刀子通常被認為是預謀殺人的一種凶器。可是我們也發現被害者和不明嫌犯單獨在車裡待了很長一段時間，被害者的臉部沒有任何外傷，衣服也沒有被撕破。但現在你們有人說這不是預謀殺人，因此這把凶器成了隨機凶器而不是預先選好的凶器。這跟你們在說的預先策畫，然後一個女孩被刺身亡有很大的差別哦。」

「也許還涉及到什麼其他事情，是我們還沒把它算進來的，」道格拉斯反推回去。「而那件事足以解釋車內的那段時間和後來的衝動行凶。」

「我們把焦點轉回剖繪內容好了。」渥克改變話題。「我們都同意這個類別屬於混亂型。我們也似乎都同意行凶者至少接受過部份的高中教育，而且可能是學生或才剛畢業，行凶時還住在這個地區。如果她也是芭比，智商就是中等到中等以上，不過可能學業成績普通，因為她對社會地位比對學業成績來得更有興趣。行凶者犯罪的當下若不是住在當地，就是在當地受雇。雖然她應該多少有能力跟別人建立關係——再強調一次，姑且假設她也是芭比——但經濟狀況可能害她處於社會底層，這也說明了為什麼她拼命想交到真正的朋友。我認為這代表可能有消遣性毒品的吸毒史和酗酒問題，用來補償焦慮心理和位在底層的顧忌心理。我認為光憑年齡就可以排除掉任何犯罪史，但也許有很輕的毒品罪。」

「聽起來差不多，」芮斯勒說道。「雖然我是希望我們能夠更瞭解她們坐在車內到底發生了什麼事。這兩人一定起了很大的衝突，才會引發如此劇烈的反應。」

「吸毒吧。」道格拉斯重覆道。

「我們可以快轉到行凶後的行為嗎？」哈茲伍德問道。「安，這部份可能真的得借重你的見解，來幫忙理性解釋這當中所涉及到的心理層面。你畢竟有這方面的優勢，因為哪怕我已經結婚二十年了，還是搞不清楚女人在想什麼。」

探員們哄堂大笑。我故作不介意地微微一笑。但我想了想，決定改變主意。「洛依，你的私事還是下班後討論比較好，我比較有興趣的是怎麼解決這個案子。」

現場短暫沉默了一會兒，哈茲伍德才不好意思地道歉示好。

「不過這話說得也對，」渥克說道。「行凶後的行為在這個案子裡很重要。第一件要談的事情是凶器。誰想先發言？」

芮斯勒率先開口。「有鑑於這場攻擊根本毫無章法，所以不明嫌犯很可能在開車回家的路上丟棄凶器。她可能沒多想什麼就把它往車窗外丟。我可以很自信地說，這名駕駛回到車上，一定是直接開車回家。我會這麼說，是因為我不認為這個人這輩子有過這樣的犯案經驗，我是說這名行凶者。」

「這一點我同意小羅的說法，」我附和道。「這是一種創傷性的行徑，沒有嗜殺行為傾向的人——我是不認為這女孩有嗜殺行為傾向——在像這樣犯案之後，第一件會做的事就是回到一個安全的地方。他們會去找一個可以得到支持和溫暖的地方，把自己跟現實世界隔開來。以這件案子來說，如果我們找的是一個高中女生，那她一定會立刻開車回到家人都在的屋子裡。」

「很好，」道格拉斯說道。「那把刀在開車回家的路上被丟出車窗外。所以如果警方可以弄出一份嫌犯名單，就應該能夠搜索幾條最合邏輯的行車路線，找到那把刀。」

「這個駕駛也會清理掉車裡的任何痕跡，」哈茲伍德補充道。「如果這輛車是借來的，尤其會清乾淨。她甚至可能第二天很早起床，把車子開到當地一家洗車場去洗車。」

「這是一段關鍵期，」我說道。「不明嫌犯的個人行為會在犯案後明顯地出現變化。她回來後的那天晚上可能不願意見任何人。但因為是一個跟家人同住的高中女生，所以第二天還是可能見到家人，他們或許會注意到她變得沉默寡言和內向，至少在犯案後那幾天是如此。她可能看起來焦躁不安、有點神經質、心事重重、若有所思。她的日常模式可能改變，包括進食和睡眠習慣。就連她的外觀也可能明顯改變。她不再那麼在意穿著，不再關心她有沒有打扮或外表看起來怎麼樣。」

「渥克，警方有沒有注意到葬禮上有任何不尋常的地方？」道格拉斯問道。「我們以前也見過凶手參加葬禮，但表現得不太合宜，沒有任何情緒，通常也會提早離開會場。」

「警方一定知道她是誰，」芮斯勒堅稱道。「他們不會有太多嫌犯得查。也許調查期間已經跟她面談過了，也注意到她比其他一些孩子來得焦慮和沮喪。搞不好她還提議幫忙。渥克，你要不要告訴我們怎麼回事？」

「好了，各位，」渥克很快總結。「我會詳細寫出這份剖繪，再送回給奧林達的警方。如果有最新消息，我們會再匯報。」

就這樣，會議一旦結束，這些已經練就出內心狀態切換本領的探員們就會立刻關掉腦袋裡的某種開關，點擊回上一步，回到他們自己的個人世界裡。他們能夠從持刀殺人的詳盡細節分析裡頭跳出來，又回到跟大家閒聊週末計畫要跟家人去哪裡玩的這類話題，或者聊點政治，抑或橄欖球隊教練喬．吉布斯（Joe Gibbs）會怎麼處理華盛頓紅人隊（the Redskins）。就某方面來說，這有點令人傻眼，但這也是ＦＢＩ招募人才的條件之一。雖然ＢＳＵ裡的每位探員個性互有差異，但是他們都具有同理心，可是不會被這種同理心影響到自己的心情，他們能夠把令人不快的東西分隔出來，不讓自己受到干擾。他們就是有辦法保持超然，才能生存下去。

我的經驗則不太一樣。和性暴力被害者合作過的經驗並沒有讓我對這類恐怖行徑變得麻木，反而協助我更全面瞭解暴力的本質，幫助我辨識出其中的模式和設計。我是靠著跟被害者建立關係、理解他們的遭遇、以及分析正在作用中的潛在心理才做到這一點。這給了我一個獨特的視角，去探索犯罪剖繪裡頭被害者的那一面。這也是以加害者為辦案重心的探員們之所以賞識我的原因。我被邀入這類案子，通常是為了協助解釋犯罪行為裡的人際動態關係——譬如在自衛行為裡，被害者可能會如何反擊或屈服——或者加害者在不同情境下會如何受到刺激或者如何被激怒。但是我的方法也害我更容易受到這些案件情緒的影響。它們會跟著我。我常常發現自己會反覆回溯犯罪行為裡的細節和細微差異，試圖想釐清加害者的動機是什麼以及他們可能是誰。等到終於逮到被我們剖繪過的那名犯罪者時，我會對我們的工作成果感到自豪——不過都遠不及那種鬆了口氣的感覺。

芭比案尤其如此。自從一九八〇年代初，這個團隊開過了十幾場的剖繪會議，而這是第一起女性殺害女性的案件。如果我們的方向無誤，那麼這起案子就能用來肯定回答總局那個迄今尚未解答的問題：犯罪剖繪可以運用在範圍更廣的案件上嗎？幾個月後，就在同年的十二月，答案出來了。渥克告訴我凶手已經就逮。他還說他正在安排跟當初參與剖繪的探員們進行匯報，他希望我也能參加。

「所以我上次開會沒有告訴你們的內容其實是這樣的：在我們進行剖繪之前，調查人員就已經縮小嫌犯名單。他們有找到一個嫌犯曾經開過橘色平托車，對方是被害者的朋友，上同一所高中，也是芭比會的，而且案發時有兩個小時的時間原因不詳地不在家中。」渥克搶在有人回應前打斷我們的話。「我知道，我知道，但是他們在她通過了測謊之後，就把她排除在外了，因為測謊結果測不出她在說謊。」

「不在家的那兩個小時，她給的不在場證明是什麼？測謊員有問到她這一點嗎？」道格拉斯問道。

「她說她去當臨時保姆，所以她才能開那輛車。對了，平托車是她姐姐的。她騙她姐姐和她爸媽說她是去當臨時保姆。」

「聰明。」雷喃喃自語。

「不過事情是這樣的。當我聽到測謊結果之後，我就請他們傳真影本過來，找我們自己的人檢查了一下，結果他說那是一個很糟糕的測謊，他還說如果改一下問法或者問對問題，測謊結果就會是尚無定論。而這樣的結果便足以繼續鎖定那名嫌犯。」

「顯然當地的警察沒見識過太多凶殺案。」道格拉斯評論道。

「所以我的下一步就是匯整我們的剖繪資料，交給那裡的調查人員看，指出剖繪內容跟他們排除在外的那名嫌犯完全吻合。但問題會是嫌犯本身。因為那個時候的她已經有足夠時間合理化自己的攻擊行為。她會覺得她的殺人是有正當理由的。我們以前見過這類例子。不明嫌犯會經歷心理上的自我防禦機制，腦袋裡會有像這樣的想法：『她罪有應得，她是個討厭鬼，她是個勢利眼，我才不在乎她呢，她本來就該死。』」

「自己騙自己。」雷評論道。

「所以我才會要求安在我們最後一次的剖繪會議上幫忙解說一下行凶後的行為。我知道我可以讓調查人員再訪談一次不明嫌犯。但我們需要一些東西來攻破她的心防，讓她崩潰。我們必須讓她回想那天晚上發生的每一件事，包括她的思緒和行為，哪怕是那些被她藏在心裡的事。不然的話，調查人員一點輒也沒有。我們必須讓那個女孩自己招認。」

「所以你偶爾也是會認真聽我說話的。」我大笑。

「我把剖繪結果給了調查人員。調查人員再度找上嫌犯。她同意回來再做第二次測謊，時間是那個禮拜五晚上。不過發生了一件奇怪的事：先是四個小時的測謊前訪談，接著是測謊，可是全部結束之後，那女孩竟然不願意離開。她一直在那裡逗留，想找測謊員談一談。後來她終於如願以償，她對他說：『我想你一定認定是我幹的。』他說：『對。』然後她問了他的名字，他說：『我叫羅恩．希利（Ron Hilly）。』」

「反正那次測謊顯示出有兩個關鍵地方出現欺瞞的跡象，還有其他一些地方未有定論。但是仍不足以採取進一步的調查行動。」

「你說得沒錯，」我說道。「她有足夠時間建立自己的防禦機制，認為自己的行凶有正當理由。」

「那個星期五晚上測謊結果出來了，那個女孩也回家了，而我當時就是這麼想。可是接下來發生的事——我也是事後才得知——那就是那個星期六和星期天，女孩一直想找她母親說話，可是她母親太忙，沒時間理她。後來到了星期一早上，就在那女孩準備要上學前，指了一下她梳妝台上的一張紙條說：『媽，我去上學的時候，你最好看一下那張紙條。』那是一張簽過名、承認殺害克莉絲汀．C的自白書。」

「這有趣了，」我說道，「她處理認罪的方式就像是給了自己一些掌控的元素。之前她沒辦法得到她母親的關注，於是創造出一種情境讓她母親不得不參與。我們可以看那張字條嗎？我敢說裡頭一定會清楚說明她認罪的動機何在。」

渥克點點頭，隨即拿起一張紙，開始朗讀。

「『親愛的爸爸媽媽，這一整天下來我一直想告訴你們，但我太愛你們了，以致於我很難開口。所以我決定用比較簡單的方式。FBI的人……認為人是我殺的，他是對的。我可以繼續背負著這件事，但我無法無視它的存在，那對我來說太沉重了，我沒有辦法再這樣欺瞞下去。拜託你們還是會愛我。除非你們還愛我，否則我活不下去。我毀了我的人生，也毀了你們的。我不知道該怎麼辦，我覺得很慚愧很害怕。P.S.求求你們不要說你怎麼能做出這種事、或者為什麼你要做出這種事，因為就連我自己也不明白，我也不知道為什麼會這樣。』」

一九八四年十二月十二日早上，在看完女兒的字條後，蓓娜黛特．普羅提（Bernadette Protti）的母親衝到學校，接走她女兒，直接開車到到米拉蒙特警察局（Miramonte police station）。十六歲的蓓娜黛特拒絕跟任何人說話，只除了那名叫羅恩．希利的測謊員，就是上禮拜五跟她建立了某種默契的那位。在她的自白書裡，蓓娜黛特解釋她沒有預先策畫這場謀殺案，單純是意見不合，她只是想融入那個團體。

根據蓓娜黛特的自白書，一切起因都跟六月二十三日那天晚上的一場派對有關。蓓娜黛特沒有獲邀，但她知道克莉絲汀．C一定有。於是她靈機一動，杜撰芭比會入會之夜這件事，將克莉絲汀騙出家門。蓓娜黛特的解釋是，她以為如果她跟學校裡最受歡迎的其中一名女孩一同現身派對，就會被大家接納。

所以這兩人開車抵達教堂的停車場，那裡當然沒有任何入會活動，蓓娜黛特於是說：「好吧，我猜這裡是沒有入會活動，但是我知道有個很棒的派對，我們一起去吧。」雖然克莉絲汀一開始有答應，但那時候又發生了一些事情——一些始終無法解釋清楚或釐清的事情——於是使她改變主意，當場罵蓓娜黛特是個爛貨，然後就下車了。

蓓娜黛特就是在這個時候決定要修理克莉絲汀。她擔心克莉絲汀會告訴學校裡的每個人她是個怪胎，只因為她不肯抽大麻。她沒有辦法忍受被同儕排擠的感覺。

至於那把刀，蓓娜黛特解釋是那是她姐姐放在車上的。她姐姐跟朋友去潛艇堡販賣店之前，都會先在車裡放一把刀，用它來對切潛艇堡。可是事後她忘了帶下車。不管別人相不相信，反正她就是這樣解釋。

匯報接近尾聲時，我問渥克有時間聊一下嗎。對剖繪工作和ＢＳＵ來說，他都還算是新手，我希望我可以聽聽他的意見，從中學到一些東西。

「成績不錯哦，」我說。「至少讓那一家人可以多少恢復平靜的生活了。」

「如果她自己不招供，恐怕也逮不到她。」

「也許吧。但是你很難說你那套重新訊問的策略影響有多大，」我繼續說道。「不過這不是我要找你談的事情。我是很好奇你對這件案子的整體印象是什麼。你為什麼一開始就選擇鎖定她？」

「她的測謊結果有點怪，」渥克說道，「尤其是她問了一個問題，有點像是『你認為媒體的宣傳是不是比謀殺案本身來得重要？』這句話在我面前跳了出來。就好像她覺得自己的行為是有正當理由的，於是利用這種情緒來幫自己通過測謊。對了，我發現羅恩．希利還做了『檢查注意力』之類的測謊，特定提問一些只有罪犯才會知道的問題，然後觀察對方的反應。那些問題要通過測謊其實不容易。」

「很合理，你還有什麼其它想法？」我要他繼續說。「這只是單純的妒嫉和害怕被排擠嗎？」

渥克微微仰頭，停頓了一下，然後才回答：「我認為還有一些事情沒說出來。不過這得交由法庭來處理，我的意見不再重要。」

「如果我們能從這裡頭學到一些東西，那就很重要。搞不好對下次遇到的案子來說會很重要。」

「好吧，」渥克措辭小心地說道。「我認為——這只是現在事後回想啦——我認為還有很多事情沒有釐清。比方說認罪自白這件事好了，加害者說被害者從皮包裡拿出大麻，但被害者的父母都說她那天晚上沒有帶皮包出去。還有我們看了一下十八歲姐姐所提的不在場證明。那個姐姐有撒謊，她根本是在幫忙掩蓋案發時加害者離開家的那段時間。我認為加害者對刀子的事情也撒了謊。我有種感覺，連她的父母也在撒謊。但不是因為他們知道她們的女兒犯了案，而是因為他們知道她無照駕駛。我猜她的父母第一次接到警方來電時，應該是以為他們的女兒可能出了車禍。他們想幫她找藉口，並不知道她實際做了什麼。」

「所以你認為真正的實情是什麼？」我問道。

「要我老實說嗎？我認為那女孩那天晚上從廚房裡帶走刀子，放進車子裡。不然她怎麼可能在前座底下找到一把刀子？這根本是狗屁——對不起，我的用語不當。但是我也不認為她意圖謀殺。我想她這麼做純粹是出於妒嫉，我是覺得她可能是想亮刀嚇唬嚇唬被害者，令她心生害怕。但你從加害者的行為模式裡很容易猜得到接下來會發生什麼事。害怕被排擠的心理完全掌控住她。對她來說唯一重要的事就是融入團體。」

「你為什麼不在會議裡提到這些事呢？」我問道。

「因為那些傢伙全都是老鳥，這件案子的凶手又不是什麼響叮噹的連環殺手，就只是一次性的。他們還有更大條的魚得處理。」

在那當下，我很想告訴渥克，他認為這案子不重要的原因，正是這案子之所以重要的地方。相較於BSU正在追查的每一件聲名大噪的連環殺手案件，從未破案的一次性犯罪案件就算沒有數千件，也有數百件。光看這個數字本身，就知道這才是我們最應該發揮作用的地方。而要用犯罪剖繪來處理數量這麼多的案件，就不能自我設限於單一想法或單一辦法。我們必須在這些案子上把所有的本領都使出來：包括我們的不同背景，不同的經驗和視角。因為這些才是剖繪在方法上的關鍵鑰匙。當我們像一個團隊一樣集體作業時，才能拿出最好的成績。我們破解案子的方式是把它們縮減到最枝末的細節，再根據每一個人對犯罪行為的獨特理解去將它們重新整合。我們的集體分析可以平衡掉個別剖繪者或許會有的偏差視角。合作是BSU最大的優勢，而我們也越來越仰賴它，因為隨著新案件的湧入，我們不斷被推向極限。犯罪剖繪不再只是將各部份拼湊相加成總合而已。

「每件案子都至關緊要，」我告訴渥克。「它們都很重要。」

一九八五年四月一日，蓓娜黛特被判有罪，二級謀殺克莉絲汀．C，得到最嚴厲的九年監禁刑罰。那九年期間，她申請假釋兩次都被駁回，後來才被政府單位的少年罪犯假釋委員會（Youthful Offender Parole Board）於一九九二年六月十日以二比一的裁決結果予以假釋。

就很多方面來說，芭比案正是ＢＳＵ所需要的案子。它獲得顯著的報導，最後成功破案，證明犯罪剖繪是調查行動裡的一大突破，無論犯罪者是誰、或者他們曾犯下多少案子。就連媒體從頭到尾對這場審判的大幅報導中（通常媒體對ＦＢＩ的整體評語都不會有什麼好話），都極不尋常地大力推崇總局的「全新調查技術」。這種正面的媒體關注對ＢＳＵ是另一個轉折點，等於在公眾面前啟動了一個新的說法，而在這個說法裡，剖繪技術被認為是ＦＢＩ用來打擊連續暴力犯罪的利器。而在ＦＢＩ內部，也是最至關重要的一個地方，其影響所及就更深遠了。這件案子的大幅報導，等於幫忙對局裡高層證實了我們的價值——所謂的高層就是指擁有決策能力和掌握預算的各部門當權人士。

此外這件案子也幫忙突顯了剖繪負責人、探員和地方調查人員之間合作無間的重要性。這些人際關係對紮實的剖繪發展來說至關重要。資訊必須清楚、周詳完整、沒有偏見。參與者必須不斷對話。這種透明度和合作程度在當時來說幾乎前所未見。過程很精采。而在此同時，我們也接到了比以前更多的來電，都是需要我們協助的調查人員打來的。有亞特蘭大的殺童案，有芝加哥的公路砍人案，還有加州一連串的分屍案。名單落落長。

就行政營運層面來說，芭比案也發揮了影響力。因為即便我們多了四名新探員，ＢＳＵ

這個團隊加總起來也只有十名可以實際作業的剖繪者，而且還不是全職——除了罪犯剖繪之外，他們也要負責教學任務、訓練課程、或者任何可能以探員身份被叫去擔綱的工作。但是犯罪剖繪在這件案子以及其他類似案子上所交出來的成績開始變得難以令人漠視。如果高層想要剖繪進行得更快速和更有效率，他們就必須給我們時間、空間、和資源去真正專注在上面。那時受挫極深、幾近崩潰邊緣的芮斯勒施壓當時的FBI國家學院院長詹姆斯・麥肯錫，要求他另設一個全國中心來繼續進行我們的任務。結果麥肯錫把這點子往上提升，那年夏天，總局宣佈全國暴力犯罪分析中心（National Center for the Analysis of Violent Crime，簡稱NCAVC）正式成立。

一九八五年六月，NCAVC某種程度上地正式展開作業，這個全新中心的設置證明了BSU的成功。因為這就像任何政府官僚體系的例子一樣，越是成功的部門，規模就越大，單位就越多。NCAVC只是幫一個非常重要的實體冠上新的名稱而已，讓BSU終於可以一分為二，同時擁有調查支援單位和研究單位。該中心的正式任務是瞭解暴力犯罪，找到解決對策：包括進行研究、發展舉措、制訂訓練課程、擴展罪犯人格剖繪的業務、以及維護暴力罪犯緝捕計畫（Violent Criminal Apprehension Program，簡稱ViCAP）的暴力犯罪目錄。但就其核心而言，我們還是BSU，唯一的改變是，在被孤立了多年之後，我們終於可以取得更多資源來協助自己跟總局合為一體。它使我們變得更有效率。而對具有時效性的案子來說，效率可能意謂著生死之差。

第六章　我的好朋友小梅

在ＢＳＵ成功偵破芭比案之後，我注意到一個有趣的現象。各地方的執法機關找我們幫忙調查的案子種類比起以往來得更形形色色，這一點不足為奇，畢竟在破了一個受到高度關注的女性殺人犯案子之後，我們早預期到會有這樣的結果，真正有意思的是，那些請求竟然還指名要哪位剖繪者。這太諷刺了，我忍不住大笑。一直以來，我們都是資金缺乏、被人看輕、躲在國家學院地底下的防空洞裡。然而這些都阻止不了我們的發光發熱。剖繪工作會為自己發聲。現在剖繪者終於有機會走出暗處，得到早該有的讚譽。看到探員們忙於應付更多的請求，每到一個轄區就被大張旗鼓地熱列介紹，實在滿有趣的。我很樂於保持距離旁觀這一切，畢竟我的工作已經夠讓我忙了。再說，自從加入ＢＳＵ以來，我總覺得能讓我發揮最大本領的地方是匡提科，而不是犯罪現場。但這一切就要改變了。

一九八五年夏天，伊利諾州一樁兒童受害案件需要我們馬上處理。它涉及到一名失蹤的七歲女童和一名倖存的兒童證人。事件發生在一九八五年六月二日星期天的大白天裡，但是調查人員找不到什麼線索可以追查。倖存的目擊證人害怕到無法言語。調查人員需要一名專家來協助這個孩子，讓她可以安心地說出事件的經過。

我是在六月十一日接到電話，離最初的綁架案已經有一個多禮拜，這使我處於巨大的劣勢下。我的第一手經驗告訴我，事件發生後，要找到毫髮無傷的失蹤兒童，機會很小，至於要找到一個雖然受傷但仍活著的她，機會更是渺茫。而再接下來可能有的結果就只是每況愈下。

「你們為什麼等了這麼久？」我問電話另一頭的芝加哥探員。我很不高興，只能試著控制情緒。

「要找到一個有經驗的人去訪視受創的兒童被害者，不是那麼容易。我們又不知道ＢＳＵ有這樣的人手。而且老實說，警方問過她第一次之後，就沒有人想過再找那個女孩（目擊證人）聊。」

「好吧，」我嘆口氣。「所以這案子是怎麼回事，涉及到哪些人？」

「被害者是一個七歲的女童，叫作梅莉莎．A（Melissa A.），」探員解釋道。「大家都叫她小梅。當時她在當地學校附近一條馬路上跟她朋友奧珀．霍頓（Opal Horton）一起騎腳踏車。奧珀也是七歲，看見整個事情的經過，連她也差點被綁走。」

「嫌犯呢？」

「這就不太清楚了。我們只知道有個傢伙開到路邊跟這兩個小女孩問路。他走出車外，說他聽不到她們在說什麼，朝她們直接走過去，然後突然一把抓住奧珀的脖子，把她丟進前座，接著去抓小梅，奧珀趁對方分心的時候，從副駕駛座的車窗那裡爬出來逃走。她跑進附近的約翰迪爾經銷店（John Deere），躲在一台牽引機的輪胎裡。嫌犯的車子從路上開走的時候，小梅的臉就緊貼著後擋風玻璃窗。但這都是我們從幾個目擊證人那裡聽來的。那女孩——我是說奧珀——不願意開口。」

「先讓我跟我單位主管談一下，」我說道。「在此同時，別再去問那個女孩更多問題了，免得她難過。只要保護她的安全就行了。」

我拿到了第二天啟程離開的許可，於是隔天早上，也就是六月十二日（剛好是小梅的八歲生日），搭乘民航機到芝加哥的中途機場（Midway Airport），再跳進一架四人座的賽斯納小型飛機（Cessna），那是當地的執法探員們使用的交通工具。當飛機飛近伊利諾州索莫諾克（Somonauk）外圍的小型機場時，我才明白為什麼小梅到現在還沒被找到，因為放眼所及是無邊無際的濃密森林和原始地貌。小梅可能在任何一處地方。但她有個優勢：奧珀。奧珀是這起綁架案的直接目擊證人。她的記憶或許可以協助我們深入瞭解犯罪者的精神、情緒、和生理特徵，進而讓我們弄清楚對方是誰，躲在哪裡。奧珀是小梅獲救生還的最好機會。

招呼我的是FBI芝加哥分局探員坎蒂絲・德朗（Candice DeLong）和丹恩・坎特拉（Dan Cantella），地點是在索莫諾克的浸信會天主教教堂裡的臨時指揮中心。我曾在坎蒂絲一九八〇年的新進探員訓練課程裡跟她見面過一次，她是當時七名新進探員的其中一位。她跟我的背景類似：在加入FBI之前，曾當過精神科護理師。見到她，令我鬆了口氣。她很適合這件案子。

德朗和坎特拉立刻言歸正傳，把他們對小梅、奧珀、以及其他目擊證人所知的一切全告訴我。他們還把姓A的這一家人的事情跟我做了說明，並補充現在不是去探訪他們的好時機，因為今天稍早他們家有一個好心但完全狀況外的朋友送了「生日」汽球給他們。

小梅失蹤的那個時候，索莫諾克這個小鎮只有一千三百個居民。這裡是務農的小鎮，玉米田和黃豆田星羅棋布，就夾在伊利諾州門多塔（Mendota）東邊兩百七十英里外、和桑德威奇（Sandwich）西邊四英里外的三十四號高速公路旁。小鎮本身被眾多農田整齊分隔成棋盤狀。農場上鮮少種樹，只有幾間教堂的尖塔劃破單調廣漠的天空。鄰居都互相認識，鎮民向來覺得這裡是個安全的社區。

調查人員查出六月二日星期天快近午的時候，小梅和奧珀在郡界路（County Line Road）上騎腳踏車，當時她們還停在她們的小學校長詹姆斯．伍德（James Wood）家門前問他現在幾點。伍德校長告訴她們現在十一點半，然後她們回到腳踏車上，朝東邊騎去。沒多久，伍德校長離開家門，開車前往學校。路上他注意到兩個女孩的腳踏車被丟在馬路中央，但不見人影，他以為她們跑去附近某個地方玩了。

早上十一點四十二分，負責幫索莫諾克警察局（Somonauk Police Department）處理報案電話的桑德威奇警察局（Sandwich Police Department）接到電話說小梅．A被綁架了。這通電話是從查爾斯．希基（Charles Hickey）的住家打過來的。查爾斯的兒子傑夫（Jeff）認識這兩個女孩，他慌亂地對著電話大喊大叫，背景裡聽得到跑了半英里路才去到他家的奧珀上氣不接下氣的啜泣聲。索莫諾克警察局和迪卡爾布郡警局（DeKalb County Sheriff Department）立刻主動展開調查。他們在下午六點四十五分通知了ＦＢＩ。

六月三日，奧珀．霍頓跟ＦＢＩ探員們談話，提供了以下的事件細節：奧珀和小梅剛離開郡界路上的校長家，就有輛車子在她們後方出現，並從她們旁邊開了過去，往東行駛。然後車子突然剎住迴轉，慢慢趨近腳踏車上的兩個女孩。車輛裡頭的男性駕駛朝女孩們大聲問道，回小鎮的方向怎麼走。奧珀回答了他，但駕駛告訴兩個女孩他聽不到，於是下了車，朝女孩們趨近，又問了同樣的問題，回小鎮的方向怎麼走。奧珀又回答了一次，但這時嫌犯突然抓住她脖子，把她拎了起來，從駕駛座這頭的窗戶丟進前座。接著就繞著車子四處追逐小梅。奧珀想從副駕駛座那邊的車門開門出去，但自鎖按鈕被拆掉了，找不到。奧珀想辦法從駕駛座那邊的車窗跳出來，跌在地上。這時綁架者從車子前面繞回來想追小梅，不小心被奧珀絆倒。嫌犯跌在地上的時候手肘撞到石子路面，但右手抓住了小梅的腳踝，也把她拉倒在地。奧珀趕緊跳起來，用鞋子去踩嫌犯的右手，痛得他暫時放開小梅。當他的左手伸向奧珀時，奧珀又踩了一腳，然後就逃向停在附近空地的大型機具裡面。

奧珀從她躲藏的地方看到嫌犯抓住小梅的脖子，把她從駕駛座的車窗那裡扔進去。然後嫌犯就冷靜地上了車，加速朝西駛離。起初她還聽得到小梅哭喊的求救聲，但沒多久，她的哭喊聲就消失在一片死寂裡。嚇壞的奧珀一直等到她確定車子已經駛遠，不會再回來了，才從藏身處出來，跑步穿過學校操場，然後又連跑了好幾條街，才終於抵達查爾斯·希基的家。

第二名證人麥克・馬奎特（Mike Marquardt）只看到部份的綁架過程，他當時站在附近的透納殯儀館（Turner Funeral Home）外面。馬奎特是個十七歲男孩，綁架發生時，他正在當透納家小孩的臨時保姆。他在院子裡陪小孩玩的時候，有看到一輛藍色車子從約翰迪爾經銷店前面加速駛離。馬奎特可以把可疑車輛的範圍縮小到美國汽車公司（AMC）一九七六年份的Gramlin、一九七一年份的福特Maverick、或是一九六八年份的克萊斯勒Plymouth Valiant。

綁架當天，小梅脖子上戴著一條亮粉紅色的串珠項鍊，她的小名M-I-S-S-Y就分別刻在五個連在一起的心型墜子上。她穿了一件短袖的紫色馬球衫，衣領和袖子有淺綠色的邊，上面有兩顆心型的綠色扣子，其中一顆不見了。馬球衫外面罩了一件無袖背心，是淺紫色的，背心前面有彩色的彩虹圖樣。她還穿了一件吉卜賽牌（Gitano brand）藍色牛仔褲，白色條紋短襪、和一雙粉紅色的網球鞋，鞋側有裝飾性拉鏈和已經褪色的粉紅蕾絲。她缺了兩顆上門牙，恆齒才剛要長出來。

我腦袋裡的專業部位立刻將這些資訊都當成數據存進來。但其它部位的我——也就是造就出我這樣一個人的其他內在部份——卻被一種很深層的悲傷給完全淹沒，那也是我一直在努力克制的情緒。小梅只是一個小女孩。不管接下來發生什麼，對她或她的家人或她的好友奧珀來說，一切都不一樣了。

我快速地換口氣，消化掉資訊。雖然說分秒必爭，但我也知道必須用合乎邏輯和清楚的腦袋來處理這件案子。儘管一開始花了點時間擔心小梅，但我很快轉換心情，把注意力放回工作本身。正當我在指揮中心的走廊上來回踱步時，我注意到有一張很詳盡的地圖完全涵蓋了迪卡爾布郡郡界內六百平方英里的範圍，那是搜索隊已經徹底搜尋過的地方，上面有一層彩色的格狀圖，顯示出警方、消防隊員、和志工已經完成的指定區塊。此外，還有一些圖案標示出飛行單位或搜索犬單位負責搜索了哪些地區的穀倉、地下儲藏庫、河流、和池塘。但這些資料都無法告訴我們關於小梅或綁架者的線索，或者他們最後可能落腳何處。

「原來你在這裡，」德朗攔住正在踱步的我。「你準備好要見奧珀了嗎？」

我是急著想要快點開始，但我必須確定方法是對的。「我想先跟她的父母談。」我說道。

「不需要，」坎特拉向我再三保證。「我們得到他們的許可了。」

「沒錯，」德朗不耐地看了她的夥伴一眼。「我們跟他們提過你的經驗，你絕不會引起不必要的壓力或傷害。他們知道你只是想問出一些她記得的事情。」

「我很感激你們的幫忙，」我說道，「但我還是想先跟她的家人聊一下。他們也在處理自己的創傷。所以先聽一下他們的顧慮，這一點很重要。」

這場會面是在那天傍晚舉行，就在指揮中心裡，前後花不到十五分鐘。我先自我介紹，再請教奧珀父母的經歷，然後討論我打算用在他們女兒身上的方法是什麼。我跟他們說我會利用畫圖的方法，不會要求奧珀一定要說出什麼。她可以照她想要的方式，用畫的或說的都可以。在兒童心理學裡，專家通常會把圖畫當成工具來協助孩童溝通創傷經驗。對很多孩童來說，畫圖是一種不具威脅的媒介，可以用來表達那些大聲說出來恐怕會難以承受的創傷。因此我詢問奧珀的父母是否允許我這麼做。他們同意了。這個步驟很重要，因為這能讓這一家人感覺得到他們在調查期間裡是有掌控權的。

第二天早上，德朗和我開車去指揮中心的會議室見奧珀。只有我們兩個人去。當然坎特拉也想參與這場訪談，但我跟他說，小孩通常對女性調查人員會比較願意敞開心房，尤其是在目睹過一名男性的暴力犯罪之後。他當下就明白了，同意只要我們有把會面過程錄音下來作為證據那就可以了，他願意從外面監看。

我們抵達時，奧珀已經坐在裡面。她穿了短袖的粉紅色上衣和海軍藍短褲。齊肩的淺棕色頭髮鬆散地塞在耳後，兩邊夾著粉紅色髮夾。她看看德朗，又看看我，然後用很小的聲音含糊說了聲「嗨」。她是個嬌小、悲傷的女孩。我希望我能觸摸她，我希望我能做點什麼來讓她覺得夠安全，願意徹底敞開心房。

奧珀開始談話的時候，德朗還在準備錄音機。她說她覺得「小梅那天都計畫好了，但絕對不是被綁架這件事。」她聊起了那天，本來一切都過得很美好，「直到發生了那件事。」然後她又說她現在光想到它都會害怕。

「沒關係，」我告訴她。「這樣好了，我們不要用說的，我們用畫的，再加上一點點的說話，好不好？你可以畫點東西給我們，也可以畫點東西帶回家去。這樣可以嗎？」

她點點頭，然後在位子上坐直了一點。

「你在學校有畫畫嗎？」我問道，同時在桌上放了一盒蠟筆。「你喜歡畫什麼？」

奧珀想了一下，然後點頭應和。「我們會畫狗。」她回答我，然後又出現所謂的思緒干擾現象——突然間對暴力、焦慮、或性明示等念頭的無力招架。「我不知道我們畫過什麼。在學校最後兩天的時間好長哦，我都記不起來了。我很擔心小梅。」

奧珀瞪著桌子的另一頭看，眼神恍惚。想也知道，她沒辦法把小梅從思緒裡抹去。我很高興她肯開口談這件事，於是我順著她的思路說，「也許我們可以用畫的，畫出你擔心小梅是什麼感覺，或者把你最喜歡的天氣畫出來？」

奧珀看了蠟筆盒一眼，然後拾起藍色蠟筆。「下雨天。」她說道。

「很好啊，」我鼓勵她。「這就是我們的第一張畫。你可以邊畫邊說，告訴我們你在畫什麼。如果我們也順便問你問題，這樣可以嗎？你心裏想到什麼就說什麼。」

「我晚上作夢的時候，也在想小梅。」她低聲道，說完就專心在自己的圖畫上，直到完成第一幅畫。

那張畫是用藍色淚珠拼出梅莉莎的英文字，字母是畫在兩條線上，暗示奧珀的心一半在雨上面，一半在小梅身上。小梅的名字全擠在畫紙的半邊，代表她的焦慮和混亂。

「好，」我說道，「這是我們的第一張畫，這是你最喜歡的天氣。那天呢？那天的天氣也是像這樣嗎？」

「那天很熱，出太陽。」她回答。

我又問了更多問題，但奧珀都會先分神，然後才把思緒拉回那天。她看著蠟筆和畫紙，在座位上不安地前後蠕動。

「我想跟小梅玩，可是媽媽說我必須先吃早飯和整理好自己的房間。」她開口道。「我牽了我的藍色腳踏車，騎到小梅家。然後我們騎到學校，去看一個老師。」她還補充說，她們有玩旋轉木馬，還去她臨時保姆的家借用廁所，然後又騎到校長家，問他幾點了。

「你有看到什麼不尋常的事情嗎？」我問道。

奧珀描述有一輛生鏽的藍色車子從校長家門外經過，還提到跟後來回來找她們的那輛車是同一輛。「它的形狀很像是平托車，但不是平托車。」她說她們後來就離開校長家，又去騎腳踏車。

她的第二張圖秀出了她正騎著腳踏車往小梅家去。「這很難畫，」她致歉道。畫裡的意像很雜亂，飄浮中的腳踏車展現出各種抽象尺寸，但奧珀試圖把它跟箭頭和文字綁在一起。這裡記憶並不完整，不像第一張畫裡的圖形那樣井然有序。被放大的那些腳踏車顯示出她的不知所措，而腳踏板的付之闕如也象徵她的無力逃脫或無法自我掌控。

我稍微放慢節奏，讓奧珀盡情去畫。我看得出來她正在掙扎，她希望我可以陪她走過這一切，因為我必須找到跟那個綁架者有關的記憶。我不希望她又退回去。她拿起綠色蠟筆。「這顏色不錯。」我說道。

奧珀在畫第二張和第三張圖的這當中，並不太說話。她的注意力大多放在眼前的圖畫上。圖畫裡有校長的房子，還有殯儀館旁邊那幾個小孩。這張圖的焦點是時間——屋子的門上面有一個很大的棕色時鐘。然後她拿起藍色蠟筆，開始畫出一輛車。但又突然停下來，沒有完成它。

「我畫不出來那輛車子，因為太難畫了，」她告訴我，然後靠回椅背，輕輕晃著桌子底下的兩條腿。一分鐘過去了。她停止晃動她的腿，很小聲地再度開口：「他從後面偷偷走近我，抓住我，把我頭朝下地直接丟進他的車子裡。」

「他看起來是什麼樣子？」

「他的頭黑黑的，有留鬍子，下巴也有，好像沒有刮鬍子。」她又拾起藍色蠟筆繼續畫。

第四張圖顯示出駕駛正在把奧珀丟進車裡。儘管那一刻她和她朋友正承受暴力對待，但她並沒有把她和小梅畫出來。多數都是聽覺記憶，不是視覺上的，而且用語混亂，上面寫的是「下車，抓到我」。圖像主體是一個正在逼近的男子，沒有腳，像鬼一樣，好像陰魂不散糾纏著她[1]。

「車裡面是什麼樣子？」我問她。

「車子裡面只有方向盤，沒有收音機，地板和椅子都爛掉了，後座就像前座長椅一樣。」

第五張圖顯示出車子的內部。過程中，奧珀似乎很煩躁和坐立不安，她分段地畫，順序很亂很倉促。她還是沒把自己或小梅畫進去。但是她有試圖解釋圖裡的零亂畫面，把她當下的念頭用標示或圖解的方式，用語包括很嚇人、有點泥巴、還有跳出去。整張畫很獨特，完

1 結果這張圖以及奧珀對那名男子的描述最後成了鑑識畫家用來繪製犯罪者組合圖的識別元素。

全不同於其它張畫，奧珀用了整張畫紙來寫字和草繪出各種紊亂的形狀。這顯示出她當下的感覺，顯示出恐懼。不管這張帶著斜體字和抽象形狀的畫有多粗糙，它還是很有力量。當奧珀把這張畫交給我時，我不免感受到一股深沉的悲傷。

奧珀把她的藍色蠟筆放回蠟筆盒裡，接著拿起一支黑色蠟筆。我問她接下來發生了什麼事，她說等到那輛車開走之後，她才跑到當地一位老師的家裡，他叫查爾斯·希基。她記得她一邊哭一邊告訴希基她的朋友被綁架了。希基打電話給九一一，警長第一個抵達，然後是她爹地吉姆（Jim），接著是小梅的爸媽。「麥克（Mike）和雪莉（Sherri）真的很害怕，因為他們才剛讓我們出去騎腳踏車，小梅就出事了。」

奧珀的第六張圖代表的是等待。她沒有把小梅畫出來，但她在右下角把自己畫成一個很小的人，塞在一輛卡車的車輪後面。大大的卡車暗示她首度覺得自己得到了一點保護。可是她在畫紙的中央畫了綁架者開的那輛車，所以仍然傳達出她當時的焦慮和脆弱。

「那個人離開時，你有什麼感覺？」

「我就沒再哭了，覺得安全了一點。這真的好嚇人，因為我從來沒見過那麼多警察。好可怕哦。」奧珀小聲說道。「ＦＢＩ的人也來了，帶來很多照片給我看。有一個人很像恰克（Chuck），是我們的一個朋友。」

在第七張圖裡，奧珀寫出了感覺好多了這幾個字，還畫出她正在採取行動，跑到希基家求救。她也畫了一輛很大的警車。

第八張圖畫的是奧珀正在看警方給的幾張罪犯照片。右上角有一個很小的臉，上面寫著檢查門，然後最下面有一個聽覺記憶：爸爸和我在家。

「這一陣子發生了這麼多事，你都在想什麼？」我問道。「你的腦袋裡有在想哪些事情？」

「我想到小梅還有他可能對她做出什麼事，還有好多好多這種事情，像是他可能會埋了她或殺了她什麼的。這讓我很害怕。我都跟我媽睡。我真的很害怕，我覺得他好像就在我後面看著我，好可怕哦。我會轉過去看後面，可是沒有看到誰，但是我每次一想到他，我還是會轉頭去看。我覺得他在找我，我覺得他好像就在我後面看著我，我真的好害怕哦。我都跟我媽走在一起。」

「如果你真的看到他，會怎麼樣？你會怎麼做？」

「我會打電話給我媽，然後我會跑走，跑去找FBI，因為我住的地方離FBI很近。」奧珀接著壓低音量，很小聲地喃喃說道：「如果他就在我後面，我會告訴我媽那個人很像是他。我上床睡覺的時候，總覺得他正在窗戶那裡看著我。我都跟我媽睡。可是我還是很害怕，我覺得他鑽了一個洞，可以穿過修車行，直接爬上我們的屋子，正在看著我。我常常都這樣想。」

我突然注意到奧珀看起來身體很單薄。她很瘦弱，眼睛底下有黑眼圈。我擔心她會在這堆混亂當中被人遺漏。因為雖然她能幫上一點忙，但她終究只是個孩子，需要有人安慰和支持。

「你有在吃東西嗎？」我問她。

「我什麼也不吃。我沒有吃早餐、午餐，什麼都沒有。」

「你為什麼不吃？」

「因為我不想吃。我不餓。」

「要怎麼幫忙你才能讓你覺得餓呢？有什麼方法嗎？」

「小梅，」奧珀回答。「小梅她從禮拜天早上就沒吃東西了。我覺得她那天沒吃早餐。」

我回到不帶威脅性的話題，以便慢慢收尾這場對話。這麼做是為了幫奧珀從那天緊張負面的情緒裡轉移出來，同時觀察這種感受會不會沒完沒了？我問她最喜歡看的電視節目，並鼓勵她還是可以使用紙張和蠟筆來回答。

「我有看《班森》（*Benson*）、《哈加邦屈這家人》（*The Hugabunch*）和很多卡通。我很迷《星際大戰》（*Star Wars*）和《絕地大反攻》（*The Return of the Jedi*）這些電影。等這一切都過去之後，我會再開始看恐怖片。」然後她又被另一個念頭干擾。「我以為昨天可能是她的幸運日，因為是小梅的生日啊。」

奧珀的第九張圖也是最後一張，畫的是小梅的生日，圖裡有彩虹，彩虹尾端有一罐金子。那罐金子很小很小，但彩虹有九種顏色。奧珀畫完了這張圖，就簽上她的名字和日期，然後離開房間回去找她的家人了。

會面快到尾聲時，我對這女孩不免感觸很深。這起事件將永遠影響奧珀。這種影響很巨大——這是一般成人都沒辦法完全處理或理性認知的一種遭遇，更何況是一個小孩。她的人生將從此改變。我很感激德朗陪著我一起見證奧珀的故事，幫忙導引她在這個案子裡逐一挺過每一件事。這個遭遇將一輩子扛在奧珀肩上，也扛在我肩上，還有德朗。我希望我們至少已盡到棉薄之力。

四天後，也就是六月十七日，在門多塔附近的郊外，有一具小小的屍體被發現半淹在一條排水用途的小溪裡，被石塊稍微蓋住。ＦＢＩ探員們確認那是梅莉莎．Ａ。她還戴著那條拼著小名英文字母的粉紅色串珠項鍊。

後來是德朗去找奧珀，告訴她小梅死了。她們兩人開車出去兜風，聊了一下，然後回到指揮中心。奧珀問她可不可以再畫張圖。德朗幫她拿出圖畫紙和蠟筆，沒給她任何指示，讓她自己發揮。大概一個小時後，奧珀畫了五張圖，並用藍色蠟筆寫了一封信：

一九八五年六月十八日

親愛的小梅

我好希望你還在這世上。我好希望這一切從來沒有發生過。

我們非常愛你

你的朋友

奧珀和其他所有人

小梅的屍體被發現之後，這件案子就從失蹤人口調查案轉變成凶殺調查案。當地警方跟ＦＢＩ合作，對屍體和屍體所在的那條小溪展開周密的鑑識作業，細心蒐證衣物纖維、頭髮、煙蒂、灰燼粉末、或任何可能跟嫌犯有關的有形跡證。他們也整合出一份已知的罪犯名單，都是在當地曾因孩童案或性侵案被定罪過的犯案者。這份名單再加上奧珀對綁架者及車子的具體描述，搜索範圍迅速縮小成單一名嫌犯。

綁架當天，大概在小梅被擄走後一個小時左右，門多塔一位叫做詹姆斯．麥克杜格爾（James McDougall）的警官曾回報有一輛汽車貼了一張協尋貼紙，駕駛停好車，進了當地的一家加油站。麥克杜格爾警官等駕駛出來，才趨近車子，要求看對方的身份證明。駕駛給他看了一張釣魚許可證，上面的名字是布萊恩．杜根（Brian Dugan）。麥克杜格爾檢查了那輛車，沒有發現任何可疑的地方，於是記下釣魚許可證上的資料，就告訴他可以走了，即便對方並沒有駕照。後來那天傍晚，該郡治安官轄下的警察局聯絡了當地幾間派出所，告知小梅．A被綁架的消息，並描述了嫌犯的車輛，門多塔警察局立刻想到杜根。他們檢視了有關這個人的報告，很快發現到杜根的車也出現在五天前的警方報告裡，當時這名駕駛涉及對一名十九歲女孩強暴未遂，他們回報給指揮中心，隔天早上六點四十五分，一群ＦＢＩ探員在得知杜根曾是其它幾起暴力攻擊案的嫌犯後，便連同來自州政府機關的幾名職員，來到杜根工作所在的中西液壓工廠（Midwest Hydraulics）凱恩郡（the Kane County）分廠外面的停車場守候，等他從那輛藍色的AMC Gremlin一下車，就拿槍抵住他，將他逮捕。

我在訪談奧珀的時候，就已經知道調查人員已經鎖定包括杜根在內的幾名嫌犯。但是要證明杜根涉案並不容易。他犯案後逃過刑罰太多次，不太可能出現失誤或自首投案。調查人員必須拿出鐵證。我對奧珀的訪談內容、她的圖畫、以及她對當天目擊到的事情所做的描述，證明了這些正是調查人員所欠缺的關鍵鐵證。

杜根在中西液壓工廠的停車場被逮之後，立刻被控兩起互不相關的凱恩郡強暴案，並在小梅的綁架案裡升級為主要嫌犯。一開始，他在接受當地偵查人員訊問時，拒絕合作。這時ＦＢＩ介入。他們檢查杜根的車子，蒐集可以把他跟小梅命案銜結起來的法庭證據。就在他們等待鑑識結果的同時，也順便爬梳了他的犯罪紀錄以及累積了幾百頁的背景資料，包括心理健康評估以及跟他母親、手足、女友們、和同事們的訪談內容，拼湊出他的暴力行為史。他們的調查結果曝露出杜根的過去經歷跟我和ＦＢＩ的道格拉斯及芮斯勒正在做的連環殺手研究和罪犯人格分析，有相當多的雷同之處。杜根的犯罪模式一開始只是青少年時會下手行竊，二十幾歲的時候惡化成強暴和謀殺，完全吻合我們研究調查裡頭才剛開始理清的特定變數。而他的成長背景和他所偏好的暴力表現形式這兩者之間的關連性也強化了我們的理論，這個理論後來成為正式形式化的剖繪方法核心。杜根就像我們調查研究裡的殺人犯一樣可以被解構、評估、和明確分類。他的行動顯示出他是個不夠理智、不太聰明的人，也顯示出他是混亂型的犯罪者，他的攻擊是毫無預警和隨機行事的。

布萊恩．詹姆斯．杜根（Brian James Dugan）一九五六年九月二十三日出生於新罕布夏州的納舒厄（Nashua, New Hampshire），雙親是吉納維芙．珍妮．杜根（Genevieve "Jenny"）和詹姆斯．杜根（James Dugan）。他在五個孩子裡排行老二，根據他的其中兩名手足說，他甚至在出生時就被暴力對待，醫院裡的人為了等醫生來接生而試圖拖延杜根出生的時間，把他的頭塞回產道，再把他母親的腿合起來綁住。家人擔心他可能因此腦部受到損傷。

杜根自孩提起，就展現暴力型罪犯常見的一些特質。他長期尿床，被迫睡在尿濕的床褥上以示懲罰。他會虐待動物，有一次把汽油倒在家貓身上點燃，再大笑看著貓變成一團火球。他才八歲大，就把家裡的車庫給燒了。年紀還不大的他便已經有活躍的性生活，十三歲初嘗禁果之後沒多久，開始跟一個朋友的母親私通。

大概也在這段時間，杜根一家人為了要有一個新的開始而搬到伊利諾州。他的母親形容那幾年過得很快樂。兒子被逮後，她曾在跟ＦＢＩ的一場訪談中說布萊恩喜歡閱讀和體育活動，尤其是棒球。根據珍妮的說法，她兒子是在十五歲讀高中時因涉及行竊罪被首度逮捕，才開始出現問題。他被判了刑，在少年之家短暫待了一陣子，有可能在那裡被性虐待。他母親說是少年之家的經驗改變了杜根。從那裡回來沒多久，他就開始騷擾他弟弟。他的犯罪行為快速惡化，從偷竊變成吸毒，再變成過度沉迷於性暴力行為。杜根第一次的攻擊行為發生在一九七四年四月二十一日，當時他試圖從當地火車站綁架一名十歲女童。最後這個指控因某種法律上的技術性細節而被撤銷。

在同樣那場訪談裡，珍妮告訴ＦＢＩ她認為她兒子只會做一些小奸小惡的事，但是他的手足不這麼認為，在他們的訪談裡，希拉蕊・杜根（Hilary Dugan）和史帝文・杜根（Steven Dugan）都承認殺害小梅是布萊恩可能會做的事。希拉蕊覺得他對任何人都沒有同情心，只除了他自己。如果他真的犯案，她說，「那就應該判他死刑。」她沒有辦法原諒他有一次竟然威脅要殺了她，還要將她的兒子剁成肉醬。

官方記錄也記載了其他的風險因素。杜根的雙親都會酗酒。他父親是業務員，經常出差旅行，一九七五年死於肝硬化。珍妮是個管教嚴厲的母親，有一次她逮到布萊恩在玩火柴，於是罰他拿著一根點燃的火柴，直到火柴棒燒光，他的指頭被燒焦為止。她有時候會為了懲罰他而強迫他喝好多匙熱燙的醬汁或者直接打他。但後來在被問到這件事時，杜根否認他母親曾嚴重虐待他。

ＦＢＩ的杜根檔案也記載了他早期行竊兩間教堂之後被監禁時所做的精神檢測報告。有位專家建議他接受監管保護，他描述杜根不夠成熟、極度不穩定、自我形象貧乏。另一個專家則將他歸類為感官成癮（sensation-addicted）的精神官能症患者，在犯罪之前，會藉由喝酒和吸毒來緩和自己的壓抑感。這些報告也註明杜根曾抱怨在監獄裡遭到性虐待，就跟他十年前待在少年之家時被性虐待的經驗一樣。很可能就是這種虐待引發杜根日後的犯罪行為。

杜根從喬利埃特矯正中心（Joliet Correctional Center）被釋放出來的六個月後，又開始了長達兩年的暴力行徑。那是從一九八三年二月底開始，杜根本來在找一棟房子準備下手行竊，結果在一條安靜的街上隔著屋子的窗戶瞄見十歲的吉妮・N，後者因感冒從學校返家休息。杜門破門而入，她放聲尖叫，奮力抵抗，在家裡的牆上留下許多指甲刮痕，但仍然掙脫不了。杜根把她用床單包起來，光天化日下擄走她。她的屍體兩天後在一條常有人經過的腳踏車車道上被發現。[2]她被強暴，還被卸胎棒打得遍體鱗傷。調查人員發現她的頭被裹在毛巾裡，再用膠帶黏住，讓她看不見。杜根跟吉妮沒有任何私人瓜葛或關係，他根本不認識她。就像杜根所有的被害者一樣，她只是他隨機行事和黑暗衝動下的犧牲。

那年下半年的七月十五日，杜根在奧羅拉（Aurora）的慈愛中心（Mercy Center）瞄到一名叫作唐娜・史諾（Donna Schnorr）的護士正在車裡等待紅燈。當時是清晨，附近沒有

---

2 警方震驚之餘，為了加快調查腳步，很快公佈了通報者的酬金數字。幫派份子之一羅蘭多・克魯斯（Rolando Cruz）為了拿到酬金而提供假消息給警方，警方立刻以吉妮的強姦謀殺罪起訴了三名幫派份子。杜根於是得以消遙法外，繼續作惡。

人。杜根開車跟蹤了她一會兒，直到快開到一條比較僻靜的路段，便馬上擦撞她的車子，將它掃進草地，然後強迫她上他的車，再綁住她的雙手。杜根把她載到附近一座採石場，強暴了她，然後逼她走進水裡，把她的頭壓進水中，直到她溺死不再掙扎為止。他看著那具浮在水面上的屍體好一會兒，才又回到車上，開車回家。這一次，調查人員還是沒將杜根列為嫌犯。

一九八五年五月六日，杜根跟蹤二十一歲的雪倫．格拉耶克（Sharon Grajek）來到她居住的連排別墅。他對她表示她車子的尾燈壞了，並問她想不想出去吃喝一點東西。格拉耶克拒絕他。杜根又接著問她，想不想跟他出去找點樂子，他願意給她八塊美金。格拉耶克再度拒絕他，這時杜根強行鑽進她的車內，亮出一把獵刀威脅她，並封住她的嘴巴，蒙上眼睛。他告訴她如果她不上他的車，他就殺了她。杜根開了十五分鐘的車之後，將車停在路旁，在後座性侵她多次。然後他除去她的眼罩，一邊開車一邊跟她聊天，問她：「你高中念哪裡？你都去哪裡參加派對？」最後他把被蒙上眼睛的她留在她家附近一間學校的停車場裡。他說他叫布萊恩，並威脅如果他把車開走的時候，她敢偷看，他就殺了她和她姐姐。被害者被杜根的威脅嚇到始終不敢報警。

那個月，杜根又另外試圖綁架了兩次。第一次的對象是十九歲的琴娜娃（Geneva），但在被他試圖押上車的時候，僥倖逃脫。她有看見車牌號碼，並向警方報了案。第二天，杜根在奧羅拉用一根卸胎棒脅迫一名十六歲女孩上他的車。載她到一處僻靜的地點，用皮帶繞住她脖子，強暴她，然後再送她回家。他把他的名字告訴了她，但她害怕到不敢報案。等到她終於報案的時候，她只記得他的名字和他姓氏的第一個英文字母。

杜根最後一次的邪惡行為是綁架、強暴、和殺害小梅．A。

六月十八日，搜索開始的十五天後，小梅的屍體被發現，立刻送到華盛頓特區的實驗室進行一連串的鑑識檢驗，包括纖維、毛髮的搜集和精液的ＤＮＡ分析。最後確定杜根涉案，因為從他的睡袋裡蒐集到小梅的毛髮，而且他寄宿公寓的地板上有一坨泥土跟屍體所在的溪邊土壤完全吻合。由於當時是一九八〇年代，ＤＮＡ技術還不被完全採信，不能作為證據使用，所以是做了兩次鑑識檢測來確認毛髮和土壤樣本的吻合度。法醫懷疑小梅是受暴致死，可能在被綁架後的一個小時內就身亡了。杜根最後被起訴和判刑，但因同意認罪殺害了小梅和唐娜．史諾而得以逃避死刑。在認罪協商期間，他沒有為他的罪行提供任何真正的解釋，只承認：「可能只是為了性，但我也不知道原因。我希望我知道我為什麼要殺了那些女孩。我希望我知道我為什麼做了這麼多事情，但我不知道。」

杜根的案子是我第一次在場見證殺人犯的行為所衍生出來的創傷。我跟小梅的家人聊過，跟她的朋友們聊過，也跟奧珀還有她的父母聊過。不過這個經驗已經不只屬於個人範疇，它也逼著我重新思考自己該如何著手處理罪犯人格研究以及我未來的個別調查作業。它讓我明白，杜根和其他像他一樣的人，其實通常是無法解釋自己為什麼要殺人的。他們沒有答案。但這不表示他們的行為欠缺起因。他們殺人是有原因的——而我要找出那個原因。

第七章　被害者研究基本準則

我在ＢＳＵ服務期間，只要一有空，都會在ＦＢＩ國家學院開性侵被害者研究的講座。對我來說，把這種資訊傳遞出去是一件很重要的事，對探員們來說也似乎很重要。而且這是一個可以在剖繪作業研擬過程的關鍵時刻進行推廣的難得機會。當時是一九八〇年代中期，犯罪剖繪在被忽略和擱置了幾年之後，又突然被公認為犯罪調查的一種有效工具，每個人都想看到它的實際作用。問題是在我們ＢＳＵ這個小團隊以外，沒有任何執法團體有足夠的專業或知識懂得如何利用這門技術來發揮預期效果。當時我們就是這門技術的唯一代表，雖然我們的目標是打造出一套標準化的剖繪流程，好讓其他探員可以輕鬆學會，但是我們還沒辦法做到。我們還在逐案改善我們對犯罪剖繪的瞭解。

這也是為什麼講座很重要的原因，尤其當聽眾是年輕探員，他們認為憑直覺以及拼命三郎的工作態度便足以搞定一切。這個族群沒有興趣去探討心理學、行為、或者連環殺手的深層思考模式。他們只想展開行動。但是這些調查人員正是最能受惠於犯罪剖繪的一群人。他們肩負的任務就是要面對和處理全新類型的暴力，是比總局所見過的案件還要陌生、混亂、不合常理的類型。他們正在進入一個全新的競技場，那裡的犯罪行為已經改變。這不再是簡單的警察抓強盜的遊戲。新的調查人員越快瞭解到這一點，就越能盡快做出有利於自己的布局。但是他們必須先看到這其中的關連性。

於是我配合他們所理解的方式來與他們溝通。

我利用真實世界裡的個案和成果來逐步展現犯罪剖繪的運作。我解釋了約翰·朱伯特在年輕男孩身上的啃咬和儀式性切割動作、大衛·麥霍弗留下紀念品的病態習慣、蓓娜黛特·普羅提的強迫性思考模式、以及布萊恩·杜根的暴力成長背景等這些特徵的重要性。但基本上我都會談到被害者研究——亦即從被害者的角度來分析犯罪的一種方法——至少在那個時候，這是一個仍未被充份利用、但可以深入洞察殺人犯心理的方法。這也是我在做性侵案研究的期間逐漸精通的一門學問，亦是罪犯側寫裡的一個重要元素，BSU的探員們也都把我這門專業視為獨特的優勢。

「今天的講座有一點不一樣，」我當眾宣佈，同時望向三十幾位坐在匡提科講堂裡的探員。「重點還是擺在被害者背景研究上。但是不像之前那幾堂課，今天案子裡的被害者還活著。如果調查人員可以跟被害者對談和提問，請教她的身份和為什麼會成為目標，這一定會有很大的幫助，讓案子比較好辦一點，對吧？」

年輕探員們全都點頭附和。

「可是過去的經驗告訴我們這並不盡然，」我說道。「這裡有一個新的挑戰有待你認清。讓我給你們一個例子。如果被害者可以對整個攻擊過程裡最原始的細節做出思索和描繪，卻不記得那天有沒有下雨？或者要是他們可以描述出凶犯鞋子的品牌和明確的顏色，卻怎麼也想不出來攻擊的確實地點？接下來該怎麼辦？你會相信他們嗎？你相信他們的說法嗎？」

我不指望任何答案——當然我也得不到任何答案——但讓他們理解這些問題是很重要的。我要這些探員面對自己的偏見，不管那些偏見可能是什麼。於是我故作忙碌地翻著紙張，假裝在看其中一份文件，然後又把注意力放回講堂上。

「這就是我們今天要討論的主題，」我打破不安的沉默，這樣說道。「被害者仍然活著的案子之中所牽涉的被害者研究。我們要說的例子是費城郊區車站（Suburban Station）地窖裡的多重暴力性侵案。我們先概述一下，然後再分析細節。這起案子的被害者是一名叫做波琳

（Pauline）的女子。」

波琳是在一九七六年六月一個星期四的下午被攻擊的。當時正值正午的交通尖峰時間，她在郊區車站換乘列車。那時她才剛購物完，是最後一名踏出地鐵列車的乘客，腦袋裡還在想著一長串回到家後得做的家務，這時突然間覺得自己被猛力往後拉扯。她回頭一看，以為是自己的皮包被車門夾住，可是當她轉頭時，竟被一隻戴著手套的手摀住嘴巴，同時有條手臂緊緊箍住她的腰。她想尖叫，可是發不出聲音。她試圖掙脫對方，但那個人抓得太緊。乘客在她四周交錯移動，似乎都沒注意到——那是完完全全的旁觀者效應。波琳無助地被拖著穿過繁忙的月台，步下樓梯，進入車站的地下室。

那裡很黑，空氣明顯冰涼，她失去方向感，被對方強壓在粗糙的地板上。攻擊者單手脫掉她的內褲，另一隻手仍牢牢按住她的嘴，她雖然大喊救命，但聲音完全被蒙住了。她被對方壓在地板上用手肘推擠、撞擊和毆打，然後遭到強暴，過程中列車在頭頂上方來來去去地尖聲呼嘯。她始終沒有看到歹徒的臉。

我在攻擊事件不久之後，就參與了這件案子。當時是一九七〇年代末，我在性侵案研究做出的早期成果已經為我建立起名聲，成為這方面的少數專家之一，也就是說我的證詞在法庭上是有份量的。在這件案子裡，波琳的律師安排我對波琳進行一種可作為呈堂證供的精神鑑定，衡量這起事件對她人生所造成的影響。我一開始先跟波琳籠統聊了一下她的興趣和背景，以便針對她的性情和特質建立起一個基準線。然後我再轉換話題，問到那次的攻擊事件。她先是遲疑了一下，才小心翼翼地敘述起那件事——敘述過程中，她緊緊夾住膝蓋，不停地前後微微搖晃身子。她描述地下室的地板很冰涼，有閃閃發亮的碎玻璃，還聞到像醋一樣的氣味。她說她到現在都還聞得到。每次回想起那天，那股可怕的氣味就會灌進她的腦門。

隨著越來越多的記憶浮現腦海，我看得出來波琳開始情緒沮喪，於是我重新導引話題，問她攻擊事件之後她的生活應對。波琳說她發現自己變得越來越深居簡出，越來越疏遠家人和朋友，還說她其實沒怎麼吃東西，也不太睡覺。每次她夜裡閉上眼睛，就會夢到那隻戴著手套的手摀住她的嘴。她害怕獨處，但又覺得在別人面前自己被孤立。金屬碰撞的聲音——鍋子磨擦廚房爐灶的聲音、鬆脫的門鉸鏈轉動的尖銳刺耳聲——都在在提醒著她在幾英尺深的地下室裡被人強姦時，列車正在進進出出車站。她經常反覆回播這段記憶。她說她討厭想到這件事，但是有些細節她必須記住，它們就像是萬花筒裡各種令人迷惑的形狀、顏色、和聲音那樣淹沒了她的腦袋。但是她必須搞清楚這些記憶，日子才能繼續過下去。她必須面對曾經發生的事。她必須拿回掌控權。但是她討厭回到過去，討厭再聽到那些聲音、再看到那些景象、再聞到那種可怕的味道。

「我要說的是，」我跟探員們解釋，「被害者對這類感官細節的記憶往往異常清楚。它們栩栩如生，被完好地保存下來，原封不動。可是在波琳這件案子裡，當我問她那天的一些周邊細節時，譬如天氣如何、或者車站裡看得到的標識，她卻是一頭霧水，有時候想起來的細節也根本不正確。但這種對某些細節記憶的無能為力並無法否定這個人的可信度。事實上，在波琳這件案子裡，她對自己所知道的事和不知道的事都會公開承認。這裡的重點是，這只是大腦處理創傷的方式。它是一種普遍存在的應對機制，無論當事者是戰場上的士兵、意外事件的倖存者、還是暴力犯罪的被害者都一樣。你的責任是在跟被害者談話的時候，先認清這一點，並明白這類心理機制。你的工作是把這些混亂加以整理，釐清犯罪行為。」

「我有個問題，」一名坐在前排的探員舉手發問，「你怎麼知道你可以信任誰？誰只是在騙你？比方說，要是這整起事件都是他們杜撰出來的呢？」

「這應該是你們最不用擔心的事，」我回答道。「我建議你們不要有預設心理，這種預設絕對弊大於利。只要忠於真相，一定可以做得更好。在創傷經驗的案例裡，真相通常都已經被證實得差不多了，而且很明確。創傷會導致大腦三個部位的崩解：前額葉皮質，它負責專注力；大腦的恐懼迴路，它負責將注意力轉向或移離創傷來源；以及海馬體，它會負責把各種遭遇編碼成短期和長期記憶。創傷會破壞這些功能的穩定性，造成鮮活的記憶和支離破碎的記憶這兩者的混雜和難以捉摸，不是對這起暴力事件的記憶完全空白，就是對暴力事件周邊細節的記憶完全空白。正是這種亂糟糟的知覺和經驗儲存方式，造成被害者有時候聽起來很讓人摸不著頭緒。重要的是你必須知道如何架構你的提問內容。」

另一個人在講堂後方站起來。

「所以要相信他們所記得的那些細節是對的？還是說他們也會搞錯那些事情？」這名探員問道。「我是在想這對剖繪可能會帶來什麼樣的問題。」

「我知道這給人的感覺很違反常理，」我說道，「但那些細節是你所能取得的最可靠資訊。你們必須瞭解，最基本的一點是，被害者記得的多半是那些很偏狹、很生動逼真的感官細節，譬如列車的聲響、地板的冰冷觸感、戴著手套的手……這些都很有限，因為那是大腦自我保護的方法。它其實是在自我防備。這是一種阻斷創傷的方法，用不多的具體細節去掩飾這個經驗。但那些細節都是真的。它們只是在某種層面上被放大，目的是要擋住那件惡行。」

講座繼續進行，我看得出來有些探員能跟上我的談話，有些則有點恍神了。我不怪他們。暴力心理學本來就不是易於取悅大眾的主題。它無法媲美一場成功的突襲或高速追逐所帶來的腎上腺素飆升快感，也無法帶來那種即時的滿足感。更何況，探員並不習慣在被害者身上花太多心思。他們的心態比較像是獵犬，所受的訓練都是為了鎖定殺人犯的氣味，全然專注在那個單一目標上。但這都無損案子裡頭心理元素的重要性。因為當我們的方法奏效時——當探員們帶著僅有的粗略資訊齊聚一堂，設法形塑出一份完整的剖繪，對於案情突破起了重要作用時——那種感覺會很棒。我們破了別人破不了的案子。而被害者研究正是我們所握有的最佳工具之一。

我試圖用僅剩的最後幾分鐘來盡可能說清楚。

「聽我說，你們每一個人終究會碰上一件光是專注在犯案者身上仍嫌不夠的案子。他們可能太聰明、太小心、或者太如何如何……以致於你抓不到他們。這時你們就需要退回一步，採用不同的方法，被害者研究便可以派上用場。它能解釋為什麼某個被害者會被鎖定。你會觀察到被害者的生理和心理特徵、他們跟犯罪者的可能關係、以及他們在被攻擊時的當下弱點，然後你會開始明白為什麼犯罪者會挑中他們而不是別人。

「波琳是在尖峰時間被鎖定，那時人們都在忙著換乘列車。車站裡的每個人都專注在自己的下一班列車上。犯案者知道當時的情況會如何，於是計畫犯罪，因為到時車站會很擁擠繁忙，而混亂的場面可以幫他掩蓋。他的動機是性。他要冒的風險很高，而她所承受的風險很低。他犯案時有很多目擊證人，但旁觀者效應發揮了作用。

「這些都是被害者研究裡頭的枝枝節節，可以說明犯案者的動機。在分析過被害者和動機，以及你針對這起犯罪所收集到的所有檔案之後，你就可以開始縮小犯罪者的明確特徵。你可以把嫌犯人選縮減到最精簡，逐一削除名單裡的壞蛋們，直到剩下一個最明顯和最明確的。因為歸根究底，這就是被害者研究的功用——它像一面鏡子，會照出這樁罪行裡的行凶者。」

那件郊區車站的案子其實還有很多後續，我沒跟探員們分享。我必須小心一點，以免他們承受不了，更不想害他們對性暴力的現實面變得麻木。但在此同時，我也知道得讓他們做好準備，才能面對未來幾年一定會見到的各種可怕案例。就這個角度來說，講座是一種平衡的作用。從被害者研究的層面來說，我覺得波琳的故事已經把我的論點說明得夠清楚了。再說，郊區車站的這件案子，後來的發展對我來說實在是難以想像。我不確定這些探員會怎麼回應。

第一起性侵事件過後，又過了幾個月，波琳的律師亨利．費茲帕特里克（Henry Fitzpatrick）下到車站地下室，隨行的還有一名攝影師，目的是想拍攝幾張犯罪現場的照片，為即將來臨的審判作好準備。地下室是當地通勤線地底下的一個子系統，很是幽暗僻靜。那地方很熱，光線很暗，空氣裡有很多粉塵，費茲帕特里克花了好一會兒功夫才恍然大悟自己在黑暗中瞇眼盯看的那坨東西竟然是一個女人的軀體，她就光腳躺在他面前。費茲帕特里克動也不動地站著，直到眼睛適應了地底下的光線，才勉強看出女人的胸口有微弱的起伏。她看起來年紀不大，可能三十幾歲，穿著很講究，是兩件式的海軍藍套裝，在她身體右側有一只磨損的棕色皮製公事包。攝影師將相機裝上鏡頭，撳了按鈕，對著現場打燈。費茲帕特里克這才看見地上有一個沃納梅克百貨公司（Wanamaker）的紙袋。他看到這女的躺姿很怪，還看見她的臉部和手臂四周有多灘血跡。上方月台的腳步聲此起彼落地迴盪。攝影師開始拍照，地道在閃光燈的照射下瞬間通明。

第二名被害者奄奄一息。費茲帕特里克撥了九一一報案，救護車很快將她送進傑弗森醫院（Jefferson Hospital）的加護病房。這場攻擊證實了這是一種連續犯案，只不過她所受襲擊的殘暴程度更甚於波琳的遭遇。被害者瓊安（Joan）是一名律師，住在上達比區（Upper Darby），有一個十歲女兒。她被毆打和強暴，頭部被多次撞擊在車站的石板地面上。她陷入昏迷，需要多次手術。護士密切照護，但幾個禮拜後仍無起色，於是他們錄了瓊安女兒的說話聲和歌唱聲，每天播放給她聽，直到瓊安開始有反應為止。瓊安四十二天後甦醒，但攻擊事件害她腦部永久受損、身體半癱。她一直在問她母親什麼時候來看她。每次護士提醒她幾年前她母親就過世了，她就會崩潰大哭。

瓊安不像波琳那樣深受性侵創傷記憶的困擾，因為她的大腦受傷，完全記不起來當初發生什麼事。她決心努力找出答案，但因為她的記憶喪失是不可逆的，無法上法庭作證，於是被否決。但波琳可以作證。不管她被偷走的是什麼，她都可以奪回來。就我所知，她在對質攻擊者時所展現的那股勇氣（哪怕當時仍深受強暴創傷症候群的影響）才是她故事裡頭的重要關鍵，甚至比新探員能從她案子裡所學到的被害者研究方法還要重要。

儘管所有跡象都指向波琳和瓊安這兩起案件是有關連的，但費茲帕特里克還是讓它們分別審理。調查人員找不到波琳遭到攻擊的目擊證人——車站沒有攝影機，保全人員宣稱他們在波琳所聲稱的那段時間內並未看到任何可疑人士。於是費茲帕特里克以非法入侵對郊區車站的業主聯合鐵路公司（Consolidated Rail Corporation）提起訴訟，將波琳的案子推進司法制度裡。該公司提出一個小和解案，但很快遭到拒絕，最後這件案子終於進了法院。

審判當天，波琳出庭作證，用細微短促的聲音表明她被攻擊時所經歷到的一切，以及她覺得自己有多孤立無援。她把事件從頭到尾都說得很清楚。她向一屋子的律師、陌生人、和媒體人士說出她生命中最原始和最脆弱的細節。對方立刻展開常見的反覆詢問——這在強暴案審判裡尤其常見——目的是要讓波琳的可信度受到質疑。他們問她犯案者的衣著、車站內部看得到的細節、以及當天的天氣和其他周邊的細部環節。波琳在某些點上出現困惑，無法正確想起一些細部內容。每次犯了錯，辯方就在陪審團的面前當場糾正她，趁機將波琳描述成一個不可靠和不誠實的人。然而辯方沒有解釋的是，波琳給的答案跟她的可信度完全無關，那些答案只是反映出人類大腦對創傷情境的處理方式。辯方很清楚這一點。他們知道世人對記憶運作方式的無知，關鍵性地導致了強姦罪成為這世上最常得到無罪開釋的罪行。但是他們不會讓你們知道。我想你們可能會說他們只是在做好自己的份內工作。但我也很快有了機會來做好我份內的工作。

等輪到我以專家鑑定證人的身份出庭作證時，我清清楚楚地闡明性侵被害者的記憶儲存和回憶背後的心理學推論。我解釋道，對任何經歷過創傷處境的人來說，記憶的空白或破碎都是很正常的，不管當事者是士兵、意外事件的倖存者、或性侵被害者都一樣。它是大腦的運作方式。無論記不記得住細節，這個經歷永遠都存在。對波琳來說，就像其他很多人的案例一樣，這場攻擊徹底改變了她的人生。她無法回去工作，無法搭乘大眾運輸工具，無法照顧自己的孩子，也無法單獨外出。寄望當事者對他們的創傷有完整的記憶是不合理的，它所造成的影響才是重點所在。

陪審團判給波琳二十五萬美元的賠償金，以及五十萬美元的損害性懲罰賠償。這項判決被審判法庭隨後採用，還納進十一萬五千兩百零八點二九美元的誤期損害賠償費，也就是總賠償金七十五萬美元從一九七九年十月十六日到一九八一年四月二十九日的年息總額。聯合鐵路公司向最高法院提起上訴，最高法院給的判決是酌減（降低）誤期損害賠償費，但這項判決被波琳後來的上訴結果給推翻。

波琳個案的成功讓費茲帕特里克得以將注意力轉向第二名被害者瓊安。警方在這個案子裡確認了一名嫌犯，他對當局來說是知名的累犯，曾於一九七七年在地下鐵的大廳強暴過一名婦女，並因這項罪行服過很短的刑期。但過去幾個月又再因強暴被定罪，這次對象是十九歲的天普大學（Temple）學生，案發地是在郊區車站的月台底下。

檢察官靠一名女性目擊證人的幫忙才得以將瓊安的案子交付審判，這名證人描述在瓊安失蹤當天，自己曾親眼看到那名嫌犯挾持一名女性步下樓梯，進到郊區車站的地下室裡。

「不知道什麼原因，可能是出於直覺吧，我開始四處張望，」證人說道。「結果看見一個男的和一個女的站在電扶梯門的旁邊。他們兩個貼得很近，我還在想他們在那裡做什麼。」證人說她才剛從進站的列車下來就看到了那幅畫面。「我看見他們走下樓梯。我不知道要怎麼辦。我怕得要死。」她試圖求援，但找不到任何人幫忙。「我走回那道樓梯，彎腰去看，結果看見這張臉正瞪著我。我嚇到不敢動彈，他沒料到會看見我。他走到右邊，於是我看到他的側臉。我還看見那個女的腳癱在那裡，沒有穿鞋。我看到的就是這些。我只看到她的腳和腿。」

證人被問到她看到的那個人有沒有在這個房間裡。

「那個男的就在那裡，就是那個被告。」她說道，同時指著被告席。

但儘管有這段證詞，嫌犯還是被宣判無罪。當時追蹤這起案子的人都十分震驚，現場就能聽到好幾個人嚇得倒抽口氣。檢察官匆匆離開審判庭，無視媒體要他發表評論的請求。只有被告和他的辯護律師臉上出現笑容。

不幸的是，這種審判結果並不令人意外，它完全吻合全國各地眾多的強暴案審判常有的模式。部份原因是性侵緊急驗傷那時還不夠普遍，ＤＮＡ檢驗要到好幾年後才出現。再加上性侵都發生在偏僻的地點，可靠的證人往往都被排除掉。但更大的真相是，強暴案通常是一男一女的說詞互相對抗。而在一九七〇年代末，女性被認為是不可靠、情緒化、不值得信賴的，這意味著在類似的案件裡，陪審團鮮少站在被害者這一邊。

第八章　面罩底下

我的被害者研究講座授課完後，哈茲伍德到我在防空洞的辦公桌那裡找到我，問我有沒有時間聊一下那件巴頓魯治（Baton Rouge）的新案子，因為他應要求要去進行剖繪。那裡的當地警方正在調查一名強暴犯，涉及了遍集好幾個州的數十起犯罪活動。哈茲伍德想要聽聽我對犯罪者的一些異常行為的看法。

「這傢伙是個怪胎，」哈茲伍德說道。「他只在晚上八點到凌晨一點之間侵入民宅，而且只挑沒上鎖的門或窗戶。好吧，這部份可能沒有很怪，但真正奇怪的是他玩弄被害者的手法。他一開始會先安慰被害者，再強暴他們，而且不管屋子裡還有誰，都會強迫對方在旁邊看——媽的，真是個王八蛋。」他頓了一下，讓自己鎮定下來。「不好意思哦。我的意思是——我只是想試著更瞭解我們正在處理的罪犯類別，這樣我才能把這個案子建立起來。」

哈茲伍德總是盡量把我當其他同事一樣對待。但因為我們工作中所面對的殘酷畫面，難免會有些情緒出現，有時就會害他脫口罵出髒話。然後他就會很慌張，意識到自己在一位女士面前失言爆粗口。他的性格就是這樣。他在跟我討論一些極端暴力的行徑時，都會試著用一些很客套的想像性文字，哪怕我已經跟他說過很多次別再來這一套。其實不只有他，幾乎FBI的所有探員都是這樣小心對待我。就連芮斯勒和道格拉斯偶爾也會對我表現出這種小心翼翼的微妙態度。但是哈茲伍德的謹言慎行方式又有點不太一樣，就好像是在用某種方法保護我——可能是因為當初是他把我帶進這個團隊。所以當他把整份檔案攤開，開始列舉這起案件的相關事證時，他不免遲疑了一下，然後才勉強放輕語調，分析其中一些詳盡的細節。

「報紙稱他是滑雪面罩性侵犯，」哈茲伍德繼續說道。「我想你應該想像得到這個稱號所為何來。他身高超過六英尺，骨架很瘦，黑髮，通常會帶著一把刀或一把槍。他會把被害者綁起來，當著屋子裡其他男性的面強姦她們，有時候還一邊奚落這些男的。然後他會把被綁的被害者留在原地，轉身冷靜搜括屋內的電視、音響、或其它有價物品。」

「等一下，」我制止他。「他所有的被害者身邊都有男性目擊證人嗎？」

「沒有，最近幾次的犯案才有，」哈茲伍德說道。「這傢伙犯案以來，手法有了相當大的變化。他不像我以前見過的犯罪者。雖然是同一個人沒錯，但感覺就像他已經進化成另一個完全不同的加害者。這也是為什麼我需要你的協助。我希望在我把這案子攤在團隊面前之前，可以先找到一些觸發點。」

哈茲伍德希望我提供一些獨到的見解，這樣的請求在BSU的探員之間很常見。團隊裡的每個人都在某特定領域有獨特的專業知識和經驗。以滑雪面罩性侵犯的案子來說，我對性侵被害者和暴力犯罪者這兩者都有研究，這樣的背景使我成為合適的諮詢人選。哈茲伍德認為我最有資格為他解惑。

「這傢伙涉及了幾十件案子，」哈茲伍德說道，「不過我覺得查看他最初的五件案子、中間五件案子、和最後出現的五件案子應該就足以看出他的進化過程，合理吧？」

我專注地看著照片裡一名中年婦人，乳房表面都是黑紫色的瘀青。

「這案子很殘暴。他會發狠不停搥打被害女性的乳房，」哈茲伍德咕噥道，同時伸手想取走我手裡的照片。

我撥開他的手。「洛伊，別再覺得對我不好意思，我不需要你來幫我隔絕那些不堪入目的細節，這只會拖緩作業進度。這些都是資料。我們先來搞清楚這些東西好不好？」

哈茲伍德點點頭。「好吧，我們所知的情況是這樣。先從最起初的五名被害者說起，這傢伙只是很普通的性侵犯，他會闖進獨居婦女的屋裡，先向她們保證不會受到傷害，然後用她們的衣服把她們綁起來，從陰道強姦。現在快轉到中間案件的五名被害者，這時候的他已經會使用手銬，而且變得更具侵略性，他會強迫肛交或口交，有時就當著家人的面，也有時候會在同一個案子裡性侵不只一名女性。再快轉一次，最後的五起案件顯示出他已經變得侵略性更強，就像你看的這張照片一樣。」哈茲伍德示意那張被我擱在桌上的照片。「他不斷捶打她的乳房，同時還奚落辱罵她的丈夫。很怪，對吧？你有什麼看法？」

「我覺得他是從最初期的被害者身上追逐快感，」我說道，「這一點很清楚。後來他必須更暴力一點才能達到同樣的快感，但動機並沒有改變，他一樣是想從性侵裡頭獲取控制權。」

「有道理，」哈茲伍德附和道。「但我不懂的是在被害者的男性伴侶面前逞兇的那部份。這是怎麼回事？」

「這是權力的展現：控制加羞辱，」我解釋道，「他需要一個觀眾或旁觀者，這說明了這名性侵犯過往人生裡的某些心理因素，暗示他有過創傷經驗。這種儀式性的行為根植於小時候曾經旁觀、目睹、或者親身經歷過虐待。」

「你覺得他會慢慢演變成下手殺害對方嗎？還是這不合儀式？」哈茲伍德問道。「這是警方目前很擔心的事。」

「儀式可以隨著加害者越來越脫離現實而出現改變。」我說道。「所以沒錯，他有可能做出殺害對方的舉動。但這裡一定要區分清楚，殺戮不是他的主要動機。這傢伙正在重溫他以前的經驗。他只是按下了那個開關。現在有掌控權的人是他了，他想要確保別人都看得清清楚楚。」

接下來那幾天，迪蒲主任安排我出差到路易斯安那州，跟負責滑雪面罩性侵犯案子的專案小組碰面。我們的計畫是，由我出面跟被害者還有當地警方談一談，盡量收集資料，好加快速度逮到這個討厭鬼。當時整個社區人人自危，不明嫌犯的犯案頻率越來越高，更雪上加霜的是，媒體報導竟然還說滑雪面罩性侵犯的逃脫能力高超，總是能智取當局。哈茲伍德尤其想快點破案，因為這件案子的ＦＢＩ負責人是他。

我才下榻飯店，電話就響了。

「嘿，安，還好嗎？」哈茲伍德問道。

「我很好。我才剛進飯店，我正要去……」

「太好了，」他打斷我。「聽我說，我需要你從被害者那裡收集不明嫌犯犯案行為這方面的資料。當我們開始剖繪這傢伙的時候，這資料會很重要。」

「你的意思是什麼？你是認為性侵案和性虐殺這兩者的剖繪方式不一樣嗎？」

哈茲伍德太專注於他想告訴我的事，以致於完全沒聽進去我的問題，只是自顧自地說。他有時候就是這樣：過度專注到一個地步，就完全迷失在自己的思緒裡。但我知道他最終還是會回到這個問題。於是我繼續聽他說。

「我認為辦這件案子有三個基本步驟，我們一定要做到，」他說道，「第一就是從被害者那裡取得性侵犯在行為上的明確資訊；第二是分析他的行為，確定性侵的潛在動機；第三是假設可以從他的行為裡看出動機因素，我們就可以描述出這名犯罪者的特性。」

「等一下，」我制止他。「我需要一支筆。」

哈茲伍德給了我一點時間寫下一長串他想要我問的問題。有些問題是跟不明嫌犯的行為有關，譬如：他是用什麼方法找到被害者？他的控制方法是什麼？他對被害者所承受的痛苦作何反應？其它問題則跟被害者的互動有關：被害者會被逼著要開口說話嗎？她們被迫做出什麼樣的性交動作？她們做了什麼事造成加害者的態度改變嗎？還有些問題是為了想查清楚不明嫌犯的特徵：他有性功能異常的問題嗎？他有使用什麼預防措施來躲避偵查嗎？他在犯案現場有帶走或留下任何東西嗎？

顯然，哈茲伍德在腦袋裡已經對這件案子有了一個具體的辦法。他似乎把絕大多數的賭注都押在倖存目擊證人的看法上，而不是犯罪現場的分析和警方報告。但是為什麼他會做出這樣的決定、以及他怎麼會認為這能影響剖繪流程，我就不確定了。我唯一能想到的就是，他曾聽到我在被害者研究講座裡提到的一些事情，他很感興趣，想測試那套理論，看看它的實際作用如何。

結果那一趟出差，我跟五名被害者碰了面。她們都很恐懼和痛苦，尤其是那兩名當著家人的面被性侵的婦女，但是她們都努力地盡量說出自己的遭遇。我發現她們全都有明顯的性侵創傷症候群症狀。她們說她們有種麻木的感覺，或者覺得心已經死了，還說她們的胃一直很不舒服，經常做又被強暴的惡夢，而且害怕可能得了愛滋病。待在小空間裡會令她們恐慌，很怕看見深色衣物，經常擔心性侵者可能再回來。這五名婦人都很擔憂她們和朋友及家人的關係。

就在我一邊仔細思索不明嫌犯這些不尋常的行為，將它們寫進報告裡，竟然接到了迪蒲主任打來的電話。

「安，我是迪蒲，出差還好嗎？」

回答之前，我仔細思索了一下。除非有什麼要事，否則迪蒲從來不會打電話關心你的出差怎麼樣。「我們從被害者那裡收集到一些還不錯的資料，」我停頓了好一會兒才這樣說道。「你聽到了什麼消息嗎？」

「有啊，警察局打了一通緊急電話給我，說有個女的冒充FBI探員。我就跟他們再三保證你是我們的人，是在進行BSU的正式訪談。」

「謝謝你。」我說道，但其實不太清楚這是怎麼回事。

但迪蒲只是大笑。「路易斯安那州畢竟不是華盛頓特區。當初我可能應該更清楚明確地告知對方，我派過去的是一位女性同仁。我下次一定會記住。好了，你去忙你的報告，我不想再讀到任何新聞說這傢伙有多聰明了。」

大概一週後，哈茲伍德帶領一群探員針對滑雪面罩性侵犯展開正式的剖繪，並確保我也與會。我們現在已經有一套標準流程可以遵循，我們會先看警方報告，再研究犯罪現場的照片，然後討論犯罪者的動機和模式。哈茲伍德也有確保我們先前的談話記錄、以及我從路易斯安那州出差回來所提出的分析報告都有被納入。他也要求我為幾位被害者聲明內容的有效性提供背景說明，因為哪怕是經驗老到的探員都有一些偏見得克服。不過哈茲伍德後來沒有自己整理資料和製作犯罪者剖繪，反而要求大家以團隊身份合力協作。他還特地要求我們把這份評估分成兩個截然不同的部份去做。

第一部份是透過我們的傳統剖繪方式進行，描述不明嫌犯可能的人口統計特徵、背景、和性格。那時候我們已經把這套流程練得很熟悉，所以沒花多久就寫完。以滑雪面罩性侵犯來說，我們根據他作案以來從未被逮的記錄，將他歸類為三十歲上下的未婚男子。他的跋扈行為顯示出他這個人很有自信，視自己為男人中的男人。此外他很小心細節（會在侵入民宅之前，先切斷電話線），是一個完美主義者，也因此我們推論他把自己的體態保持得很好，會觀賞或從事體育活動，外觀總是打理得很整齊，可能會把這種陽剛氣概多少投射在他的穿著和浮華的車子上。他的閃躲功夫和他在各州之間移動的頻率（有鑑於不明嫌犯的這種習慣，我們稱他為四海遊俠）顯示出他受過教育，而且曾在軍中服役，很可能是在海外。

至於報告的第二部份，我們決定釐清滑雪面罩性侵犯的心理構造（psychological makeup）。這部份就比較棘手一點。我們好不容易才找到一種知名的罪犯類別，足以吻合案件裡的相關事實，這大半源於他的犯罪行為有不斷演化的特徵。因此我們參考以前的案子，大多數來自於連環殺手研究，然後將這名犯罪者界定為正在從權力擅斷型（power-assertive）（這名滑雪面罩性侵犯的初期犯案顯示出他需要投射出一種強而有力的陽剛氣概）轉變為帶有怒氣和暴力加劇的報復型性侵犯（vindictive rapist）。暴力正在慢慢成為這名犯罪者儀式裡的一個重要部份。他不是把暴力當成工具用來壓制被害者的抵抗，而是把暴力當成娛樂。說到底，滑雪面罩性侵犯在攻擊裡所展現的侵略性已經越來越強。他正在變得更危險、更喜歡施虐、也更自信。他正在改良他的作案手法（modus operandi），一步步接近他試圖再造的某種理想境界。而且他顯然逐漸屈服於那股殺人的誘惑。

哈茲伍德把這份剖繪呈交給轄區內曾遭不明嫌犯肆虐的眾多警察單位，警告他們留意任何吻合此描述的人。那年十月，一名駐點在剛薩雷斯（Gonzales，就在巴頓魯治的東南邊）的路易斯安那州警察正在某住宅區附近巡邏，留意到那裡停了一台可疑車輛，是紅色的龐帝克Trans Am。同一天晚上，就在大概同一個地區，警方接到報案電話，說一名蒙著滑雪面罩的持槍歹徒闖入一位婦人的屋裡，屋內共有三位女性。他把她們綁起來，輪次強姦時還強迫其他兩人在旁邊觀看。事後，不明嫌犯搶走她們的個人財物，又偷走她們的其中一輛車，加速駛離，消失在黑暗中。駐點在剛薩雷斯的那名警察從無線電裡頭得知消息時，直覺回到當天稍早他看到的龐帝克車停放處，結果那輛車已經不見，反而是被害者被偷的那輛車停在那裡。那位警官還在車子旁邊發現一雙被棄置的男性手套，完全吻合被害者在報告裡的描述。

案子進展得很快。調查人員發出一張地區性的ＢＯＬＯ（警戒單，to be on the lookout的縮寫）搜索那輛龐帝克。等到警方下次再度看到那輛車時，迅速查到車牌，證實了車主身份：三十一歲的喬恩．貝利．西蒙尼斯（Jon Barry Simonis）。感恩節過了一週後，西蒙尼斯在路易斯那納州的查爾斯湖（Lake Charles）被逮捕，當時他正拿著一袋麵包和兩包香菸從一家便利商店走出來。他的被捕終結了為期三年的恐怖犯罪行為，他的犯行橫跨十二州，共八十一起案件，範圍從佛州到密西根州，再從路易斯安那州到加州。

ＦＢＩ為滑雪面罩性侵犯所製作剖繪在細節和範圍內容上完全精準，西蒙尼斯曾經是全路易斯安那州的高中明星球員，擔任四分衛，曾於一九七三年到一九七七年之間服役於陸軍。他的智商總分一百二十八（一般人的平均智商是九十到一百），體格始終維持得很好。但是他也有過一段受虐的成長背景，據信他曾親眼目睹他父親性侵他的姐姐或妹妹。他對女性有很深的憤怒，顯然是受到這個因素的驅動，因為他性侵的目的是為了貶低、貶損、和羞辱被害者，所以在行為上被界定為報復型性侵犯。他被逮捕定罪不但有其重要意義，也給了我們一個特有的機會，可以去深入瞭解大量犯案的暴力性侵犯其動機何在、以及他們的演化模式。西蒙尼斯是個絕佳的研究對象，原因在於他的自信、他對這些犯行有一人做事一人當的那種想法[1]，以及他習慣吹噓自己做過的事，藉此界定自身的本事。當然，他偏好用暴力

1 當西蒙尼斯得知，有另外一個人因為承認犯下西蒙尼斯也自承犯下的一起性侵案而正在服刑時，他很不高興，據說還說了以下這句話：「他幹嘛承認那是他做的？是我幹的啊！」

手段來令別人刮目相看的做法很令人討厭，但對我們的罪犯人格研究整體來說反倒是個好機會。西蒙尼斯有話要說。他想要別人進到他腦袋裡，才好重溫那幾段最暴力的經歷——他要找一個觀眾分享。窺淫癖（voyeurism）會強迫別人目睹最原始的細節，而這也正是西蒙尼斯腦袋裡部份的基本運作方式。而這也讓我們可以趁機利用他對掌控權的迷戀以及他的沾沾自喜來對連續犯案者有更深入的細微觀察與瞭解，這些收穫將遠勝於我們以前有過的資料收集。西蒙尼斯會成為一個研究個案，讓我們瞭解連環殺手的模式和行為是如何演化出來的。

為了全面瞭解西蒙尼斯的案子，我們決定在犯罪者剖繪和被害者研究兩方面上繼續追蹤。哈茲伍德和藍寧會對西蒙尼斯進行錄音訪談，我則負責跟被害者們會面，以印證他的說法。基本上，我們想要比較加害者的說法和被害者的經驗，藉由瞭解這兩方的觀點，來得知連續犯罪者的模式是如何在時間的推移下改變和演化。我們要追蹤從性侵升級成施暴、再從施暴升級到殺人的速度。但我們需要有兩造的說法，才能徹底釐清是什麼啟動了連續犯罪者逐步加劇的暴力行為。

身為探員的哈茲伍德和藍寧，可以毫不費力地進監獄訪問被判刑的罪犯。唯一比較麻煩的是，他們得先確定訪談本身的執行方式。總局曾特別訓練過每位探員，教他們熟悉各式各樣的訪談風格和原理：雷德技巧（Reid technique）是運用心理學的一些基本技巧來協助受訪者感覺自在地談論自己的犯罪行為；認知法（cognitive approach）是利用開放性的敘述方式與跟進式的問題來導引受訪者持續回憶犯罪行為；舉止神態法（kinetic method）則是為受訪者製造出壓力和緊張的氛圍，以便觀察他們的反應如何。但現在情況不同。西蒙尼斯有話要說。所以哈茲伍德和藍寧決定採用開門見山式的語氣和從容不迫的態度來訪談他。這有助於極小化情緒，讓對話內容盡可能不加修飾。此外他們也決定要丟幾個刻意誤導的問題進來，當作控制變數，但這些問題他們其實都已經知道答案。對話內容就是所謂的數據資料，探員們必須保持資料真實無偽，否則就可能扭曲結果，使得整場會面毫無效用。

「最後一件事，」我警告他們。「你們可以質疑西蒙尼斯對這些攻擊事件的記憶和詮釋，但絕對不要挑戰他的信仰系統。因為一旦你們去挑戰，他最後就只能一味否認，整個人瀕臨崩潰。」

一九八五年冬天，哈茲伍德和藍寧在路易斯安那州安哥拉監獄（Angola Prison）與西蒙尼斯會面，那是全美安全戒備等級最高的監獄。他們被帶進一間燈火通明的大型訊問室，牆面是仿木鑲板，正中央擺了一張上了漆的木頭桌子。穿著白色T恤、頭髮剪短、小鬍子修得很整齊的西蒙尼斯坐在桌子對面。身穿灰色西裝、打著格子領帶的兩名探員則坐在另一頭。探員們帶了錄影機，要是西蒙尼斯同意錄影，就可以派上用場。西蒙尼斯的作風向來不羈，很快同意錄影。

整場訪談先從最基本的問題開始。西蒙尼斯承認他是在十五歲的時候有了第一次的窗戶偷窺經驗，後來成了習慣。他會在半夜的時候在他們家附近偷偷摸摸地闖進民宅，四處偷窺，從未被發現，那時他並沒有犯下任何罪行。而這些逾矩的行為就像是為他日後的性侵所做的一種事前訓練。

西蒙尼斯後來解釋他第一次的性逾矩（sexual transgression）是發生在被派駐歐洲的服役期間，他曾在多名女性面前曝露私處。但那時候他還沒有攻擊任何人，只是會在很多場合裡想像這種事。有一次他回到美國，開始行搶婦女，目的只是單純竊盜。他喜歡它帶給他的那種掌控感。可是沒多久，偷竊行為就變得像是隔靴搔癢，不夠過癮。他開始考慮用性侵的方式來擴大這種權力在握的感覺。

「所以是什麼原因導致你做出第一次性侵？」哈茲伍德直接問西蒙尼斯。「有什麼特別的事件嗎？還是那一週有什麼特別的日子？你是一早醒來就知道你想性侵某個人嗎？」

「不是這樣，」西蒙尼斯堅稱道。「第一次一開始只是闖空門行竊而已。我進了一棟屋子，剛好撞見住在裡面的一位女士——我是那天稍早前從一家購物中心那裡跟蹤她回來的。撞見她之後，我就想讓她知道我才是老大。於是我搶走她的錢之後，就把她綁起來，帶她進臥室，要她幫我手淫。但是我硬不起來，我太緊張了。」

「好吧，」哈茲伍德繼續追問，「所以你就開始做那種事了。可是後來你在醫院任職，擔任實驗室技師，而且似乎做得還不錯。你曾經有對病人做過什麼性騷擾的事嗎？」

「有啊，有時候，」西蒙尼斯點點頭。「因為負責給他們鎮定劑的人是我，所以有時我會摸他們的胸部或什麼的。我的意思是反正現成的機會就擺在眼前啊，太容易得手了。我以前會看手術時間表，趁病人還在手術的時候拿對方的鑰匙去複製。然後我就可以隨我高興地進到人家家裡行搶或偷竊，或者強姦。」西蒙尼斯補充他有時候也會複製外科醫師的鑰匙，那就可以進到他們家去強暴或搶劫他們的老婆，事後再像玩遊戲一樣暗中觀察這些外科醫生有沒有洩露出什麼跡象表示他們已經知道自己的老婆被人強暴了。

「那男性呢？」哈茲伍德追問西蒙尼斯，故意刺激，想他有什麼反應。「你會叫他們幫你吹蕭嗎？」

「沒有，我從來不跟男性有性接觸。」

「沒有嗎？因為我們剛剛在談的時候，你講得有點快，聽起來好像你曾經雞姦過一個被綁在地板上的男性……」

「沒有，我不懂你為什麼一直問我這個。」

「好吧，在我的理解裡——我在這裡先搞清楚好了——你是雙性戀者，你喜歡跟男人有性關係。」

「我不知道你這印象從哪裡來的，」西蒙尼斯仍然保持冷靜地說道，「我想我可能在某種程度上有雙性戀的傾向，就像多數男人可能會有的性傾向一樣，可是說到要跟他們有實際的性接觸，我是絕對沒有。」

「沒關係，」哈茲伍德轉換話題。「你為什麼會變成要性侵和暴力毆打對方？怎麼會變成這樣？」

「我的犯罪行為後期，變得比較暴力，這是一種對女人的貶低方式，讓她們覺得自己被徹底主宰，」西蒙尼斯說道。「我的意圖是要讓她們感到恐懼，強迫她們做她們平常不會做的事。」

「你覺得你這個動機是從哪裡來的？」

「這有點複雜。我想是很多件事造成的。錢是一個動機，性是一個因素，我會突然有一股衝動，最後就會忍不住。我在看到女人時就會有這股衝動，它對我的控制力遠勝過於我對它的控制。」

西蒙尼斯繼續描述他在闖入民宅時所感受到的腎上腺素快感，並強調因為可能被逮到，所以性欲就更高昂。他稱這是貓捉老鼠的遊戲，他在遊戲裡不斷捉弄警方。他會去不同的州，還會更換衣著，並把舊衣物丟掉，避免留下證據，藉此混淆線索。

「光是進到一個屬於別人的地方，就能令我亢奮，」西蒙尼斯繼續說道。「任何一種非法活動，只要知道有被逮到的風險，就有興奮的作用。你可以說它是一種啟動的開關，但它帶來的亢奮度比性方面的還要高昂，它們有點像是不謀而合。」

「你對你做的事情會有罪惡感嗎？」

「我一直都有罪惡感，尤其是在射精之後，我會覺得很難過。」

「好吧，可是後來你為什麼變得那麼暴力？」藍寧問道。「你會掐住那些婦女，痛毆她們，存心傷害她們。」

「是啊，可是我還是為她們感到難過。我的意圖是……我意思是，」西蒙尼斯停頓一下，「這就是很奇怪的地方，我在那裡傷害別人，可是有時候我會做點什麼事情，來緩和她們的不適或痛苦，因為我不想傷害她們。這其實很矛盾，因為我在那裡是要讓她們痛苦的，但我又會盡量緩和一點。」

「你有為你做過的事情致歉過嗎？」

「有啊，但那也很不合理。我會轉過身去毆打其中一個人，然後又對另外一個被我強姦的人表示歉意。有時候我會人還不錯地跟她們聊天，但這很複雜，裡頭有很多因素是我無法理解的，我不知道我為什麼要做某些事情，為什麼要強姦人，為什麼要毆打人，為什麼要火去燙傷人，又為什麼對某個人很好，而不是對另一個人很好——我不知道。但我知道這不合常理。」

就在探員們訪談西蒙尼斯時，我也正在跟被害者們碰面。就像多數的連續犯罪者一樣，顯然西蒙尼斯也有他「偏好的類型」。被害者都是三十出頭或者再年輕一點的婦女，多數都可以被形容成很迷人的女子，而且大多富有，住在高級住宅區。有些已經結婚，有些有正在認真交往的伴侶，還有的是跟室友住在一起，多人同時遭到性侵。跟我會面的被害者得知西蒙尼斯已經被關起來，都感到如釋重負。但她們的傷疤還在。

有一名被害者告訴我，那天她跟她丈夫還有她女兒正打包行李要去度假，在屋子和車庫之間來回忙碌，把行李塞進車裡。突然這位母親發現她丈夫和她女兒好一會兒工夫都沒出現，於是走回屋裡查看他們在哪裡。結果一走進廚房，就被一隻手繞過脖子勒住，她感覺到她的太陽穴被冰冷的槍口抵住。她轉頭看見一名戴著黑色面罩的男子，口鼻眼的部位都有挖洞。對方用低沉的聲音喝令她脫掉衣服。赤裸的她渾身顫抖地被對方搓揉乳房，再當著她丈夫和女兒的面，被迫跟對方進行多種性行為，在冰冷的廚房地磚上遭到強暴。

在另一個案子裡，滑雪面罩性侵犯闖入一間民宅，驚嚇到一名十三歲的臨時保姆，他強逼對方為他口交。她隨後警告他，這是一名警官的家，心想這會把他嚇走，沒想到反而更激怒他。他面帶笑容地告訴她，他會等他們回來。大概一個小時過後，這對夫妻回來了，性侵犯強行用手銬將兩人互相銬住，再從陰道強姦那名妻子，被手銬銬在另一頭的丈夫問他太太還好嗎？她回答，「還好，他很紳士。」她本來希望這樣的說法可以讓每一個人都冷靜下來。但突然間，那個滑雪面罩性侵犯竟開始抓狂，狠捶她的乳房，她傷勢嚴重到後來必須做雙側的乳房切除手術。

和西蒙尼斯的被害者聊過之後，更強化了我最初研究性暴力時所得出的心得，也就是這些行為跟性無關，而是跟掌控權有關。而針對連環殺手所做的研究使我對犯罪者有了更多的認識，於是在進一步的探索下，我發現到犯罪者是透過他們的行為來達到兩個目的：對身體的控制和對性的控制。聽完這些被害者的遭遇之後（每項遭遇都同樣可怕和令人痛苦），更有助於釐清這其中的運作方式。有些犯罪者（像西蒙尼斯）會透過直接的肢體衝突來取得掌控權，譬如突如其來的攻擊或者使出令人無法招架的力道。還有的是利用口頭上的唬人伎倆，譬如威脅或恐嚇。在這兩種情況下，犯罪者都是用強迫的方式來控制被害者進行性交，絕非兩廂情願。這是兩種截然不同的方法，但最後結果是一樣的。

我把這兩種方法裡的第一種歸類為閃擊型性侵（blitz-style rape）。這類性侵都是「突如其來」地發生，就算行凶者和被害者先前有過交集，也不會是很多的互動。被害者這一天本來跟平常一樣，然後突然間，就在那一瞬間，在沒有任何預警的情況下，她們的人生變得支離破碎。誠如一名三十一歲的被害者所吐露的：「他從後面攻擊，根本沒有地方可以逃。這一切發生得太快，就像突然被閃電擊中一樣。」

從被害者的角度來看，攻擊者的現身沒有任何理由或解釋原因。他會突然出現，他的存在給人的感覺很奇怪和很不合宜，他是強行闖入這個情境。對雙方來說，這裡頭有很大程度的匿名性。被害者是被匿名地挑中，而攻擊者也會努力保持住自己的匿名性。通常攻擊者在攻擊時會帶上面罩或手套，或者靠其它東西來遮住臉部。在很多個案裡，閃擊型性侵者的被害者只是很不巧地剛好在那個時間點出現在那個地方，就倒楣碰上了。

第二種偏口語式的方法，被我歸類成自信型性侵者。它可以從一些細微處分辨出來。自信型行凶者會利用欺詐的手法——欺騙、背叛和暴力——來強迫進行一廂情願式的性交行為。被害者和行凶者之間在性侵之前通常有某種互動，哪怕是很微不足道的互動。有時候行凶者是認識被害者的，也有時候他們甚至可能在性侵之前就有正式的交往關係。自信型性侵者往往會跟被害者先有對話，試圖贏取對方的信任，然後再背叛對方對他的信任。譬如，他們可能提議或要求被害者的協助或陪伴，或者保證會給對方想要的資訊、物質、社交活動、工作機會、說些客套話或無關緊要的事。

乍看之下，西蒙尼斯外表傾向是自信型性侵者，但在聽過哈茲伍德和藍寧對他的訪談之後，我才明白西蒙尼斯隨著時間的推移已經慢慢轉向閃擊型攻擊。那種出其不意的快感或者他口中所謂的「貓捉老鼠遊戲」是西蒙尼斯用來架構性侵的一種重要的儀式性元素。

儀式元素對西蒙尼斯來說是關鍵所在。道格拉斯協助我們釐清了眼前所看到的這一切，他形容罪犯行為裡的這種元素就像是「簽名特徵」（signature）。道格拉斯認為這是跟作案手法的一種對應。一名連續犯案者的作案手法會隨著他們不斷改良犯案過程而出現變化，但「簽名特徵」則是一再反覆出現的一種特徵，不只是那套犯罪活動的標準流程。「簽名特徵」是永久不變的。

「你可以把它想成是一種儀式，」道格拉斯說道。「這東西不是成功犯案裡的一個必要元素，但對不明嫌犯的滿足感來說是很必要的。」

「讓我先搞清楚，」哈茲伍德打斷道。「如果作案手法顯示出的是一名犯罪者的動態行為（dynamic behavior）、那麼『簽名特徵』顯示的就是……那些行為背後的幻想？」

「這聽起來像是獨特化行為（personation）。」我說道。

「安，說人話。」道格拉斯打趣道。

「我意思是，當犯罪者在思索和做白日夢的時候，他們會越來越覺得一定要在現實世界裡把自己的暴力幻想呈現出來。等到他們終於把腦袋裡的東西全搬出來演一遍時，這個幻想就會在犯罪現場留下一些東西——過度暴力所留下的痕跡、被害者在那地方被拖行的血跡、或者類似這樣的東西。這就是獨特化行為。犯罪者犯案越多次，這種獨特化行為就會重覆越多次，像是個『簽名特徵』。」

「你說得太對了。」道格拉斯說道。

「再進一步地說，組成『簽名』的那些元素都跟犯罪者的幻想有很密切的關係。它們富含意義。」

「好吧，所以我們需要的是這個，」哈茲伍德說道。「一旦我們確認了一名連續犯案者的『簽名』之後，就有了可靠的方法可以把他跟他所犯的罪連結起來。」

我們已經看到西蒙尼斯「簽名」的展現過程。在他初期的其中一件性侵案裡，他闖進一對年輕夫婦的家，喝令丈夫面朝下趴在走廊，在對方的背上放了一個瓷做的茶杯和一只碟子，然後說：「如果我聽到茶杯移動的聲音或者掉到地上，你老婆就死定了。」說完就把他老婆推進房裡性侵。等到又犯了幾次案之後，西蒙尼斯的行為升級了，他闖進屋子後會命令女主人打電話給她先生，說有緊急事件要他盡快回來。等到丈夫回到家的時候，西蒙尼斯已經等在門口。他會把男的綁在椅子上，強迫對方看著他強暴他老婆。

這個模式很清楚。在初期的犯案裡，西蒙尼斯利用茶杯和碟子來有效控制被害者的丈夫。而在後來的犯案裡，他更進一步，不只是性侵妻子，還設局來羞辱和主宰被害者的丈夫，藉此完全滿足自己的幻想。在第一次的犯案裡，西蒙尼斯對那個丈夫的處置是因為他本來就在現場。而後來的那次犯案，他需要丈夫來到現場目睹強暴過程。他的個人需求迫使自己演出這種犯罪行為裡的「簽名特徵」。

西蒙尼斯被判二十一個無期徒刑，再加上持械搶劫、入室行竊、和偷竊汽車等罪行的額外幾年徒刑。他是條理型罪犯：不只完整策畫性侵和搶劫，還深思熟慮地想好方法，規避執法單位的偵查。他也是權力擅斷型罪犯，自承對性侵漸感無趣，開始有殺人的幻想。在審訊時，他對自己的犯案感到抱歉，但還是忍不住會犯罪。「對於這些罪行，我深感內疚。我在犯罪之前和犯罪時都很清楚自己在做什麼，現在也是。」但我從不相信他的說法。他一直在試圖掌控跟他有關的主要敘事。他知道他的身份已經曝露，他不喜歡這樣，於是躲在另一個面具後面，試圖靠這種方法奪回一點掌控權。

在此同時，西蒙尼斯自承自己「就是忍不住會犯罪」的說法其實屢見不鮮。在我們一路以來的個案研究裡，很快就發現到大多時候犯罪者是無法停止犯罪的——大多是不想歇手。只有當他們被逮和被關起來的時候，這種行為才會停止。有些罪犯甚至說他們很高興自己被制止了。對他們來說，暴力已經成了一種無法控制的癮頭。我們牢記這個說法，因此很清楚得趕在暴力升級之前，盡快找到連續犯案者，尤其是性侵犯。有時候，地方執法單位常會懶得理我們，他們會說：「他只犯過一次性侵罪。」但我知道這是一種迷思。一次性侵罪從來不是最後的終點。一旦這種行為起了頭，對性侵的幻想就會變得更頻繁，急迫感越來越強。這就像一種疾病，一旦犯案者染上了這種心病，便沒得選擇，只能付諸行動。

第九章 「沒有教科書」

有一天，下午在匡提科的自助餐廳吃午餐時（那是我們短暫的休息時間，我和探員們會趕緊吃完托盤裡的馬鈴薯泥和牛肉餅，才好再回去處理棘手的案子），哈茲伍德說了一句話，使我瞬間停止進食的動作。「只要是處理人類行為，就一定會發現到以前從沒見過的非典型狀況和變數。所以根本沒有那種像食譜一樣按部就班的教科書，從來都沒有。」

哈茲伍德的這個說法絕無任何蔑視的意味。這只是他所深信的一件事。他覺得行為這種東西從來不是理性的，有時候根本無從理解，也因為如此，犯罪剖繪從來不是一套可以讓我們傳授給新進探員的標準化技術。就某種程度來說，我知道他是對的。真正優秀的剖繪專家都具有某種「神技」。拿道格拉斯來說好了，他在協助當地警局破解一樁老婦人慘遭毆打和性侵的殘暴案件時，就曾被一位一頭霧水的警探打斷問道：「道格拉斯，你會通靈，是嗎？」

道格拉斯臉不紅氣不喘地回答：「不會，但如果我真的會通靈，我的工作會輕鬆許多。我不確定要怎樣才算通靈，」他繼續說道。「就算有通靈的成份，我也欣然接受。」

對某些人來說，這樣的自白挺嚇人的。雖然我們正在根據行為心理學、個案資料、和嚴謹的實證式分析流程來為犯罪剖繪開發出一套循序漸進的操作程序，但真正優秀的剖繪專家之所以脫穎而出，靠的就是一些難以形容的特質。這些探員會在過程裡放進一些無從解釋的元素，他們的天賦異稟就像是用探尋棒找到水源或礦脈的那種技術一樣，總是能做出難以解釋的完美預測。比方說布魯賽爾對瘋狂炸彈客的深入洞察（「他一定是穿著雙排鈕扣西裝，而且有扣上扣子」）以及道格拉斯後來對林徑殺手（Trailside Killer）的剖繪（「這名殺手有語言障礙」）都是無庸置疑地精準，但推論的原因並不總是清楚。

這些神來一筆、靈光一現所帶來的助益雖然令人不可置信，但畢竟多半是特例。對於犯罪剖繪，我們的目的是要設計出一套實證式系統，可以普遍適用於全美執法單位，不管他們是否對這門技術本身有任何獨到的本領。我們要捨棄那種仰賴直覺的老式方法和偏頗的假設方式，將它轉變成一套設計精密的方法，靠的是實證、數據、和模式記錄。我們將標準化視為一種優勢。我們的技術會透過方法來引導探員，過程中按部就班地為殺人犯重建出生理、行為、和社會方面的本性和特徵，再根據這個基礎去多方深入分析不明嫌犯，也就是建立剖繪本身。犯罪剖繪是公開透明的，它會透過各種拆解和整合來逐步引導每一次的偵查行動，最後羅列出一小張最有可能犯下特定罪行的嫌犯名單。這個流程很管用。隨著時間的推移（在經驗的累積和實作練習下），我們已經將它精煉得更有成效，剖繪方法精簡成四個階段，全都是為了單單一個目標：盡快逮到犯案者。

我們稱第一個階段為「剖繪資料輸入」（profiling inputs）。帶頭的剖繪負責人會在這個階段裡收集和研究所有可用的背景資料、證據、和調查報告，再匯整成完整的總覽報告，來秀出鑑識結果、被害者、和犯罪行為的來龍去脈。它也是目前為止這個流程裡頭最耗時的地方。BSU有很多個案都是從偏遠的地區送過來，那裡的執法機關沒有什麼能力可以處理那些性質離奇的犯罪行為。也因此，原始案卷往往不夠完整。這表示負責人必須回頭去挖掘各種記錄資料，拼湊出犯案當下的天氣狀況、政治／社會環境、以及那地區的罪案統計數字，還有關於被害者的完整背景資料，再加上從被嚇昏頭的警方那裡搾出來的任何非書面評論或感想。

負責人必須在整個剖繪資料輸入階段裡收集到足夠的資訊，才能看出這個罪行的整體架構，也就是各種核心元素，包括犯罪者的類別（條理型VS混亂型）、犯罪的精密程度、以及犯罪過程中被害者和加害者所表現出來的基本動態關係。但是在這個階段，也有一些固有的陷阱。人類天性就是會習慣性地盡快找出答案。我們在這個流程裡認知到這一點，因此提防的方法是事先警告帶頭的負責人隨時警覺，以防有外來的影響力左右到他們對案子的客觀判斷。因為偏見是步向失敗的捷徑。

我們稱第二階段為「判定流程模式」（decision process models）。負責人會在這個階段過篩第一階段所收集到的資料，將它組織成可供識別的模式和已知的類別。它的目的是要建立一個互相理解的基準線，好加快後續階段合作共事的速度，而方法就是找出案件裡的七種關鍵元素並加以命名，包括殺人案件的類型和風格、殺人犯的主要意圖（惡意殺人、情緒發洩、性需求）、被害者風險、犯罪者風險、惡化程度（連環殺手犯罪行為的模式變化）、時間因素（犯罪者與被害者共處的時間長度、犯罪者在被害者死亡後的行為表現〔post-mortem act〕、犯罪者對屍體的處置）、以及地點。我們是利用這個步驟來標準化剖繪專家對不明嫌犯的談論和描述方式。就像臨床醫師會依據症狀、病史、以及其訓練有素的觀察力，以標準化語言做出診斷一樣，剖繪專家也需要一套類似的方法。第二階段裡頭的七個判定點正是我們做出診斷的方法。我們會標準化這七個判定點的語言，好協助剖繪專家更清楚瞭解手邊的案件，進而加快整個流程。

第三階段是「犯罪行為評估」（crime assessment）。這時候帶頭的負責人會重建犯罪行為的時間順序表，視角會有被害者的也有犯罪者的。這裡頭包括對攻擊的策畫、被害者風險、正面衝突、犯案後的行徑。主要焦點是擺在犯罪者在整個犯案過程裡的行為連動關係。這階段將有助於我們縮小犯罪行為的分類範圍——尤其是那些當初因為資訊缺乏而被標為混合型犯罪的案件。如果是連續犯案者，一些似曾相識的模式也會在這個流程裡漸漸彰顯出來。在這種情況下——或者要是看不出似曾相識的模式，但仍然懷疑這是一名連續犯案者——負責人也會回頭參考ＢＳＵ龐大的罪案資料庫檔案，找到仍未破案但吻合現有犯行的類似個案。我們的資料庫目錄堪稱無價之寶，它是歷年來剖繪專家們所累積下來的集體知識，可以供後人充份運用和發揮。

第三階段裡的另一個核心元素是，它會在過程中小心翼翼地重建整個犯案過程，它對我們說來就像一道光，可以讓犯案者的動機現形。比方說，如果是混亂型犯罪者，往往可以從重建過程裡看出犯罪者的動機是出於本能：情緒激動下的結果、或者精神疾病、毒品或極度恐慌所造成。如果是這類犯罪者，由於是非理性的行為和思緒，所以比較難確實指出他們的動機是什麼。相反的，條理型犯罪者會留下比較清楚的動機地圖。他們會那條理分明、且通常是預謀性的犯案過程裡表現自己的動機。

第三階段會描述整個攻擊事件從頭到尾的犯罪現場動態關係——是什麼起了變化，不變的又是什麼——並以此結尾。這些細節包括傷口的位置、被害者的身體狀態、儀式性的簽名特徵或符號、以及任何額外的混亂因素，或者過度的條理分明，意謂有某樣東西不見了——條理型犯罪者都習慣從被害者身上拿走紀念品，以重溫犯案的快感。如果一名殺人犯是有簽名特徵的，第三階段就是它出現的時候。

第四階段是剖繪的建立。這時候剖繪負責人會召集一群剖繪者，請他們提出他們在前三階段的研究心得以及跟這件案子有關的所有原始資料。負責人會盡量以客觀的態度檢視大家的心得，再開會討論各種問題，展開對話。這裡的關鍵在於過程中的合力作業，每位剖繪者都會透過他們的個人理解和專業視角來檢視資料，但是必須仰賴這群剖繪者的共同努力才能在細節上盡可能地具現化犯罪者，而這些細節包括身體特徵、背景資料、習性、信仰、價值觀、和犯罪理由。

這個最後階段集合了眾人見解，可將犯罪者的行為和心理特徵揭示出來的，並且它還有第二個目的，就是可以用來驗證剖繪生成過程裡的前幾個階段是否正確無誤，可能會在某種情況下看出剖繪結果跟前幾個階段的矛盾之處。譬如要是屍體的處置方式跟我們對不明嫌犯的體能描述不盡吻合，我們就知道自己必須重新回頭檢視所有資料。除非這份剖繪能完全或無條件地反映案件裡的各種跡證，否則功課不算完成。

一九八六年十二月，正式的犯罪剖繪流程在《ＦＢＩ執法學報》第五十五冊第十二期發表。對ＢＳＵ的所有探員來說，它成為了標準配備，透過一套以研究為基礎的方法為刑案偵查和犯罪心理學這兩者的分歧搭起橋樑。而這正是關鍵所在。我們的工作並不是為了取代調查人員實地調查的直覺本能，而是看見了這種特質的價值，於是提供一套架構流程來為探員們提升自身的實力和成功破案的機會。

很有意思的是，我在ＢＳＵ的最初六年，幾乎每天都會聽到有人老掉牙地說，犯罪剖繪「比較像是一門藝術，而非科學」。但我從來不覺得必須在這兩者之間做出選擇。犯罪剖繪是一門藝術，也是一門科學。它是人類試圖瞭解和描述邊緣人格狀態的一種嘗試。它是一體的兩面。只是得花較久的時間才能讓其他人看到這兩個面向。

第十章　深入探究

這一切終於有了回報。在經過了多年的研究調查和模糊情勢之後，我們在《ＦＢＩ執法學報》裡的發表內容成了我們在工作上的一個轉折點。那是一九八六年，總局派了任務給道格拉斯，要他透過最近才拿到經費的全國暴力犯罪分析中心計畫，將犯罪剖繪推廣到全球。他也獲得了資源：十二名全職剖繪專家會在他的督導下以我們的方法為藍本，針對離奇或難解案件裡的不明嫌犯正式展開分析。他們一年要處理數百起案件，成果顯著——所有這些推廣、資源的增加、和案件數量的上升都在在證明了犯罪剖繪的成效，不過最引人注目的恐怕是團隊的全新辦公室，那是他們在地面上的專屬空間。道格拉斯很是驚訝。

「你知道嗎，」他開玩笑道，「原來匡提科真的有太陽。」

大約在此同時，芮斯勒也在全國暴力犯罪分析中心的大傘下繼續監管自己的專案計畫。他成了FBI暴力罪犯緝捕計畫的負責人，那是以電腦為基礎的一套原型計畫，不同於總局以前所見過的任何東西。芮斯勒形容它是「全國性的數據資訊中心，是設計來收集、整理核對、和分析特定的暴力犯罪」。ViCAP堪稱是一套現代的剖繪工具。它可以上傳和分析來自全美各地執法機關的案件資訊。我們最初的想法就是要把連續犯案者加以分類，以便作為未來的參考，受到這點子啟發的ViCAP，也一樣會在那些業經記錄、從全美各地上傳的大量案件裡頭尋找早已存在的模式和共同特徵。然後再透過被害者背景、動機、物證、證人證詞、和犯罪行為這類因素的比較，根據犯罪行為的模式來加快縮小可能嫌犯的名單。

找道格拉斯和芮斯勒來執掌犯罪剖繪的未來運用，是一個了不起的決定。他們將絕無僅有的個人經驗帶進自己的新角色裡，他們熟知這套流程的裡裡外外，對犯罪剖繪技術最後竣工階段的投入，就跟我當年所扮演的角色一樣極具關鍵性。更重要的是，他們很清楚這門技術本身是一門不完美的科學。唯有靠不斷的研究和修正，才能使它趨於完美。犯罪行為一直在改變，罪犯變得越來越先進。為了因應這個現象，剖繪技術必須隨時調整，才能讓我們保持領先的局面。而我也視此為己任。

道格拉斯和芮斯勒正出盡風頭地享受他們剛找到的絢爛舞台，他們應付各界訪談的要求，並在題為〈FBI全新的通靈小隊〉（*The FBI's New Psyche Squad*）的《紐約時報》文章裡受人吹捧，與此同時，我仍然守在研究調查的陰暗處裡。當然BSU的同僚們不可能不注意到我的低調，畢竟他們都是靠細心的觀察力才會有今天的成就與局面。尤其芮斯勒很快就注意到我刻意消失的行徑。有一次他提議我跟他一起接受訪問，談論早期發展剖繪技術的那段日子，我婉拒了，他就開玩笑說：「你就像一個老愛躲在那間辦公室裡的瘋狂科學家一樣。你應該偶而出來呼吸一下新鮮空氣。」

他的評語精準到令我大笑。「你也許是對的。不過有誰會比瘋狂科學家更瞭解怪物呢？說真的，小羅，我就快要把它們全搞懂了。從我們最早期的傾向和類別研究以來，我們已經有了很大的進展，可以深入瞭解他們心理和行為的核心狀態，挖掘到的東西多到幾乎快要成了一本教科書。要不是還有幾個特例，我都可以自己把殺手建構成形了。」

「有哪幾個特例？」芮斯勒問道。

「李瑟爾（Rissell）和肯培（Kemper）。」我說道。

「算你運氣好，我們有很多這兩人錄下的錄音帶。你要不要再回去重新聽？這兩個人我至少都訪談過五、六次。不過你在錄音帶裡不會聽到我太多的聲音，因為我其實幾乎沒辦法叫他們閉嘴。」

但是在一九八六年那個時候，我在ＢＳＵ的工作已經不再只是做罪犯人格研究和連環殺手的剖繪而已。我開始跟很多剖繪專家合作多項專案，包括跟藍寧合作兒童性侵犯的行為分析[1]，那是我們合作過第一個專案之後的後續作業。在此同時，也開始有人找我針對離奇和罕見的謀殺案提供法庭證詞，作為審判依據——顯然都沒有人像我一樣具有犯罪心理學和法醫護理工作的專業背景，也沒有人像我這樣曾花多年時間去瞭解連環殺手的心理結構。不過雖然有這些新的工作機會，我還是沒有完全對犯罪剖繪放手——這套方法還沒有完工。打從一開始，我的目標就是要利用各種可能的資源將犯罪剖繪盡可能地精修成最有效的工具。而當時還有一些資源沒有被我利用澈底。

而在這些資源裡頭，第一項當屬新進探員們所提供的資料。我會研讀才剛在現場展開作業任務的年輕探員們所交給我的心得報告，也會在他們運用我們的技術去處理完案件之後找他們聊一聊，瞭解他們的想法。第二項資源是ＢＳＵ的舊檔案目錄——尤其是特殊案件——也就是這個團隊始終無法破解的案子，每一件都有它的影響潛力。因為不管過去六年來我們有過多少成就，也不管我們有多成功地在最奇特的人類行為元素裡頭找到了起因，仍然有很多事情我們都還沒弄明白，也有很多罪犯我們並不完全瞭解。蒙特·李瑟爾（Monte Rissell）和艾德蒙·肯培（Edmund Kemper）這兩位最令我匪夷所思。我分析過一小群最罕見的殺人犯，而他們是這裡頭當中最奇特的兩位。從被奪走的人命數量這個角度來看，他們當然也是其中的佼佼者。光是這一點就足以博得更大的關注。

在我們的連環殺手研究裡，有好幾名原始受訪者都是屬於混亂型的殺人犯。他們的類型就像芮斯勒所形容，「對被害者的人格特質完全沒有任何概念或者不感興趣。他不想知道對方是誰，而且很多時候都會設法清除掉對方的人格特質，方法是快速將對方打昏或蓋住對方的臉，要不然就是把對方毀容。」

但是李瑟爾和肯培跟他們截然不同。這兩個人都格外聰明，他們為被害者的看法也都顯示出可以為人設想的罕見特質，甚至幾乎到了心思敏感的地步。可是這兩人對這世界的看法都深度建立在個人的幻想上。當然這兩個殺人犯互有差異。個別來看，他們最早期的暴力表現是大相逕庭的。而且他們殺人的方式以及在殺戮過程裡四個不同階段所展現的行為（犯案前的行為和策畫、殺人本身的行為、屍體的處置、和犯案後的行為）都極為獨特。不過在這些差異當中，還是有很多潛藏的心理特徵是一樣的：他們的反社會性、他們的突然暴怒、他

---

1 這個專案是FBI和美國國家失蹤兒童與受剝削兒童研究中心的一項合作案，目的是要從犯罪者的行為、模式、和類型等角度去瞭解孩童的性剝削問題。

們對幻想和真實的混淆。

他們就像是在同一個心理狀態下所呈現出來的兩種獨特行為表現，但是都有一個共同的幻想。雖然多數殺人犯都將謀殺視為實現性目的的途徑，但李瑟爾和肯培卻利用殺人來為自己的瘋狂幻想注入生命。外在現實世界和他們腦袋裡的現實世界隔了一道牆，於是他們把被害者當成一個機會來協助自己拆除那道牆。不過儘管有這麼多層面的複雜意識，他們終究還是精於算計、奪走多條年輕婦女性命、毫無悔意的殺人犯。這就是我特別留意他們的原因。我打從心底相信，只要瞭解這兩人的思維方式，我就更有辦法解答那個關係到我們一切作為的基本問題：一個人會去殺人，究竟是被什麼驅動？

蒙特・李瑟爾是三個孩子裡的老么，一九五九年出生在堪薩斯州的威靈頓（Wellington, Kansas）。七年後，他的雙親離異，母親為了不讓孩子們跟父親見面，於是舉家搬遷到加州的沙加緬度（Sacramento），一路上任由李瑟爾哭嚎。李瑟爾想要留在他父親身邊。他覺得他母親並不真的想要他。當他們抵達新家時，他開始用越來越暴力的手段發洩情緒。沒多久，他就闖禍了。

人們會理所當然地將李瑟爾歸類為問題青少年，但這樣的歸類並無法給他應有的關注。

因為歸根究底，李瑟爾是個矛盾人物。他在學校的成績很好，智商高於平均，具有運動天份，很會打棒球。他個性外向，經常參加社交活動，而且在男男女女組成的朋友圈裡擁有好人緣。他視自己為領導者，而非追隨者。他沒有反社會人格，而那是當時很多著名的性侵殺手都有的通病。可是隨著李瑟爾年紀漸長，他的暴力傾向開始從他良好的形象後面慢慢顯露出來，沒多久，被壓抑的侵略性格開始主宰他。

即便是回頭去看我對李瑟爾案卷裡一開始的分析內容以及他和道格拉斯、芮斯勒的各種訪談，我都還是很驚訝他竟然那麼有理智。他完全不同於我們在連環殺手研究裡所研究的其他三十五名對象。他口條清楚，不跟現實脫節，非常實際。而且李瑟爾不像多數殺人犯那樣在回憶自己的犯罪行為時會陷入幻想，反而是用一種很不尋常的自我克制方式在描述他的成長背景，以及他最早期對暴力產生興趣的記憶。他不是被他各種幻想形塑出來的，反而是形塑出幻想來配合自己的本性。他似乎是靠著自己的掌控感在界定自我。李瑟爾早期犯罪行為的出現往往是在他發現這種掌控權受到挑戰的時候，而那也是他正當化自己在行為反應上越來越暴力的一種方法。

麻煩上身的第一次跡象出現在李瑟爾九歲的時候。校長逮到李瑟爾和另外三個男生在人行道上寫髒話。從各方面來看，這只是一件很小的事，可以被當成那個年紀的孩子常有的犯規行為而不予理會。但在李瑟爾的個案裡，卻是他的憤怒加劇的一個開端。一年後，李瑟爾的侵略性格再度浮出表面。他用ＢＢ槍射中他的一位表親，結果馬上遭到那位曾當過軍人的繼父一頓毒打，作為訓誡。根據李瑟爾的說法，這種處罰方式在家裡很常見。而李瑟爾的母親每次都會神秘失蹤很長一段時間，事前先交待孩子們要互相照顧。她從來沒告訴過這幾個焦慮的孩子她要去哪裡或者什麼時候回來。這種分離對這個家庭裡頭已然脆弱的親子動態關係來說更添加了壓力。

李瑟爾繼父的教養方法也同樣有問題。他是個暴力又難以預測的人，有時候會帶禮物送給繼子女們，也有時候會專橫地處罰他們，用軍事教育的方式予以斥責和痛打，要求他們守紀律。不過這段跟繼父衝突的時間並不長。李瑟爾十二歲的時候，他母親就在五年內第二度離婚，再次舉家搬遷，這次來到維吉尼亞州定居。李瑟爾指出他跟他繼父之間的糟糕關係——以及正面男性榜樣的付之闕如——是他人生中的主要壓力因子。誠如他所解釋：「那場離婚一直是問題所在，它也一直在我的腦袋裡，因為我大哥從來不在我身邊，打從我九歲、十歲，一直到十六歲，他不是出去約會就是去從軍，後來去了海外。我幾乎沒有任何男性在監督我。」

在維吉尼亞州的李瑟爾開始偷竊汽車，使用毒品，還有闖空門。十三歲的時候，他因為無照駕駛而被逮捕。一年後，他被控對公寓大樓裡樓上的鄰居性侵及行竊，當時他和他母親同住在那棟大樓。那天他大概半夜才從派對回來，前幾個小時，他都在喝酒、抽大麻、和服用黑美人丸[2]，他試圖睡覺，但一直覺得「性亢奮」，一邊幻想自己正在強暴樓上那位二十五歲的鄰居。最後這個念頭變得急迫到他再也忍不住，於是拿絲襪蒙住臉，攀爬公寓牆面，穿過鄰居露台的門，闖進起居室。他拿刀抵住對方，性侵得逞。第二天早上，他母親在七點鐘左右叫他起床，說樓上有人被強暴。李瑟爾就像眾多連續犯案者一樣迅速參與調查作業。他跟警方談，謊稱前一天晚上曾跟一個不知名的鬼祟人士打了一架，暗示對方可能就是他們要找的人。這個無謂的謊言雖然不太合理，但也正是李瑟爾被幻想深深吸引的另一個明證，此外也讓他曝露在某種程度的風險下——然後他再透過這樣的風險來誇耀自己的掌控權。

可是調查人員看穿了這一點。當調查人員得知李瑟爾的不在場證明不是真的時，他就成了他們眼裡的嫌疑犯。三週後他們逮捕了他，因為他的指紋和頭髮樣本被發現跟犯罪現場遺留下來的跡證完全吻合。在他的青少年聽證會上，李瑟爾對法官很是火大。那是一名女法

2 一九六〇年代和一九七〇年代，「黑美人丸」是街頭常聽到的黑話，意思是「藥用的安非他命」，最常用來稱呼百非他命（Biphetamine）錠劑。

官，他覺得對方只因為被害者在描述被攻擊的過程時發現到他的臉漲得通紅，便不合理地認定他有罪。他抱怨：「那個該死的婊子在毫無正當理由的情況下將我定了罪。」

這樣的懲罰完全沒有阻止李瑟爾的犯罪活動，反而像催化劑一樣助長了暴力行為日後的爆發。套句他所說的話：「那個女法官送我去一家診斷中心。我就是那時候開始憎恨權威的——沒有人可以告訴我該做什麼、什麼時候做，或者該怎麼做。」

這種偏差反應正是李瑟爾反覆出現的部份模式，他總是將他的行為怪罪給別人。而且因為這個判決本身是一位女法官所裁定，李瑟爾更覺得理所當然要透過更多的暴力行徑來展開復仇。他把自己視為被害者。在他的內心裡，對女性施暴是一種重建秩序的方法。這是他撥亂反正的方式。

李瑟爾被定罪後，就被跨州送到佛州的一家精神病院，他被診斷患有「青少年調適反應症」，這曾經是一度盛行的非正式診斷類型，只要精神科臨床醫師對一名孩子的異常行為問題無法確實找出原因，就會搬出這個名詞。李瑟爾花了十八個月接受個別的洞見取向式（insight-oriented）心理治療，後來被釋放，院方建議他住在家裡，上公立學校，並繼續接受每周的門診心理治療，母親也得同時積極參與他的療程。

一名緩刑監督官特別提到，「蒙特的精神和心理評估都顯示出他是一名心神不安的年輕人，迫切需要在一個封閉的環境裡深入治療。」但是雖然接受過治療，卻都不管用。李瑟爾反而刻意愚弄醫師，讓他們相信他正在穩定進步中，但在現實世界裡，他卻趁所謂的治療期間想方設法地在沒人察覺的情況下性侵了五名女子。其中一件甚至是發生在心理治療中心的停車場。這個經驗似乎讓李瑟爾練出了膽子。也就是在這一次的犯案裡，他的暴力傾向逐步升級，將他從性侵犯的身份推向了殺人犯。

李瑟爾的第二名性侵被害者是同住他公寓大樓裡的另一位婦女。當時他十六歲，從精神病院告假出來過聖誕節。他回到家裡的最後一夜，竟然在電梯裡趨近那名女子，拿刀威脅她，將她強押到附近的林地性侵。他的第三次犯案是在三個月後，當時他在他所就讀的公立學校停車場逼近一名女子，同樣拿刀逼迫對方開車到她的公寓，在她自己家裡性侵了她。

接下來的兩次犯案都有共犯。這一輪的犯罪手法是突如其來的，但還是有邏輯可循。不管是在家、在學校、或是住在拘留中心，李瑟爾都算是人緣很好、很容易交到朋友的那種人。性侵時有共犯的好處是可以滿足他的自戀。因此有一天晚上，李瑟爾和另外兩名病患趁週末時偷了一輛車，一路開到別州，闖進一棟屋子，輪流性侵了一名十七歲女孩。三個月後，他又和另外兩名病患闖入當地一家泳池的女子更衣室裡，用毛巾蓋住一名年輕女子的頭，反覆性侵她。這種幫派式的作為使性侵多了某種偷窺癖的元素。一開始這還蠻刺激的，但是李瑟爾的疑心病很快介入——多了共犯就表示多了額外的變數，被逮到的風險會跟著提高，於是他很快又回到了獨自犯案的模式。

第六次犯案是他演化到性侵殺人之前的最後一次犯案。跟以前一樣，被害者是他在自家公寓大樓裡遇見的一名女性。他拿著一把空氣槍逼近她，將她押進儲藏室，用她的外套蓋住她的臉，把她強暴了兩次。對李瑟爾來說，雖然這些性侵就其本身而言是挺驚悚的，但畢竟是不斷重覆以前的犯罪行為，他需要有新的刺激才行。

一九七六年八月底的一天傍晚，當時李瑟爾是個正在緩刑的十八歲高中生，但一切都變了。他一開始是發現他的女友劈腿，那天稍早，他開車到她的大學想給她驚喜，沒想到隔著車窗看見她跟另一個男子卿卿我我。這個事件成了李瑟爾殺人的「壓力因子」——這是專有名詞，用來記錄連環殺手活躍期間反覆出現觸發點的瞬間（triggering moments）——也將他從性侵犯徹徹底底地轉變成殺人犯。

憤怒的李瑟爾開快車回到亞歷山大市（Alexandria）的住處公寓。他把車子停進停車場的時候，腦袋裡盡是殺人的幻想畫面。他坐在車裡好幾個小時，將自己灌醉，放任憤怒的情緒，讓它越來越高漲。李瑟爾正在對殺人進行策畫和思索，這顯示出設計過程（性動機殺人的第一個階段）已經開始。凌晨兩點左右，一名年輕女子把車子停進停車場，李瑟爾察覺四下無人，心想可以利用這個機會來療癒傷痕累累的自己，重新奪回從他身上被偷走的自尊和掌控權。他用槍口抵住那名女子，強逼她開車到某偏僻地帶，在車子外面性侵對方。李瑟爾當時並不知情，他的被害者其實是馬里蘭州一家按摩院裡專事性交易的員工。套句李瑟爾的話，他是在她「試圖掌控局面」，假裝高潮，還問「我想要用哪種性交方式」的時候，才開始起疑的。這更驗證了他對女人的所有惡感都是對的，也證實了她們全都是騙子和婊子。雖然性侵後，他並不打算殺害她，可是當她試圖逃跑時，他們之間的動態關係起了變化。

根據李瑟爾的說法，「她開始往山谷下面跑，我就是在那時候抓住她。我用手臂把她鉗制住。但她個子比我大，於是我開始掐她脖子，結果她失足跌倒，我們滾下山坡，跌進水裡。我拿她的頭去撞岩壁，再把她的頭按進水裡。」

等到那名女子肺裡都充滿水，李瑟爾就進入了殺人的第二階段，也就是幻想成真的那個點。

「你為什麼帶她去那裡？」芮斯勒曾經問道。

「我以前小時候去過，當時是去玩水，玩打仗之類的遊戲，但我沒想別的小孩也會去那個地方。是兩個小孩發現她的。事後我再也沒回去過。」

李瑟爾決定讓被害人曝屍荒野，沒有把屍體藏起來或做任何處置，這代表的是殺人的第三階段。他把屍體大剌剌地留在空曠處，像是傳達掌控權在他手上的意思。這是很明目張膽的。他不再隱瞞自己是誰。他想曝露出來，讓全世界都看見。

李瑟爾犯案後的行為——也稱之為殺人的第四階段——是等到他奪走下一個被害者的性命，開始收集小小的紀念品，才終於成形，這些紀念品有珠寶、手錶、太陽眼鏡。但是犯下此案時，他的模式和行為已經構成，在接下來的五個月內（這段期間他仍然在緩刑期間，而且也一直在進行強制性的精神諮商），李瑟爾又犯下了四起殺人案，而且幾乎完全躲掉警方的偵查。他會被抓到只是因為有警察為了另一起不相干的人身攻擊案而去搜索他的車子，結果在車內找到最新的被害者遺留下來的紀念品，包括她的鑰匙、皮夾、和梳子。在審判中，他因犯下五起性侵殺人案而被判了五個無期徒刑。等到監禁了兩年之後，他才承認自己還曾犯下另外六起性侵案，但由於鑑識證據不足，再加上在一九七〇年代的美國，對女性的性暴力仍被認為是次要的犯罪行為，因此沒有被正式起訴。

在ＦＢＩ的連環殺手研究裡，李瑟爾算是一位自願的參與者。在訪談裡，他是很細心周到的，往往給人一種真誠的感覺，而且他犯罪時的年紀出奇地輕，所以非常特別。他也很愛講話。這在連環殺手裡頭並不常見，因此探員們就趁機利用他的坦率性格錄了很多場的訪談內容，甚至可以追溯到他殺人犯案、行為、和思緒裡的最小細節。

但是如果沒有人不嫌麻煩地去重聽那些細節，這裡頭的模式就會被隱匿起來。李瑟爾的錄音帶已經多年沒人去碰過了。過去六年來我學到不少東西，因此我希望已經增長見識的我此刻對這些訪談內容所做的分析，可以讓我更了解犯罪者如何走火入魔。眼前的李瑟爾檔案給了我這樣一個機會。他的性暴力是長期進行和不斷重覆的，未受遏止的時間拖得越長，程度就越加劇。他那尤其厲害的操縱本領更是助長了他的掌控能力。李瑟爾不只是走火入魔的一種類型，這其實也是他的簽名特徵，是他一切作為的動機所在，也是他所有幻想的根源所在。在我按下第一捲錄音帶的播放鍵時，這一切就在我眼前越來越清晰。

「我對他們來說太狡猾了，」李瑟爾說道，他一邊大笑一邊解釋為什麼當地警察沒有把他當成嫌疑犯。「因為沒有任何女生透露任何口風。我知道她們沒辦法舉報我或指明是我，這其實又讓我性致勃勃了起來。」

「一開始是在哪裡犯案？你找到被害者的那個地方離你住處多遠？」芮斯勒問道。「只有兩、三條街的距離吧，」李瑟爾回答。「我畫張地圖給你看。這是我住的地方，所有殺人案都是在我住家附近發生的。」

「你有沒有想過跳上車子，直接開到馬里蘭州或其它地方？」道格拉斯追問道，「因為如果你找的是別地方的被害者，就比較不會被懷疑？」

「是啊，是啊，」李瑟爾傲慢地不把這當一回事。「但我是覺得熟悉環境反而對我有利。去到一個我不熟悉的地方，搞不好碰到巡邏的警察，就逮到我了。這就是為什麼我會盡量犯下很多案子，而且盡量久留在那地方，因為我很熟悉那裡，我知道警察早上什麼時候會經過附近，因為我都在那兒啊。你知道嗎，就連報上新聞也都說我之所以一直沒被逮到，是因為他們都在找生面孔和可疑人物，但我是一個年紀很輕的十幾歲男生，就住在附近，每天都被人看到。」

這夠令人毛骨悚然了吧，但他說得沒錯。李瑟爾是在犯下第五起殺人案之後才落網，之前一直沒被逮到的主要原因之一就是警方都在找年紀較大的陌生人——尤其是「可疑的陌生人」。這是根據警方的報告，他們並沒有鎖定住在附近的青少年。儘管過去有犯罪記錄，而且多數犯案也都在他所住的同一棟大樓裡發生，但警方還是追錯線索，李瑟爾繼續無人攔阻地逞凶縱欲。他就這樣躲在眾目睽睽底下。

但是地點也屬於調查線索之一，理當能將這些案件全都連結起來。大部份的被害者都是在一走進自家公寓大樓的電梯裡，就被刀子抵住。所有的性侵殺人被害者都是從同一地點被劫持，在各個不同地方被殺害，屍體衣著完整地在一天到六週之後不等的某個時間點被人發現。基本上，李瑟爾是隨機挑選那五名被殺害的性侵被害者，他只是看有哪輛車駛進他的公寓大樓裡。只有一件案子，模式是倒過來的。李瑟爾搭乘一名女士的便車，因為她正在去他那棟公寓參加派對。她讓他在公寓門口下車，然後去停車。於是他耐心等候，跟她一起進了電梯，在那裡劫持她。

李瑟爾的作案手法都詭異地一致。一開始他會向被害者預示他的意圖，拿槍逼近對方，向她們保證如果乖乖跟他發生性行為，就不會受到傷害。然後他會讓被害者的反應來決定接下來的事。完全服從他命令的被害者不會再被額外地喝令或脅迫，放聲尖叫的被害者會被口頭威脅，至於拒絕合作的則是被痛毆到服從為止。幾乎在所有案子裡，李瑟爾都能穩住他的掌控權，逼迫被害者開車到附近林地。但還是有些變數不可能想得到，於是這些無法預料到的互動就成了重要的轉折點，不是抵消掉他的衝動就是加劇演變成殺人的地步。就像李瑟爾所解釋：「我越瞭解這些女人，就越溫柔。」

李瑟爾在抓到他的第三個被害者時，事情有了變化。一開始，他喝令她不要出聲，然後打開收音機。「我心想：我已經殺了兩個，我大可再殺掉這一個，我心裡有股欲望想要殺人。我用她的絲襪綁住她，然後走開，結果我隔著林子聽到她滿地亂滾，用被蒙住的嘴巴發出聲音。於是我轉身回去，對自己說：『不行，我必須殺了她。為了保護我自己，我一定要下手。』」她的屍體後來被發現棄置在林子裡，有二十一處刀傷分佈在她整個左邊胸廓和上腹部。

第四個遭到李瑟爾殺害的被害者是他進展為連續性侵殺人犯的另一個關鍵點。他現在挑選被害者時都很清楚自己最終會殺了她們，不再有任何束縛。也因為這個全新和清楚的念頭，李瑟爾的幻想就變得更有意圖、更暴力、和更審慎了。他在描述第四次的犯案時，曾這樣回憶道：「她抓破我的臉，我就抓狂了。她開始逃跑。我跌倒又爬起來，追在她後面。她撞上一棵樹，被我逮到。我們扭打起來，從堤防滾進水裡……她一直掙扎，力氣很大。但我把她的頭壓進水裡，然後坐在那裡用我的雙手按住她的脖子。」

最殘暴的一次是他的第五次殺人，也是最後一次。這名女性住在他的公寓大樓附近，本來就認識他。這加深了他擔心被警方逮到的那種恐懼，也使他覺得比較沒辦法掌控當時的局面。於是他試圖用恐懼來主宰對方，藉此克服自己的焦慮。他把他的前四件殺人案告訴她，說他在殺害她們時有多開心，然後跟她說她是下一個，什麼也阻止不了他。但他還是擺脫不了他的多疑。被一個即將被他奪走性命的人看得這麼清楚，這一點很困擾他。就在這兩人步行穿過附近一條高速公路下面的涵洞時，他的多疑壓垮了他，他當場出手，殘暴地攻擊對方。「我就是在那時候掏出刀子，二話不說地往她身上砍。」李瑟爾說道。「可能砍了五十刀或一百刀吧。」

李瑟爾說得越多，他的輪廓在我眼前就越歷歷在目。他對他犯罪行為的理解方式很細膩，對被害者的描述也顯得小心翼翼，這透露出一種奇怪的弔詭。李瑟爾不像探員們在初步報告裡頭所形容的那般平面。你不能把他當成惡魔、精神病患或怪胎來一筆帶過，他複雜多了。事實上，李瑟爾比我目前為止分析過的其他任何犯罪者都來得複雜，他的目的不是主宰和掌控他的被害者。他是在試圖掌控周遭世界。他在試圖縮小他腦袋裡完美建構的幻想世界以及自甘墮落的他所存在的這個不完美的現實世界這兩者之間的差距。李瑟爾相信，將幻想付諸行動，才有可能靠奪回別人從他身上奪走的東西來矯正過往。他把暴力視為一種工具，可以使他變得完整。但在此同時，他很清楚暴力本身對一個不可能解決的難題來說，是一種瑕疵很大的解法。

「你事後的感受是什麼？」芮斯勒問道。「等你解決了對方，把屍體丟了之後，你的感覺如何？」

「等我回到家，把自己弄乾淨，回想我做過的事，我就又害怕了起來。我很緊張。我為自己感到羞愧。我不知道這是怎麼回事，我為什麼要殺人。」

「為什麼羞愧？」

「這很複雜，」李瑟爾解釋道。「我記得有天晚上，我正在跟我媽看新聞報導其中一名被害者，對方的父親上了電視，對著鏡頭說：『不管是誰幹的，都請你去自首。我們沒有想要報復你，我們知道你病了。』那番話影響了我。我不得不走到外面，拿了我的鑰匙，開車去店裡。我母親沒有把這兩件事聯想起來。但是當他說這些話的時候，我的心情變得很糟。」

「你母親完全不知道？」

「她只擔心我的安危。她老是告訴我，外面有人正在殺人，而我晚上卻老愛出去參加派對或什麼的。她叫我要小心一點。」李瑟爾停頓一下，然後又補充：「我試圖不去想那件事，因為我知道那是不對的。」

「如果你覺得你可以得到一些治療，你會去自首嗎？」道格拉斯問道。

「不會，」李瑟爾毫不猶豫地回答。「那些治療我都做過了。我才不相信那種除非我被逮到，什麼也阻止不了我的說法。當他們逮到我的時候，他們就是得殺了我。我曾想過去加入海軍陸戰隊。我覺得如果有很嚴厲的長官，應該就能矯正我。我需要某種自我紀律來限制我的腦袋不再去想那些暴力行為。」

「最後一個被害者，你放過了她，那是怎麼回事？」芮斯勒問道。「那時你已經殺了很多人，為什麼對她手下留情？」

「她告訴我她父親得到癌症快死了。我就想到我大哥從海外回來，剛要做癌症手術。他才二十五歲就得到癌症……我想到了這件事。我不能殺她，她已經夠慘了。」

我把錄音帶按暫停，倒轉回去，又聽了他最後一次的心理轉折。

「她已經夠慘了。」

這是關鍵。在那瞬間，當那個女人把她的困境告訴李瑟爾時，他脆弱的幻想架構就瓦解了。他不再視女人為一種去個性化的性別代表。她是真真實實的人，一個獨特的個體。她想辦法讓李瑟爾理解她也一樣情緒不安，那正是他沉迷於掌控權的根源所在——譬如他父母的離異、他父親的缺席、他被女性拒絕、他哥哥罹患癌症。這個女子的世界就跟他的世界一樣有缺陷、同樣一團亂。他一瞭解到這一點，便有了同理心。這也是為什麼他叫她靠邊停車，然後把她的車鑰匙往車窗外一丟，自己就跳下車，跑進林子裡。

李瑟爾的錄音給我了難得的機會，去觀察一名殺手是如何逐步成形。錄音內容按事件順序記載了他的思考模式（他會在腦袋裡不斷回播過去的經驗，藉此重溫和複習它們）是如何強化了他那走火入魔的幻想，使他變得不同於平常人。錄音內容顯示出是什麼引發他的演化，把他的憤怒轉化成偷竊，再變成性侵，然後是殺人。但這裡頭最吸引人的是李瑟爾經常展現出的自我覺察力。他確實知道自己在做什麼。他看到了自己行為所造成的影響。但他還是繼續犯案。

「表面上，我覺得我就跟其他人一樣正常，」他說道。「但在心底深處，有些東西我覺得已經墮落了。我感受到一種囟惡，有時候我好想把它反應出來」

「但是你背離了社會基本規範，」芮斯勒說道。「你奪人性命，這是你跟人家不一樣的地方。」

「是啊，」李瑟爾承認道。

李瑟爾最令我吃驚的是，他的多數犯行都是在精神治療期間發生。這曝露出一般的精神病學晤談技巧是有瑕疵和侷限的。而最值得檢討的就是自陳式（self-reporting）的面談作業。這種技巧的建立基礎是在於你認定病患想要變好，他們自願參與療程，會據實陳述自己的狀況。但是這裡頭沒有考慮到那些從頭到尾都在欺騙精神科醫師或者刻意操縱周遭人士，使其誤以為他們已經有所進步的犯罪者。

李瑟爾也像我一樣很訝異他竟然能在精神治療的監督下，無人知曉地繼續犯案。他解釋那是因為他的精神科醫師從來沒有回過頭去探討他的犯罪行為。他們只想談論他當下的心情，因此很好撒謊，只要說他從過去的錯誤裡學到很多教訓就行了。他們從來不問以前的犯罪行為或者他跟他父母的關係，抑或他的酗酒問題或者他跟女友的分手。

李瑟爾承認，「如果再重來一遍，會很撕心裂肺。」但同時他也覺得他的精神科醫師沒有問對問題，錯失了良機。如果他們有問到，搞不好就能找到他犯罪的原因。「長遠來說，談一下還是有幫助的。」

李瑟爾這種程度的覺察力實屬罕見，他清楚知道自己是誰，也知道他行為的本質。但他不是唯一的一個。肯培也有同樣的特質，只是對他造成的影響截然不同。

第十一章　幻想與現實不能兼得

道格拉斯有一次談到連環殺手艾德蒙．肯培時曾說：「如果我不承認我喜歡這傢伙，未免太不誠實了。」雖然這是一番很奇怪的自白，但我絕對能瞭解它的其來有自。肯培不像其他連環殺手那樣態度典型傲慢。他的個性冷靜而且口條清楚，他喜歡開玩笑，而且友善、坦誠、敏感。但他也曾在短短不到十年間，冷血殺害了他的三個家人和七名手無寸鐵的女子。我不像道格拉斯，我沒辦法把罪犯從犯罪行為裡抽離開來。我在肯培提供的資料裡看到了價值——除此之外，別無其它。對我而言，他就是我用來達到研究目的的一種手段。

可是就資料的背景脈絡去看，最吸引我的是肯培非常有自覺性。這個特質我以前只在李瑟爾身上看過——我曾經以為李瑟爾只是特例，但現在我有了肯培做為第二個參考點。我可以分析這兩人的模式、行為、和犯罪心理，再把我所學到的運用在剖繪作業和罪犯人格研究裡。能在一個研究專案的後期階段找到這類特例，多少顯得稀罕。我非常興奮，於是全心投入。

雖然肯培和李瑟爾這兩人之間有一些明顯的差異，但表面下也有很多雷同的地方。比方說，他們都是連環殺手和性侵犯，他們的異常性交行為都顯示出他們完全漠視個體生命的價值。他們都幻想擁有絕對意義上的權力控制。他們都把自己的暴力行為視為一種連結的形式，只是這兩人之間的差異在於跟被害者建立連結的那個時間點。李瑟爾性侵並趁被害者還活著的時候試圖跟她們連結。但肯培認為這不可能。基本上他認定只有在被害者死亡之後，才會有那種不怕遭到抗拒或拒絕的真正連結。所以他性侵屍體的時候，才能感受到最高極致的掌控權。

我花了一番功夫才把肯培從他犯罪後那幾年所衍生的各種傳說裡剝離出來。每家報紙的報導彷彿都有自己的一套經過潤飾的肯培故事，每個心理學家也都根據各種聽聞和傳言在精心呈現他們的分析報告。就連肯培本人也會見機添亂。每次重述他的犯罪行為時，都會習慣性地迎合訪談者的預期心理，測試他們對他瞭解多少，然後在可能的地方加添一點新的細節。這是他在玩的一種遊戲，以滿足他對掌控權向來有的需求。但對我而言，這只意謂我得再花點功夫揭露真相而已。

艾德蒙・肯培三世（Edmund Kemper III）一九四八年十二月十八日出生在加州的柏班市（Burbank），他排行中間，是克拉奈（Clarnell）和艾德蒙・肯培二世（Edmund Kemper II）唯一的兒子。他的姐姐艾琳（Allyn）和妹妹蘇珊（Susan）分別比他大五歲和小兩歲。身為家裡唯一的男孩，肯培打從出生的那一刻起就被視為特別人物，甚至是以他父親和祖父的名字來命名，以彰顯這個家族的傳承和榮耀。

儘管如此，他的童年卻是不安定、衝突不斷的，甚至最後父母離異。他母親在離婚後，舉家搬到蒙大拿州。肯培心情很低落，更糟的是，因為他父親不在身邊，他總覺得他母親開始拿他當出氣筒。「我大概九或十歲的時候就希望這整個世界全都死光光。我不想要我的家庭破碎，爸媽兩個我都愛。但發生了太多次的爭吵，我晚上都是哭著看他們吵架。他們離婚了。我有姊姊和妹妹，但我媽把我當成第三個女兒，總是告訴我，我爸爸有多爛。我本來應該從我爸爸身上找到身份認同的，但我從來沒有機會。比我大五歲的大姊經常打我，我妹妹總是帶著我撒謊，然後兩個一起被處罰。我直覺自己受到不公平的對待。」

肯培對他家人與日俱增的憎恨顯現在一些奇特的「遊戲」和角色扮演裡，而且兩個姊妹通常都有參與。肯培的妹妹（探員們也對她做了錄音訪談）主動說了一個她弟弟最喜歡玩的怪異遊戲，過程中他會叫他妹妹蒙住他的眼睛，把他帶到一張椅子上坐下來，再假裝拉動一根桿子。然後肯培會開始扭動，在地板上抽搐，活像自己正在毒氣室裡垂死。肯培後來又添了一些戲碼，他打造了一個假的棺材盒，「被毒死」後就可以躺在裡面。

然後從這裡開始，肯培的童年就跟FBI連環殺手研究裡的同輩犯罪者一樣經歷過許多類似的悲慘遭遇。他在學校被取笑，孤零零地坐在校車裡，不斷被兩個姐妹為難，成了他母親酗酒後的出氣筒。肯培把這類羞辱都吞進肚裡，但偶而也會對動物或他的姊妹做出殘酷的行為。有一次在跟他妹妹起了嚴重衝突後——一些很個人的問題——克拉奈就決定這兩個兄妹不應該再同住一室，把她兒子跟其他家人隔開，叫他搬到地下室去。肯培就像李瑟爾一樣在FBI的連環殺手研究裡也是一個很健談和自願的受訪者，他用精準到令人不安的描述方式回憶那間地下室：

它是一間可以走進去的地下室，有一道長木梯一路通到地下室的地面……牆壁是原始的花崗岩，頭頂都是咯吱作響的管路。這對一個充滿想像力的孩子來說是個很棒的地方……但不幸的是，我很怕怪物，以及所有會嚇人的可怕東西。我勉強住了進去，在地下室的那六個月多裡，我一直在跟惡魔談條件，因為我相信牠一定會把我吃掉，或者用某種方法做掉我。地下室裡有一座改造過的火爐，以前是用來燒煤的……對我來說，那就像地獄之火一樣。我父母在一九五六年，也就是我七歲那年離婚時，我有好幾個月的時間是待在我原本熟悉的環境裡……跟小我兩歲的妹妹同住一個房間。後來我被送進地下室，一到晚上，其他家人都上樓睡覺去了，我卻得進地下室，等於我們之間隔著一整層樓面，那是很可怕的事。我母親完全沒有商量餘地，就是不給我任何光源。我沒有夜燈，因為那太昂貴。對一個八歲男孩來說——七或八歲吧——我都快嚇死了。

後來沒多久，克拉奈第三度結婚，肯培（在他自己的要求下）去跟他父親和繼母同住。但他其實也不想住在他們家。他的繼母發現他這人「怪怪的」，覺得很不安。她常瞥見他盯著她看，害她心裡毛毛的。她告訴他丈夫，要他把他送走。這件事在一九六三年他們舉家到加州北福克（North Fork）的祖厝農莊過聖誕節時獲得了解決。假期結束時，十五歲的肯培在沒有任何人跟他解釋的情況下被拋棄，留他下來跟祖父母同住。肯培站在原地看著車子丟下他從農莊車道駛離，漸行漸遠，最後沿著公路加速開走。

一開始，肯培看似在農莊的新家裡調適得還可以。他有一支點二二口徑的來福槍，可以拿來射地鼠和兔子。他在學校裡似乎也表現得不錯。但是那年的第一個夏天接近尾聲時，他祖母擔心他又退回以前狀態。此外她也對他的「怪異」漸感不安。在自白裡，肯培也承認他變得越來越沉迷於殺人的幻想。他已經殺了很多動物。現在他想知道殺掉一個人是什麼感覺。

「你是怎麼開始幻想的？」芮斯勒問道。

「我經常被人罵『笨』，很不幸的，我也開始相信……就是那時候我進入了很病態的想像裡，死亡之旅也在那時候開始。魔鬼一直跟我同住一室，就住在那座火爐裡……我下意識地累積了很多的敵意，然後在那堆狗屁倒灶的幻想裡頭獲得了解脫。它開始潰爛。他們在學校應該早就注意到了，因為我在學校做了太多的白日夢，全都反映在我的成績單上。」

「你做什麼樣的白日夢？」

肯培解釋他的白日夢是由「慢慢進階的各種幻想所組成，譬如整個學校徹底摧毀之類的。那很糟糕。但他們以為我只是看到窗邊有鬱金香在飛或者看見鳥兒上下顛倒——就像其他作白日夢的正常人所看到的東西一樣。」

當時十五歲的肯培已經六呎七吋高，體重一百七十三磅，但這對他一點幫助也沒有。他同學老是取笑他，他個性內向，但個頭卻大到沒辦法把自己藏起來，躲開那些老愛捉弄他的人。他非常孤單，沒有朋友，與他的父母分隔兩地，被獨自丟在偏僻的農莊裡，遠離他所熟悉的一切。他擁有的只有他的幻想。他唯一的出口就是在腦袋裡一再反覆播放那些幻想，讓它們趨於完美，直到夠嚇人為止——他的腦海是一個可以由他自訂規矩的地方。

一九六四年八月二十七日，肯培盯著他祖母在廚房裡校對一本童書，這時她突然吼他不要再盯著她看。肯培起身，抓起他的點二二口徑來福槍，說他要去外面射地鼠。他祖母警告他不要射到鳥，然後就回頭去做自己的事。肯培趁她回過頭去時，從她頭顱後方射了一槍，也射了好幾槍在她兩個肩胛骨之間。然後再用刀子捅她，還用毛巾蓋住她的頭。等他祖父回到家時，肯培也拿槍射他，將他擊斃。然後他打電話跟他母親認罪。她叫他打給警察。他照辦了。在忍受了這麼多年的誘引因子和拒絕之後，祖母的嚴厲責罵就像是壓垮駱駝的最後一根稻草，讓他跨過了臨界點。隨著殺人幻想的徹底實現，他現在可以泰然地大開殺戒了。

但是肯培第一次犯案後就打電話給警察的這個舉動相當罕見。肯培不像我們在連環殺手研究裡頭多數的研究主體那樣會盡可能地躲開偵查，他的本能反而是承認犯罪。這表示他還沒徹底想清楚犯案後要做什麼——或者他可能面對什麼樣的後果。但更令我覺得古怪的，是肯培打電話給警方時實際告訴對方的那番話。

「我只是好奇槍殺祖母是什麼感覺，」他說道，同時補充他後來也殺了祖父，是因為這樣他就不會發現他太太死了。

從這段話裡頭可以做出很多剖析。它顯然說明了就算肯培對親人有任何感情，也是非常淡薄。而在此同時，他也把槍殺祖母合理化成保護自己免於情緒痛苦的一種方法。而且他立刻打電話給他母親，解釋他做了什麼。這是一種矛盾，它證明了肯培早期的感情依附、拒絕、和孤立。而它也讓我一窺他對周遭世界的認知方式。幻想是肯培的主要透鏡，他很清楚這一點，而且試圖透過一種對他母親的感情依附來保持情緒的穩定。但是他們之間的關係是敵對的，而且可能很不穩定。他的母親後來被證明是他主要的壓力因子，但是在他心裡，母親也是他的救贖。

肯培就像李瑟爾一樣是在十幾歲時首度犯罪。他在阿塔斯卡德羅州立醫院（Atascadero State Hospital）司法精神病院待了四年，最後被釋放出來，回去接受他母親的照顧。曾有多名醫師考量到，有清楚的紀錄顯示肯培和他母親之間具有敵意關係，因此不同意那份釋放協議。但是少年管理局（Juvenile Authority Board）漠視這些臨床報告。於是體重兩百八十磅、塊頭高到六呎九吋的肯培回到家，希望能夠重新開始。他去上社區大學，試圖進入執法圈，但因個子過高而被學院拒絕，於是到加州公路局（State of California Highway Department）上班。

肯培當時看起來好像回到了正軌，過起正常生活。他有了一份工作，偶而會去約會，給人的印象就是個聰明的年輕人。但是在他腦袋裡，一個安靜休眠中的幻想世界正像疾病一樣蔓延開來。肯培發現難以抗拒那股老癮頭。接下來那兩年，他專挑搭便車的女性來測試自己能否控制住他想傷害她們的那股衝動。但儘管有這些實驗，他還是充份清楚接下來會發生的事。「早在我開始殺人之前，我就知道我一定會殺人，最後結果一定是像這樣，」他承認道。「那些幻想太強烈了，它們持續的時間太長，內容也太詳盡了。」

肯培最後在一九七二年五月實現了這些幻想。那天傍晚，他在柏克萊附近開車時，停下來讓兩名女大生搭便車，她們是瑪麗・安・培斯（Mary Ann Pesce）和安妮塔・魯契沙（Anita Luchessa）。他起初只打算性侵她們，可是後來慌了手腳，就將她們殺了，塞在後車廂裡，一路開車回家，然後在家裡反覆性侵屍體，再肢解她們。這顯示出肯培的殺人進程演化到一個新的階段，他即將展開連串的致命行為，攻擊女大生（後來他的綽號就是「女大生殺手」〔the Co-ed Killer〕）。他殺害她們之後，就將頭顱砍下來，與她們的屍體性交，再宰割處理掉那些屍塊——將手掌、軀幹、和其它部位丟在不同地方。某些情況下，他會留下頭顱，反覆姦污，等到發出臭味才丟棄。

在問到他是否想解釋這些暴力行為背後的原因時，肯培的答案非常據實。「沒錯，一開始割掉頭顱這件事，我想有部份原因是我腦袋裡一直有這樣的奇怪念頭。那是我小時候就有的幻想。」肯培還補充說：「割掉頭顱時，我會得到某種滿足感，事實上，我割掉的第一顆頭顱是魯契沙小姐的頭，我用殺死培斯小姐的那把刀在後車廂裡割掉的。我記得割掉魯契沙小姐頭顱的過程令我很興奮。其實是有種性亢奮在裡頭，事實上幾乎達到了性高潮。那是一種亢奮和洋洋得意，就像獵人在割小鹿或麋鹿之類的頭顱那麼亢奮。我是獵人，她們就是我的獵物。」

肯培把收集戰利品的獵人當成自我的身份認同，這可用來瞭解他內心本質的一個關鍵所在，也部份解釋了為什麼他會把分屍視為處置屍體的一種工具。他越來越沉迷於這種分屍過程，他開始研究，並趁每一次殺人來精進自己的分屍技術。譬如他會在屍體僵硬之前先切斷腳跟腱，這樣才比較容易擺佈和處置屍體。對肯培的暴力幻想來說，分屍這件事是最重要的。而頭顱是他最喜歡的紀念品。

對頭顱的著迷始於他的幼兒期，當時肯培是在某種性儀式的遊戲裡肢解了他姐妹的洋娃娃。「我會坐在那裡看著洋娃娃的頭顱，它們被放在一張塞了很多東西的椅子上。我在床上會被它們絆到，我會看著其中一顆頭顱沒放好就滾下椅子，看上去很恐怖。它從椅子上掉下來後，會滾過墊子，撞上地毯——砰的一聲。」這個念頭在整個童年期不斷滋長，直到它成了幻想裡的核心。在幻想裡，女性屍體化身成肯培所認定的真人洋娃娃。就像肯培所形容：

「如果我殺了她們，她們就不能把我當成男人一樣拒絕。這多少有點像用活人來製造洋娃娃，我是用洋娃娃——也就是一個活人來實現我的幻想。」

肯培殺害最後一名女大生時，離他想要展現的那種完美犯罪堪稱是最接近的一刻。被害者是辛西亞・夏爾（Cynthia Schall），他槍殺了她，再塞進車子後車廂，然後帶回他母親的公寓。他把屍體整夜藏在自己的衣櫥裡，才好隔天趁他母親去上班的時候在浴缸裡肢解。然後他把割下來的頭顱埋在後院，臉朝向他的臥室窗戶。肯培補充說：「有時候夜裡我會跟她說話，說些情話，就像你跟女友或老婆說情話一樣。」

隨著每一次的殺人犯案，肯培的自信和能力也跟著增強。他開始欣賞自己的手法，浪漫化他的被害者和過程本身。「這就像是看著美麗的蝴蝶飛過去，你只想留住一隻近距離觀察，因為它會一下子就飛過去了。我伸手去抓的時候就知道我一抓到蝴蝶，馬上就會被壓扁，再也活不過來。它不會再那麼漂亮，但至少它安安靜靜的。這就是為什麼我根本不理會別人，管他們說什麼這種行為很糟糕透頂，你不能這樣糟蹋屍體，太可怕了，很噁心之類的。」

一九七三年春天，肯培的殺人犯案中斷了兩個月之後，終於在殺害了他的母親和她其中一位朋友莎麗・哈勒（Sally Hallett）後劃下句點。那天是禮拜五，克拉奈去參加派對，在派對上喝醉了，回到家時因為發出很大的聲響，吵醒了肯培。肯培起身去查看她，她卻說：「哦，我猜你是打算整晚不睡要跟我聊，是吧？」肯培看著她說：「沒有，晚安。」但他其實很清楚接下來會發生什麼。等他母親睡著了，他又偷溜進她房間，拿爪鎚敲死她。再割下她的頭顱，並花了好幾個小時糟蹋她的屍體，拿它來口交，對它尖聲吼叫，再把它當成飛標靶來射。

他在詳述這些細節時，我聽得到他對錄音機哭訴的聲音。但我沒有心軟。一如往常，肯培只想到他自己。「我是從我媽生出來的，」他說，「所以在憤怒下，我就再鑽進去。」

儘管內容聽起來很令人不安，但他的分屍和戀屍癖行為在連環殺手裡頭來說算是相當標準。我以前就聽過很多雷同的細節，只是肯培這個例子有點不太一樣。他是很輕而易舉地在切割被害者的屍體。他談起這種事的時候活像這是一種神聖的行為。「只有一種人可以輕鬆自在地處理屍體，殯葬業者或從業多年的病理學家。但因為我看過一些很噁爛的東西，而且有些幻想恐怕就連該死的病理學家都會反胃。這不是施虐狂的幻覺，這只是一種進程。換言之，就是在厭倦了某種程度的幻想之後，進展到更奇特更深層的階段裡。年復一年，它終於來到深處的盡頭，只是我還沒有接觸到慘絕人寰的那種幻想。」

這裡的暗示很明顯。對肯培來說，重點不在於殺人，而在於分屍。他藉由肢解屍體來完成他跟人類同胞粗淺形式上的連結。雖然這令人不安，也好像很不合邏輯，但這個過程對肯培這樣的反社會者來說是有道理的。它反映出他對同理心的缺乏、他需要有主導權、以及他沒有能力去維繫與他人之間的情感紐帶。這尤其顯見於他對保留被害者頭顱這件事的著迷程度，他把它當成某種儀式或者用它來延長自己的幻想。肯培曾在FBI的庭審證詞錄音裡，向地區檢察官皮特・張（Pete Chang）和警長辦公室的警探米奇・阿魯非（MickeyAlluffi）解釋了他的想法。

「我想要〔她的屍體〕盡快腐爛，因為她的頭顱裡頭有顆子彈，我不想那個東西被人看到，」肯培解釋道，「我不想因為臭味的關係或者所謂的分解腐爛而製造出太多問題。所以我把她頭顱的皮剝下來，移除頭髮、頭皮、臉皮、和頸部組織，反正頭顱上能除掉的肉都要拿掉。」

「你把那些東西跟她的頭顱埋在一起嗎？」阿魯非警探問道。

「是啊，就埋在頭顱下面，」肯培回答。「我知道它們會先腐爛，但我就是不想要它們跟頭骨還連在一起。我要頭骨的部份盡快分解，留在上面或裡面的東西都要盡快分解，但是頭髮和頭皮我沒有放進去，我只放臉皮的部份。」

「你拿頭皮和頭髮要做什麼？」

「我會把頭髮從頭皮上割除，用麻袋裝著放進加油站的垃圾桶裡，再把頭皮切成碎片，用馬桶沖掉，我想這樣就沒有人會發現。」

這種純就事論事、不帶感情、平鋪直述恐怖手法的方式，很類似機械工在描述自己是如何逐片拆解一輛汽車，也顯示出肯培對於暴力的務實冷淡態度。他的被害者只是空白的畫布，供他繪出從他腦袋裡逃脫的那些驚人幻想。但在審訊裡見解最深入的卻是他的姊姊艾琳。她回想自己早在弟弟自首之前就曾懷疑女大生命案是他做的。「有一件童年往事在我眼前一閃而過，」她作證道，並很快描述了當年她弟弟是怎麼殺害家裡的貓，還把頭砍下來，再把剩餘屍塊藏在他的衣櫥裡，直到他母親聞到惡臭味完才被發現。艾琳也提到她有問肯培跟那些命案有沒有關，他當場否認，但告訴她不要跟媽媽提起，因為「她會開始東想西想，事情就變得很難收拾。」

就核心本質來說，肯培的殺人方式也反映出他幼年所經歷到的困境，包括被那缺席的父親和老是對視他為無物的母親所拋棄。他殺害他母親，就像是在表達他沒有能力跟別人建立關係，也像是在懲罰他父母對他的頑強拒絕，不肯給他任何撫慰。暴力是肯培在各種肢體攻擊和言語羞辱裡頭試圖用來證明自我價值的方法，靠它來索回他與他人之間被擋下的情感紐帶。如果佛洛依德打算設計出一名連環殺手，肯培絕對是原型。這是一個典型範例：他渴望父母給他不容妥協的愛，當他們令他失望、沒有如他渴望地給予正面關注時，他就發作了，展現出他的殘暴面。

肯培和李瑟爾這兩人堪稱具現也同時複雜化了連環殺手成形過程裡某一方面的縮影，那是我以前始終沒有完全搞懂的地方。分析這些不同類型罪犯的主流方法向來都是焦點放在「先天或後天」，意謂究竟是生物遺傳因素還是環境養成因素在決定一個人有無潛質成為殺人犯。但是肯培和李瑟爾複雜化了這種輪廓分明的切割方式。他們證明了連環殺手不見得天生就是暴力成性，但他們很容易受到暴力行為的影響，他們會因為接觸到特定誘因而慢慢演化，變得較有強烈的可能去殺人。就算有適當的條件，這種殺人的衝動也都是長時間演化出來的。這是複雜又緩慢的成形過程，多半可以回溯到是因為沒有能力跟別人還有自己建立關係。在一個連環殺手的腦袋裡，暴力可能是一種自我治療的形式。它能安撫他們的痴迷、困惑、和種種難以招架的幻想。它給了他們掌控的感覺。但是就像所有自我治療一樣，效果只是暫時的。肯培太清楚這一點，也承認「現實總是辜負了幻想」。

不管一名連環殺手多麼有自覺性，或者為自己的暴力犯罪添加了多少新的儀式，永遠都嫌不夠。幻想和現實之間的那條線是無法滲透的。他們的原始殺人衝動——那股始終不放棄的頑強渴求——是永遠滿足不了的。再多的暴力都不能馴化或澆熄那股潛在的欲望。李瑟爾和肯培比任何人都瞭解這一點。這也是為什麼他們無法停止談論自己的犯罪行為，因為他們所剩的就只有記憶而已。

第十二章 毀屍模式

在ＢＳＵ，成員們對授課這項工作的反應是兩極化的。有的探員很喜歡授課，有的把它當成一種社交，也有的認為這是負擔，瓜分了他們原本就已經緊繃的資源。但我看待它的方式不太一樣。對我而言，這是罕見的機會，可以藉由現場觀眾順道檢測新的觀念，再根據他們的集體反應來微調我的研究工作。我把它看成是一種教學相長的機會。整個授課過程還是有其價值可言——包括新進探員提出的問題；當某個事件說進他們心坎裡時，他們所流露出來的興奮之情；或者當我沒有把道理說通的時候，他們一臉困惑的安靜表情。授課可以激勵我，使我的研究更完善周全，拿出最好的表現。

一九八六年春天，我以性侵毀屍殺人犯為主題發表了論文之後，便突然靈光一現，有了新的演講點子。我才剛花了三個月的精華時間去比較有被性虐待經驗的性侵殺人犯和無此經驗的性侵殺人犯。最後做出的結果令我驚訝。數據顯示孩提時曾被性虐待過的殺人犯比較可能毀屍。這類復仇性的行為（對以往的創傷過度補償，而方法就是把它反映在更極端和更殘酷的作案手法裡）彰顯出連環殺手的獨特性，而那也是我急著想進一步探索的領域。它一定跟思考模式有關。而這部份的概念正好可以藉助團隊以外的人，由他們的背景經驗來補強。

我之所以特別想追根究底這件事，背後動機來自於跟艾德蒙・肯培的一場訪談內容。芮斯勒當時問肯培是怎麼挑選被害者，還有為什麼要殺人。肯培的回答很令人驚訝。

「取人性命是我一個很壞的毛病，」他說道。「重點並不在於殺害他們，而在於殺了之後擁有他們的屍體。」

我就是在那一刻靈光一現。肯培所說的——不必然是他原話裡的意思，而是這句話背後的張力情緒與道德原則——是有道理的，等於是為這些連環殺手開闢出一個全新的維度，而那是我們以前沒有考量到的。直到那一刻之前，我們都只是在研究連環殺手，根據他們的成長背景、規畫準備、以及性侵和殺人行為的犯罪現場記錄來進行犯罪者的剖繪。但我們從來沒有認真考量犯罪者在被害者死後與屍體的互動方式所隱藏的儀式性元素，不算有很認真地考量過。我們只專注在實際面的犯罪元素上：屍體的處置方式，死後有沒有被性侵，如何利用屍體來取證。但是肯培的案子顯示出犯罪者的犯罪後行為也可能是有意圖的，甚至是特別的意圖，它有其意義，分析了它，就能進一步地引領我們更瞭解連環殺手的腦袋是怎麼想的。事後回顧，這一切似乎很明顯：儀式就是連環殺手的第三個行為。

這樣的領悟也擴大了我們的工作範圍。它顯示出對某些個體而言，犯罪所得到的滿足感不在於殺人本身，而是在於後續的儀式性行為：糟蹋屍體、收集紀念品、成功地展示或處置被害者的屍體。這類處置和犯罪後行為從沒有在這個方面被好好研究過。雖然光是想到就讓人很不舒服，但是我在BSU裡的工作之一，就是去瞭解連續暴力裡頭較極端的邊緣元素，再利用它來預測犯罪者可能如何演化。就像約翰・道格拉斯常喜歡說：

> 行為反映人格。未來暴行的最佳指標就是以前的暴行。要瞭解這位「藝術家」，就得研究他的「藝術」。犯罪行為必須從整體去評估。

「為什麼有人會毀損或肢解他人的屍體，這有兩個理由，」我站在匡提科會堂裡那座熟悉的講台上演講時，一開始便單刀直入地說道。「第一個理由很務實——分屍是為了隱瞞被害者的身份，或者讓遺體比較好處理。但是對某些人來說，犯罪後的行為也可以用來滿足施虐癖的主要幻想，這在本質上是儀式性的，包括在屍體上切割出象徵性的圖案和記號，或者把性徵部位切除或支解。」

我打開投影機，秀出聖塔克魯茲（Santa Cruz）附近山上一群調查人員的影像，他們圍站在一顆被切下來的頭顱旁邊。頭顱的五官清楚，完整無缺，沒有腐爛，只是明顯皺縮。你可以看得出來被害者是個才十幾歲的年輕女孩。

「不管哪個理由，毀屍對調查人員來說都代表著巨大的挑戰。一具被毀損的屍體會變得更難進行基本的取證。而且屍塊分散各地可以幫忙掩飾被害者和犯案者的身份。」

我再往前點擊，秀出被害者頭顱的特寫照。

「光是用看的或者光是想這件事，就讓人很不舒服，」我告訴他們。「相信我，我懂那種感覺。可是去調查這些行為的規畫——也就是涉及損毀、展示或保存被害者屍體的這些決定——就有機會收集到寶貴的資訊，告訴我們犯罪者的身份、以及他們的思考方式。在這些個案裡頭，每一件都有一個簽名特徵元素，有模式在裡面。如果可以從這個角度去看，你就可以趕在他們再度行動之前，以更近的距離去拼湊出你對這名犯罪者所理解的樣貌。」

我注意到探員當中有人露出困惑的表情，於是我暫停一下，接受提問。

「這類事情不就是你所謂的非理性行為的例子嗎？無法預測和無從解釋的事情？」靠近

前排的一位探員問道。「我的意思是，這似乎是很很罕見的行為。」

「不見得，」我說道。「就大部份的人類史來說，死後儀式在宗教傳統裡是很常見的。只是最近因為少了這類文化的背後撐腰，這種儀式就變得較為罕見。但是我看到的每一件現代個案都屬於很明顯的例子，顯示出犯罪者行為上的刻意與精心，以及在性虐待的自我滿足裡帶著孤芳自賞式的賞趣。他們表現的是意圖，而不是精神錯亂。只要看看艾德蒙・肯培、泰德・邦迪（Ted Bundy）、卡爾頓・蓋瑞（Carlton Gary）這些人的例子就知道了。他們的行事是理智的。」

「我瞭解你在說什麼，」同一位探員又反問回來。「可是你不覺得這個不明嫌犯的邏輯推理太令人費解，太瘋狂——其實甚至已經到達不能再作為線索的地步？」

「重點不在於這是否是瘋狂之舉，」我說道。「重點在於犯罪者在他們的行動裡頭看到了某種邏輯性，他們是循著一種推理模式，所以對他們來說這一切是合理的。讓我解釋一下。當我第一次在BSU工作時，我在初始研究裡頭用來訪談那三十六名性侵殺人犯的基本問題之一就是：『是什麼引發你第一次的殺人犯案？』無一例外的，每一名犯罪者的答案都循著同樣的邏輯模式。首先他們會解釋，他們完全瞭解自己長期以來都很沉迷於某種活躍的幻想生活——通常都是說自有記憶以來它就具有『主導地位』。第二，他們都會形容他們的幻想是如何從對暴力的模糊概念演化成對性侵、殺人、和操控他人等複雜的執迷心理。第三，他們的答案都顯示出那些錯綜複雜的幻想世界是如何達到臨界點，產生非常真實的感覺，堪比現實世界本身。

「就是最後這個元件——現實與幻想之間的模糊界線——最值得我們重視和理解。它才是那個關鍵。因為就在那一刻，抽象的殺人幻想從犯罪者的腦袋裡逃脫出來，有了自己的生命力，來到現實世界用暴力瞄準真實的被害者。」

「而這就是為什麼，那個東西對你們所有人來說都至關重要，」我補充道，同時再點擊出下一張艾德．肯培的正面照，那是在聖塔克魯茲警長辦公室拍攝的。「在犯罪者的腦袋裡，他們把自己的性暴力動機理解為施虐幻想的一種症狀。但是他們不認為這是自己的錯，也不認為對現實有任何誤解。反而相信他們對現實的感知比其他人的感知都來得更清楚，他們要任何東西，都有權得到，而且他們住在一個不公不義的世界裡，在這樣的世界裡，掌控權才是最終的報酬。對他們而言，幻想就是現實。它的存在是隱匿而強大的，它有自己的一套複雜規矩和儀式得遵循——是滿腦子只有自己的一種敘事法，於是成為他們漠視人命的架構。對他們而言，它是有意義的。一旦你看出這一點，對你來說也就有意義了。」

在我們的整個研究裡，道格拉斯、芮斯勒和我都充份瞭解犯罪者的本質是如何層層堆疊出來的。從來沒有一個概莫能外的理由可用來解釋他們的進程。他們並非「天生注定」就是會去追求暴力，也不單單是他們就是習慣殺人。這裡頭的原因遠比這些來得複雜多了。而且雖然他們的故事裡都有共通的主題，譬如年少時被虐待或目睹暴力，但是他們的破壞行為並不能根據過去的暴力史來斷言。更準確地說，性暴力犯罪者其實是被自己獨特的思考模式給催化的。那些曾被我們研究的犯罪者都有重新回想和重演孩提時期創傷的傾向，將它當成一種方法去理解自己的經驗——不是把它當成克服創傷的工具，反而是一種沉溺的形式。對他們來說，重複幻想有助於強化和助長早期的創傷事件。這是一種演練。它是一種很罕見的思考模式，可以形塑出很深的認知紋路，將傳統的感知方法重新排列，等到後來有意識地規畫自己的暴力行為時，就拿它來正當化這種行為。

從這裡的重點是，這對犯罪者的演化來說意謂什麼。他們那模式化的思維和意圖，本質上都已經是走火入魔，意思是會不斷改良、不斷練習，以便讓殺人行為符合完美的幻想。在這種情況下，這名犯罪者的危險思維模式若是沒受到遏止，時間拖得越長，就變得越複雜和越暴力。他們的幻想會隨著每次的殺人不斷演化。他們會逐步進展，全神貫注在更大的掌控權和擁有權，往性侵、虐待和毀屍這類儀式性形式推進。雖然大部份的犯罪者都在他們的幻想有機會演變到這個地步之前就被逮到，但還是有人因工於心計和猜疑心夠重而得以躲過偵查，於是在這個過程裡繼續演化下去。就是這批有能力將幻想徹底實踐的犯罪者給了我們機會去深入理解他們獨特的心理素質。而且也是由這同一批犯罪者犯下那些我們前所未見、最駭人聽聞的罪行。

我在BSU的那段期間分析了不少毀屍案，不管細節內容有多生猛，我都會小心謹慎地檢視每件案子。當然，這並不代表我已經習慣這類令人毛骨悚然的罪行。我只是知道自己不能別過頭去。只要把它當成資料來看，那麼每件案子都能提供一些有用的資訊，每件案子都帶出了新的視角，每件案子都讓我能以更全貌的方式去理解連環殺手。因為事實上，這才是研究的本質：只有當你掌握住一個現象的所有真實面時，這個研究才會發揮作用——你不能去漠視那些令你覺得不舒服的東西。這是我從性侵案研究裡頭學到的事情，所以我知道一定要把這種態度也運用在罪犯人格研究裡。為了徹底瞭解犯罪行為，我必須充份理解這些涉及罪行的個體，哪怕這些犯罪行為比其它任何罪行帶來的陰影都要來得更久久不散。

舉個例子，傑拉德・約翰・薛佛（Gerard John Schaefer Jr.）說他是在十二歲左右開始對捆綁和施虐受虐有了幻想。「我會把自己綁在一棵樹上手淫，幻想傷害自己。我找到女人的衣褲，就會穿到身上。我父親比較疼愛我姊姊，所以我想當女生。」

薛佛殺人的慣例都是先綁架十幾歲的女孩，將她們帶到佛州自然保護區的偏僻地帶，再捆綁起來，封住嘴巴，然後要求脖子已經被絞索繞住的她們在樹根上站穩，最後才殺掉她們。然後他會宰割她們的屍體，湮滅證據。等到調查人員確認薛佛是頭號嫌犯，進屋搜索他與母親同住的居所時，這才找到一堆他從各個被害者身上取走的戰利品：珠寶、武器、照片、失蹤人口報告、以及牙齒和骨頭。他們也找到一百多頁的手寫原稿和圖畫，上頭詳述了性侵和毀屍年輕女性的各種暴力幻想。但最能栩栩如生展示薛佛幻想的莫過於他牆上的拼貼圖。薛佛利用各種隱晦的色情海報精心製作出一幅拼貼藝術，讓人從視覺上就能一窺他的兇殘思想。其中一張是一個女人倚在一棵樹上，雙手放在後面，但薛佛在她身上畫了幾個彈孔和幾條束帶，還在她的內褲上面畫出排泄物的痕跡。另一張是三個裸體女子站在一名單身男子的對面，薛佛在他們頭頂上方畫出對話框，對話框裡寫著：「這些女的一定會取悅我。如果沒有，就要被帶到廣場中心，在我繩索的另一頭跳舞娛樂村民。」而在另一面牆上，有幾張海報被貼在一塊，上面是幾個年輕女子被吊在樹上。

但不是只有薛佛有這種可怕的幻想，卡敏・卡拉勃（Carmine Calabro）也一樣，在後者的案例裡，被害者是二十六歲的特殊教育老師法蘭馨・艾芙森（Francine Elveson），她的屍體是在她布朗克斯區的公寓大樓頂樓被發現。這是一起尤其殘暴的毀屍案。艾芙森被虐待致死，死後遭到性侵，還被打得不成人形，難以辨識。她被自己的絲襪和皮帶捆綁起來，屍體被擺成大字形，模仿希伯來語裡的字母chai，就是她戴在項鍊上的那個字母。她的整張臉支離破碎，被自己的內褲蓋住，大腿內側和膝蓋四周有幾處咬痕，身上有美工刀的刀傷。不過最值得注意的是，犯罪者在犯罪後的行為裡所明顯展現出來的性挫敗感。他割掉她的乳頭，切除她的性器官，在她的下腹寫了很多髒話，還在她陰道裡插了一根雨傘，對著她手淫，並在屍體旁邊大便，再用她的衣服蓋住。她的腿上有原子筆寫的幾個字，內容是「操！你們阻止不了我」這是在對警方直接下戰帖。

BSU對這名不明嫌犯的剖繪包括他外表衣冠不整，沒有工作，與他父母同住在這附近（可能是案發所在的同棟大樓），從高中或大學輟學，收集了很多性虐待色情圖片，最近可能才在精神病院待過一陣子，在那裡被診斷出憂鬱症。調查人員利用這份資料縮小範圍，鎖定卡敏．卡拉勃。他是一名高中中輟生，與父親同住在艾芙森所住的同一棟大樓裡，有過情緒不穩的病史。這件案子之所以破案是因為卡拉勃主動讓調查人員從他嘴裡取得牙印模，三名獨立的專家在檢視之後都認定完全吻合被害者身上的齒痕。卡拉勃於是被逮捕，齒痕證詞成了他謀殺罪的關鍵證據。

「咬人通常是暴力性侵的一部份，不管是性侵還是殺人。這可以回溯到掌控權和主導權的問題，」道格拉斯解釋道。「這跟憤怒、侵略、和權力有關。對他們來說，這是全面的掌控。他們用各種可能的方法在消耗對方。牙齒是工具。他們會利用自己擁有的各種武器去進行摧殘。」

卡拉勃被判有罪，但從來沒承認過自己的罪行。事實上，在一九八六年年初，他曾寫了一封信給BSU質問我們的剖繪內容：「如果剖繪的結論理當是我，那麼這裡頭有兩個小小的失誤。第一，我有高中畢業。第二，我沒有收藏色情圖片。」然後他還補充道，「從你們的專業觀點來看，你們認為這個殺人犯花了多久時間完成這個罪行裡頭的每一種行為？你們認為他在犯罪現場實際待了多久？對於這些答案，你們一點頭緒也沒有，但是我有。事實上，如果你們的答案跟我預期的一樣，我就會再寫第二封信給你們，把事實擺在你們面前。然後你們再決定這究竟只是某個人的失誤還是蓄意疏忽。」

道格拉斯和芮斯勒收到信之後沒多久，就去探監。他們立刻注意到卡拉勃的牙齒全都不見了。當他們問到這件事時，他說是他自己拔掉的，因為在開庭審判時，他們拿齒痕來對付他。他不想上訴時又重演同樣事情。

看來卡拉勃甚至願意在自己身上進行肢解。

但是相較於我們看到的其它案件，卡拉勃的還算是小兒科。有一件俄亥俄州的案子其毀屍行徑更是駭人。那是發生在幾年前，當地警方好幾個月來都一籌莫展。最後在某專案小組接手之後，才逮到人，宣佈破案。但是我始終有疑慮，總覺得這個案子裡有些東西讓我覺得不太對勁，我覺得他們好像抓錯人了。我想要在我的講座裡測試我的理論，看看是否有探員跟我有同樣的疑慮。

所以那一次我用不同於平常的方法去準備演講的案子。我把它盡量弄得很簡單，直接簡化，不拖泥帶水地只搬出當地警方的調查報告，完全不提FBI後來的見解。我呈現的方式就跟犯案後當地調查人員隨即看到的東西一模一樣。通常我都是從全貌的角度去呈現每件案子，內容會包括BSU提出的剖繪，以便讓年輕探員可以看出我們流程上的整個設計，不必去猜所有元素的可能連結方式。但是我希望年輕探員這次能夠以全新的視角和直覺去檢視這件案子，而不是透過BSU結論下的鏡頭去觀察。我想要這些探員自己做出判斷。

「早安，各位，」我放下我的檔案，直接切入重點。「今天我們要回顧一件多重被害者的殺人案：其中一名被害者是男性，叫做塔德．舒茲（Todd Schultz），另一名是女性，叫做安妮特．庫柏（Annette Cooper）。這件案子裡人物之間的互動關係很有意思，所以我會先說明一下，再把這兩名被害者失蹤當天所經歷的事件順序描述一遍。然後我們會有一回合的提問時間。請記住，就算你們以前聽過這件案子，也不代表你們對它有任何的瞭解。偏見只會拖累你。我們現在開始吧。」

我把這場演講當成是在開一場真正的剖繪工作會議，先從被害者研究開始，強調案子裡涉及到的所有個體。這不只是調查策略上的一種作業練習，至少對我而言不是。這裡真的有人死了，我必須讓整個情境的氛圍盡可能逼真和迫不容緩。我需要這件案子達到我的目的。

十八歲的安妮特・庫柏和她的十九歲未婚夫塔德・舒茲是在羅根市（Logan）的高中就讀時初識彼此，這座城市位在俄亥俄州的南部。庫柏跟她的繼父戴爾・強斯頓（Dale Johnston）、母親莎拉・強斯頓（Sarah Johnston）以及繼父的兩名十幾歲子女同住。但是在一九八二年八月六日，亦即案發前兩個月，庫柏離開強斯頓家，搬去跟她未婚夫一家人住。根據她朋友說，她的理由是她繼父會亂罵人，很討厭。但這情況也許更複雜也說不定。庫柏是出了名的志向遠大，整體來說，她在學校和這個很小的社區裡被視作是外來者。她有認識一些人，可是好朋友沒幾個。但她同時也是全美的優等生，格外聰明，被認為前途無量。據知，她沒有被逮捕的記錄，跟毒品和酒精沒有任何瓜葛。這樣的對比反差使她給人的感覺有一點複雜，所以這女孩是以兩種迥異的面貌在面對社區裡不同的兩群人。

從社交方面來看，舒茲就容易理解多了。他是一個外表乾乾淨淨的男生，有在當義消，空閒時間喜歡打獵和參加音樂會。他也很熱愛翻新老車。有警方報告說他偶而會吸食消遣用的大麻，但沒有已知的逮捕記錄。他是一個相當拘謹的男孩。那天庫柏和舒茲約了中午過後跟一名律師碰面，討論結婚流程，大約在下午四點回到舒茲的家。根據舒茲母親的說法，小倆口在家裡的二樓吵了起來。兩人後來下樓，就在那時，心情明顯沮喪的庫柏跑出了家門，幾分鐘過後，舒茲也跑到街上，追了上去，安撫他的未婚妻。然後走回來向露台上的母親揮揮手，表示沒事了。他們之間的爭吵顯然已經結束，小倆口繼續沿著馬路走，這是舒茲母親最後一次見到他們。

到了第二天早上八點，小倆口還是沒散步回來。舒茲的父親打電話給羅根市的警察局報案，說他們失蹤了。過了十天後，搜索隊在羅根市西區的哈金河（Hocking River）附近找到兩名被害者的軀幹。又過了兩天，被害者的頭顱、手臂、和腿被發現埋在與那條河毗鄰的玉米田下方的淺墳裡。兩名被害者都身中數槍。

就在鑑識小組還在現場的時候，警方注意到有人正從玉米田裡的隱密角落窺看警方的作業。經過確認，他的身份是肯尼·林斯科特（Kenny Linscott），是城裡的居民，住在三條街外的地方，經常在這條河的岸邊釣魚和打獵。他解釋他只是好奇警方在那裡做什麼，調查工作於是繼續進行，沒再多留意他。可是這件案子的辦案進度在這之後很快停擺。日子一天天過去，完全沒有新的線索或對策。社區裡開始謠言滿天。教會的講道甚至會警告魔鬼已經降臨羅根市，殺人犯就像在舉行某種撒旦儀式，沒法知道誰可能是下一個被害者。

驗屍官的報告透露，行凶槍枝是點二二口徑的槍械。舒茲被射中六槍，庫柏兩槍。兩人都是命中頭部。報告也指出，舒茲有被閹割，是在死後閹的，也就是他失蹤的那十天期間。他們在其中一座淺墳裡找到一隻襪子，裡面裝了人類組織，起初以為是舒茲的陰囊，但後來確認是庫柏陰道部位的一塊組織。報告裡提到兩名被害者的槍傷處都爬滿蟲子和蛆，但屍塊的切口看起來比較像是剛處理沒多久，這表示屍體曾先被埋起來，後來才又被挖出來肢解。至於那些切口，驗屍官描述刀法就像外科醫師一樣從容和精準，很類似獵到一頭鹿之後的宰殺方式或者其它大型狩獵活動裡宰殺獵物的方式。

幾名目擊證人站出來幫忙補充十月四日那天下午的事件順序。除了舒茲母親看到庫柏和舒茲在下午四點離開家之外，一名鄰居也證實了這個版本的說法。第二名鄰居看見舒茲和庫柏沿著街道走，有停下來互相擁抱和親吻了一會兒。第三名目擊證人在四點十五分看見他們走向附近的鐵軌，然後看著他們經過一座舊倉庫。四點三十分，一名鐵路員工注意到他們就在火車的棧橋上。從四點四十分到六點半這段時間，有好幾名證人證實他們沿著鐵軌相偕而行。另一名證人說在六點半到七點之間，他們朝東走去，然後停下來跟一台紅色卡車及一輛金鷹吉普車（Golden Eagle Jeep）的駕駛談話。可是還有另一名證人看見一輛車子載著三名乘客停下來，有個男的從車裡出來，庫柏和舒茲就跳上那輛車，跟剩下的乘客一起搭乘。

還有一名證人被帶來做催眠回溯——由一名催眠師引導證人回溯時間，回想可能漏掉的蛛絲馬跡。在那次催眠裡，證人描述有看到這對男女，沒多久車子就開走了，並聲稱庫柏的繼父戴爾．強斯頓怒氣沖沖地逼迫庫柏上車，同時威脅要毆打舒茲。

「這是一張襪子裡套著屍塊的照片，」我說道，同時又秀了最後幾張幻燈片。「這是地上有血跡的玉米田。最後一張是男性被害者。這是個男生，你們可以看到他的下腹中間那道長切口，曝露出被蟲子入侵之後的內部臟器。請記住，這裡的目標是要你們走過一遍流程之後，找出行凶動機。誰有問題要問？」

「就我們所知，那個女孩跟她繼父的關係如何？」

「非常不好。大家都說他是個酒鬼，有時候會打小孩。而且他也強烈反對他的繼女跟舒茲訂婚，這一點很清楚。」

「他也打獵嗎？」同一位探員問道。「因為驗屍官的說法是刀法『像外科醫生一樣精準』，這可能是一個關鍵點。」

「我不會太執著在這一點上，」我告訴他。「當地的郡驗屍官常使用這種形容詞。對這類鄉下地方的案子來說，這是一種轉移注意力的說法。你看這些照片，哪有像外科醫師的刀法一樣精準，根本是亂切亂砍，看起來很像是用不怎麼銳利的刀子切割的。」

「那他有點二二口徑的槍嗎？」

「有，」我證實道，「他曾經有一把，直到最近為止，大概是在調查那段時間就沒有槍了。」

「我覺得是這名繼父幹的，」第二名探員說道。「但是令我不解的是，為什麼埋了被害者之後，又要把他們挖出來，再噁心地切切割割？繼父為什麼要這麼做呢？」

第一名探員在我回答之前插了話。「也許他這麼做是為了湮滅彈道證據。也許他是跟繼女還有她的未婚夫起了衝突，他們吵了起來，他一怒之下殺了他們。也許他當時喝醉了，後來覺得有點內疚，然後又想到遺留下來的證據，於是開始擔心，就回去清理屍體，把軀幹丟進河裡。過程這樣演變其實也算合理。」

有幾名探員點頭附和。這時第三名探員舉起手。

「他們在玉米田裡找到了那個叫林斯科特的男子呢？有再繼續追蹤嗎？」

我正等著有人問起林斯科特呢。他在這件案子裡的潛在角色在我看來也是很可疑。但是我很謹慎地不去引導對話的方向。「沒錯，一個多月過後，有兩個人向調查人員舉報那對男女失蹤當天，林斯科特的右手臂出現很深的傷口。調查人員於是追蹤這條線索，取得林斯科特的病歷，但後來林斯科特解釋是因為手臂撞破窗戶受傷，於是就停止追蹤了。」

「我要再回到繼父身上，」第二名探員又舊話重提：「我認為這裡還有一些鋪陳可以說明。我是覺得如果這起犯罪是為了逞欲，行凶者當下就會性侵了，不會後來又折回來亂砍屍體。我認為他之所以分屍，是想打亂調查作業的方向。他試圖讓整起攻擊看起來像是某種斧頭砍人案。但事實上，這裡可能只有一種動機，那就是對這兩個孩子的憤怒。所以主要動機是繼父的憤怒。」

我等了一會兒，想看還有誰會開口提問。但是沒有。這個屋裡的人似乎都已經達成共識。

「好了，」我說道，試著不表現出失望的語氣。「我會再為你們加速揭開案發以來後續那幾年的演變。下週見。」

那天在匡提科講堂裡的受訓探員全都是跟著最初負責這起案子的調查人員的邏輯思路在走。他們都把這名繼父當成唯一合理的嫌犯，判定他的動機是憤怒，因為見不得這兩人即將結婚。但這個推理沒有考量到這起案子裡頭可能有的性動機。它無法解釋犯罪後的那個儀式元素，那也是我當時漸漸看出來的東西，它最能清楚展現犯罪者的思考模式。

在這件案子裡，殺手割除女性和男性生殖器的動作，不只代表對方跟這名女性有過性關係——無論是實際有過還是透過幻想——也代表對這兩名被害者之間存在的性關係感到憎恨。繼父有暴力史，但從來不涉及到性。而且已經四十九歲的他也不太可能在這個時間點才改變他的犯案手法。

除此之外，我不斷回頭提醒墓地這個地點的重要性。對這名殺手來說它是一個饒富意義的地方。它屬於儀式的一部份。這很像肯培會把被害者的頭顱埋在他家的後院裡，以便夜裡可以跟它說話，所以這名殺手是想延續他和被害者的關係。因此就這名殺手而言，我可以從墓地這個地點看出兩個可能理由。一方面來說，這地點可能是這名殺手很容易來到的地方，能滿足他想要重訪和重溫這種幻想，再次得到快感的那股欲望。另一方面來說，這個地點可以讓這名殺手密切監視調查人員的作業，瞭解現場動靜。不管是哪一個可能，這兩種假設都排除掉了那名繼父，因為他對玉米田缺乏地緣性的熟悉度。

行凶者必須具有足夠的掌控力來處理兩名年輕又有體力的被害者，這一點也很重要。尤其你要考量到這裡頭涉及到的體能因素：你要把屍體運到田裡，要挖出墓穴，要切掉他們的四肢和性器官，再把軀幹扛到河邊。這是耗時又耗體力的工作，意謂可能是兩名二十五、六歲到三十出頭的嫌犯，而不是單一名四十九歲的男子。

最後，所有跡象都顯示這是一場未經策畫、即興式的犯罪行為，這一點也意謂著一件事，那就是那名繼父與庫柏同住多年，從未攻擊過她。這種同住一個屋簷下的關係意謂如果他想傷害庫柏，早就有機會可以策畫和執行。他是屍體被發現之後，馬上就被帶去偵訊八個多小時，但不管怎麼問他，他都一概否認。即興式殺手往往會極度焦慮和顯得遲疑，可以在偵訊時可以充份利用對方的焦慮來突破心防。我總覺得強斯頓雖然表面上吻合行凶者這個角色，但是缺乏嫌犯在深層意義上吻合ＢＳＵ剖繪結果時的那種深度連結。調查人員把強斯頓拿來當破案的解方，但我還是覺得這中間少了一塊拼圖——一塊可以一勞永逸地證明誰才是真正凶手的拼圖。

自從強斯頓於一九八四年一月三十一日被控謀殺，並在幾個月後被判死刑之後，我就一直很關注這件案子。這樣的定罪在我看來一點道理也沒有。檢方是根據被催眠的證人所提供的證詞起訴這起案子，再加上有一名人類學家作證強斯頓牛仔靴的後跟吻合那處發現被害者四肢的玉米田地上泥巴的鞋印。

但是，直到一九八六年八月，也就是以這件案子作為演講主題的幾個月過後，芮斯勒對我更新了案子的近況，證實了始終糾結我的那種不確定感是其來有自的。

「嘿，安，你看過了這篇報導了嗎？」他手裡拿著一份《芝加哥論壇報》（Chicago Tribune）。「他們正在幫強斯頓這個案子翻案。顯然他們裁定被催眠的證人所說的證詞不可靠，當初不應該採信。」

「讓我看一下，」我很快地掃視一遍內容。「豈有此理。檢方當初扣留了另一名嫌犯的相關證據。一名屠夫，他很迷戀這個女孩。」

「就這樣了，所以你的直覺是對的。」

我停頓了很久，仔細思索我剛讀到的內容。「可是那份剖繪是我們寫的。要是調查人員是按我們的剖繪結果在辦案，錯不就在我們了嗎？」

「我知道，」芮斯勒說道。「這種事在所難免。」

「可是你不會覺得坐立不安嗎？我意思是，最後抓錯了人，把人家關進牢裡。」

「我們的工作是製作剖繪。我們辦到了，也用我們所知道的最好方法辦到了。從那個時候起，決定權就不在我們手上了。如果警方決定去選擇最簡單的答案，而不是找出一個吻合剖繪的嫌犯，那就是他們的問題了。我們能做的只是從中汲取教訓，運用在下一件案子裡，繼續往前走。」

芮斯勒說得沒錯。我也很清楚這一點。但是心裡還是不安。

「所以結束了？我們就這樣不管了？」

「對，不用管了。」芮斯勒說道。

我點點頭。但這件案子未來幾年都會糾纏著我。它指出了剖繪流程裡還需要處理的其中一個挑戰。

我在BSU的工作是利用我們手頭有的所有個案資料，將不明嫌犯最根本和關鍵的性格特徵重建出來。一旦完成了，再交由調查人員來利用這個全貌式的完整剖繪。換言之，我們的作業成果不是一盤性格特徵的大雜燴，可供調查人員在裡頭任意挑選，湊出一個吻合這項罪行的嫌犯。它是嚴謹的反思過程，是小心發展出來的共識結果，過程中的每塊拼圖都在拼湊出全貌。當然個別細節也很重要，但它只是全貌裡頭的一小部份。畢竟，連環殺手的腦袋也像其他人一樣是在同樣微妙的心理學架構裡運作。他們很複雜。所以沒道理把他們簡化成一或兩個簡單的性格特徵，就想試圖瞭解他們。剖繪之所以能發揮作用，是因為它會透過模式、行為的收集，以及細膩的記述來揭露不明嫌犯。說到底，全貌才是最重要的。

強斯頓的案子失敗了，因為調查人員迷失在細節裡。我一認知到這一點，就馬上明白犯罪剖繪這種東西不能只是「寫好了，給你們，祝你們好運」就算交差了事。我們參與案子的時間應該再拉長一點。這麼說是有道理的。因為透過剖繪作業，我們已經能充份掌握不明嫌犯的心理。我們只是需要把我們對不明嫌犯的理解轉化成調查策略，幫忙警方更快地破案。

我們要利用不明嫌犯自身的模式和行為來對付他們。

第十三章　從字裡行間解讀

BSU總是在接受挑戰。在一九八〇年代中，因為我們發現有必要拉長參與案子的時間，為現場辦案的調查人員提供更多指導，於是被迫與我們長久以來想要避開的麻煩事正面交鋒。

從一開始，BSU就跟媒體的關係時好時壞。可能有段時間媒體會吹捧我們的作業成果極具開創性，但隔一段時間又會罵我們是江湖郎中、冒牌調查人員、或者政客。這些說法對探員或我而言其實都無關緊要，但是對FBI這個機關來說卻至關重要。事實上，擔任總局局長的艾德加·胡佛（J. Edgar Hoover）打從一上任，就把公共關係視為他工作的核心元素。他花了很大的力氣去經營總局在新聞媒體及大眾文化裡的形象，大力推銷執法鐵漢大公無私的史詩級英雄故事，他們總是能技巧嫻熟地將全美最危險的罪犯繩之以法。但事實上執法鐵漢的英文G-man全稱是government man（政府人員），是在刻意模仿蝙蝠俠（Batman）和超人（Superman）這類超級英雄的稱謂。而胡佛的巧思也成功地將總局裡的調查人員悉數變身為美國的象徵。

不管動機是什麼，[1]胡佛在這方面所做的努力還是值得稱許。公共形象一好，當然就有助於人才招募的品質，也能確保總局的預算可以不斷增加，也更容易得到民間的支持和配合，作為打擊犯罪的工具。就算胡佛過世後，這個形象也一直延續得不錯——在書籍、電影、廣播、和電視裡透過各種完美的描繪方式讓這種形象永垂不朽，包括《沉默的羔羊》（*The Silence of the Lambs*）、《X檔案》（*The X-Files*）、和《美國頭號通緝犯》（*America's Most Wanted*）。

但是在BSU裡，我們都明白我們可以利用媒體這個工具來跟公眾連絡感情，也可以跟很多犯罪者交流。連環殺手通常都很自豪於他們的所作所為。報紙和電視如何報導他們的犯罪故事，對他們來說很重要。在像寂寞芳心殺手（The Lonely Hearts Killer）和瘋狂炸彈客（The Mad Bomber）這類個案裡，都是靠媒體的交流行為來犯案。不過大部份的連環殺手都很小心，不願意走出暗處，絲毫不肯自我曝露。但在此同時，他們若想繼續犯案下去，就得知道警方的調查作業到了什麼程度。而要從遠處觀察，方法之一就是隨時收看媒體的報導。

所以如果我們能搞清楚如何操縱媒體，使它有利於我們，便可以在追捕這些殺手時，將它當成我們軍火庫裡一件重要的武器來好好運用。

在ＢＳＵ，我們每天要開的重要會議之一是晨報，就是整個單位定期集會，檢視正在進行的剖繪作業，審核從外部機關或各種不同的專案小組呈送上來的新案件。只要我有時間，一定都會參加。就算是在八〇年代中一直到八〇年代末，我的工作重心已經移向法庭證詞和其他專業工作，我還是會偶而出席，或者從道格拉斯或芮斯勒那裡得知詳情，畢竟，犯罪剖繪對我來說仍然很重要。要是有不尋常或非常具有挑戰性的案子進來，我都會想去分析是什麼原因造成它們的與眾不同，協助找到破案的方法。這就是我在一九八七年冬天發現自己所身處的情境。

那天早上，這個單位的主任迪蒲用他的標準引言來為晨會開場——他每天都用同一

1 胡佛操控ＦＢＩ公眾形象的主要目的是要讓總局在形象上給人善意和信任的感覺，有了這樣的聲譽，就能擋掉任何不必要的幕後監督。

套——一定會先說BSU這個單位有多重要，以及我們如何在這麼短的時間內就有這樣的成就。他會談到我們的職責是去協助調查人員把工作做得更好，還會強調永遠保持警戒這件事是很重要的。但是他接下來說的話吸引了我的注意。迪蒲開始跟我們簡報總局觀察到一個新的走向，那就是罪犯開始找媒體和執法單位溝通自己的犯行，這個數量最近有小幅增加的趨勢。這麼做的目的是為了吸引注意、得到刺激的快感、也為了想更細細品嚐暴力的滋味。他們的動機通常在他們的訊息裡頭講得很明白，不是奚落、威脅、告解、就是在憤怒咆哮他們在新聞裡頭看到的報導內容。不管理由何在，警方倒是從來沒見過這種現象，他們不確定該怎麼回應。

「現在這成了我們的作業任務，」迪蒲大聲宣佈。「局長要求針對這種行為的背後意義給他一份完整的研究報告：裡面要有分析以及一套如何適當回應的架構方法。在這些罪犯裡頭，有一些很受人矚目，譬如BTK殺手（譯註：BTK是捆、虐、殺的英文縮寫），他又現身了，這次又多了兩名被害者，所以這個作業的處置時間一定要快，誰有初步的想法？」

屋內沉默了片刻。有人拿著鉛筆，用橡皮擦的那一頭緩緩地敲著桌面，直到芮斯勒終於開口。

「你們有誰記得一九四五年法蘭西絲・布朗（Frances Brown）的謀殺案？」芮斯勒問道。

有幾名探員點頭。

「當時我只有十歲，但我記得報紙曾大肆報導。有一篇報導是說殺手拿被害者的亮紅色口紅在她的鏡子上留言。上面寫著：『看在老天爺的份上，在我殺掉更多人之前快逮住我，我控制不了自己。』」芮斯勒回憶道。「反正我的腦海一直無法擺脫那個記憶。這也是當初我為什麼會對連環殺手有興趣的原因。事後，我和附近鄰居的三個好哥兒們組成了一家屬於我們自己的偵探社，接下來那兩、三個禮拜我們在學校裡來回傳紙條，討論要怎麼抓到從報紙裡讀到的那些罪犯。」

道格拉斯對著芮斯勒笑了起來，然後說道：「小羅，這點子太棒了。我們就告訴警方把附近小孩都帶進專案裡，他們一定會馬上破案，問題就解決了。」

就連芮斯勒也被他這番話逗得大笑。「你讓我把話說完啊，」他抗議道。「我的重點是，如果這些傢伙想傳紙條給媒體，我們就應該利用媒體回傳紙條。」

一如BSU的慣例，我們立刻展開作業。我們的第一步是翻閱舊檔案，找出以前有無犯罪者傳話媒體的這類例子。我們找到的案例大多是對警政單位直接威脅。不過哈茲伍德在哈維．格拉特曼的案子裡找到了線索。他一開始會對連環暴力產生興趣，也是拜這件案子啟發之所賜。他指出格拉特曼——也就是著名的寂寞芳心殺手——就是一個好例子，他跟媒體的互動不是用來傳遞威脅的訊息，而是利用報紙來直接接觸可能的被害者。格拉特曼是在廣告上徵求模特兒，然後再性侵並加以殺害。

「訊息不是重點，」哈茲伍德說道。「那只是上下文而已。我們的重點應該擺在這些訊息能夠告訴我們什麼跟傳訊者有關的事情。這必須成為我們這套辦法裡頭的重點所在。」

道格拉斯接受了哈茲伍德的說法，立刻執行。BSU曾經對心理語言學做過研究——也就是探討語言裡的心理層面——道格拉斯看到了將這套研究運用在這類跟媒體有關的案子上的價值所在。分析犯罪者的傳訊動作其實跟剖繪沒有什麼兩樣。我們可以靠分析犯罪者跟其他人溝通的方式、時間、和理由等這些元素來對犯罪者的思維取得更深入的見解。道格拉斯利用著名的林白小鷹殺人案（Lindberg Baby case）來解釋這一點，他引用那張在被綁架的嬰兒育嬰室窗台旁找到的紙條，上面寫著：

敬啟者

請準備五萬美元，其中兩萬五千美元用二十元紙鈔，一萬五千美元用十元紙鈔，一萬美元用五元紙鈔。兩到四天後，我們會通知你去哪李交付贖今。我們井告你不要工開這件事或報警。孩子被照顧得很郝。信裡指示有千名為證。

道格拉斯說明了在這個案子裡語言分析的重要性。他秀出信裡的拼字和語法以及字眼的選擇和生硬的措辭（編註：前文的中文錯別字對應原文的錯誤拼字），是如何顯示出作者應該是在德國出生，可能還有很濃的德國腔。在這張紙條裡，作者用德文的gut來取代英文的good。而在後續又出現的紙條裡，作者寫出來的語音就像德國母語人士寫的一樣，會使用像mony和shuld這樣的字眼。對於那些懂得如何看待這些語句的調查人員來說，線索全在裡面。

「他們是靠追蹤贖金鈔票上的連續號碼才逮到那傢伙，」道格拉斯說道。「但是他們本來可以輕鬆地利用語言分析這個技巧來破案。我們只是需要開發出一套技術來做這些分析。」

我曾幫道格拉斯處理掉這套新技術（後來被稱為心理語言分析）裡頭的一些棘手問題，我還記得那歷史性的一刻。當時我們坐在他的辦公室裡，突然來了一通電話。那是芝加哥的一件案子。警方收到一封難以追查的信件，威脅要用炸彈炸掉一家銀行。

道格拉斯找來了幾名探員，跟我們解釋那通電話的內容。「那是一家市立銀行，一直在裁員，他們都是透過寫信的方式炒人魷魚，而不是親自告知。有趣的是，警方收到的那封信並沒有指名道姓任何人，只是威脅這家銀行。所以這件案子裡的被害者是誰？」

「一定是銀行。」我說道。

「怎麼說？」道格拉斯問道。

「因為它是這場攻擊的焦點所在。」我解釋道。

探員們一臉不解，於是我補充道：「不必執著於銀行不是一個人的這件事實。重點不在這裡，而在於被害者和犯罪者之間的關係如何。這名不明嫌犯是把這家銀行當成整個問題所在。」

「好吧，那為什麼要不嫌麻煩地寄信給警方？」道格拉斯好奇問道。

哈茲伍德打岔道。「在我看來，感覺只是在嚇唬他們。我們要鎖定的是一個沒了工作，找不到人抱怨的嫌犯。他想要讓自己感覺很重要。」

「只是要小心別讓調查人員有理由掉以輕心。」我補充道。「現在看起來可能只是口頭嚇唬而已，但是他悶得越久，這些事情在他腦袋裡就會變得越真實。最後可能會有某個東西很快害他爆發。」

道格拉斯點點頭，解散了他辦公室裡的其他人，開始跟芝加哥警方合作，提議他們去搜找一個才剛被炒魷魚的資深員工，很可能是白種男性，曾經跟同事抱怨過他在這家銀行裡過得有多不如意。他們不是在找一個很難對付的傢伙，而是一個被問了幾個尖銳的問題就會崩潰的人。只需要這樣就行了。

快到週末的時候，道格拉斯接到芝加哥警察局來電，說他們確認了恐嚇信作者的身份。他是白種中年男性，是最近才被裁員的其中一名員工。他過去就常抱怨這家銀行，說它的管理有多爛。

就這樣，心理語言分析成了犯罪剖繪裡的有效工具。

而且這是講得通的。因為雖然心理語言學乍看之下可能好像太技術性了，但是它完全根植於人類行為。就是這類創新的研究令我對BSU這個單位最為著迷。儘管其他的調查機構都紛紛加入科技裝備競賽——特別是我們在中情局（CIA）的同行，他們越來越倚賴電腦、數據庫、以及冷戰時期所啟用的一套全新先進監控系統模式——但是我們FBI還是把重點放在人的層面上。因為是人在犯罪，是人在威脅國家安全。我們從來沒有忘記這一點。

我們當然也不全然反對新的技術。有時候我們也看見新技術的價值，知道可以利用它來協助提升BSU這整個單位。比方說有一次，我們有七個人上路要去巴爾的摩開會，提交一份剖繪個案研究，我們開的那兩輛車在路上走散了。本來我們是約在假日飯店碰頭，可是那座城市有不只一家假日飯店，我們之前沒有協調好到底是在哪一家假日飯店。天色越來越暗，最後這兩輛車裡的人都打公共電話回國家學院，我們才好不容易協調好在巴爾的摩的一座橋底下會合，碰面之後再來想辦法。後來，尼克・格魯斯（在矯正單位工作的心理學家，也在FBI國家學院主講性侵犯罪的講座）轉身對我說：「這些都是FBI探員。如果他們連找到彼此都有困難，是要怎麼解決犯罪問題啊？」

事後，傳呼機很快在BSU裡派上了用場。

接下來那幾個月——也就是一九八六年秋天的大半時間和初冬的時候——我埋首在BSU那六個檔案櫃，找出犯罪者有利用過紙條或其它溝通形式的過往案例，因為這些案例或許能夠藉助心理語言學，然後我再整理成一份清單。但是案例數量不多，不過這並不令我驚訝，畢竟大部份的連環殺手都有足夠的常識想要避開任何一種可能遭到逮捕的互動形式。當然我們也有一些來自經典個案的紙條和信件作為我們檔案記錄的一部份，譬如開膛手傑克（Jack the Ripper）（「在我真正被逮之前，我不會停止作案。最後一次真是太美妙了，我讓那位女士根本來不及尖叫。」）、大衛・伯考維茲（David Berkowitz）（「來自紐約市貧民區的問候，這裡到處是狗大便、嘔吐物、酸掉的葡萄酒、尿液、和鮮血。」）、以及來自堪薩斯州威契塔（Wichita, Kansas）當時仍逍遙法外的一名高調殺手（「這個惡魔是什麼時候進入我腦袋的，我從來不知道，但它就留下來了。」）。可是即便有這些名號響叮噹的殺人犯，我還是會不時回頭查看來自俄亥俄州的一件小鎮勒索案。這個不明嫌犯給的訊息錯綜複雜到吸引了我的注意。這個不明嫌犯在一名十幾歲的女孩失蹤後的當天就開始進行溝通。她父母接到一通電話：「你女兒在我們手上。我們要八萬美金，不然你們就再也見不到她。」警方追蹤到那通電話的來處，於是趕到城郊處一棟小住宅裡，可是到了那裡只找到失蹤女孩衣服上的一些東西和一張地圖。

那張地圖引導調查人員前往第二個地點——桑杜斯基河（Sandusky River）河邊的綠地。結果只在那裡找到第二張地圖，上面覆著難以辨識的圖畫以及失蹤女孩剩餘的衣物。更仔細搜索過第二個地點之後，發現有東西（可能是屍體）曾被從一輛車裡拖出來丟進河裡。但是過了幾天，這對父母又接到電話，說如果他們想再見到自己的女兒，必須如何一手交錢一手交人。

我對那些地圖很好奇，於是去道格拉斯辦公室找他，問他對這件案子是否還有印象。

「對啊，我知道這件案子，」他說道，「當時我覺得，要求八萬美元的贖金似乎太少了一點。起初我以為這個不明嫌犯不夠聰明，不過他寫的勒索紙條，倒是都精心設計過。」

「這話怎麼說？」我問道。

「一開始，他就用模板來印字。然後他寫的內容有點像是這樣：『到這個地點的一座電話亭裡，訊息就在下面，用膠帶貼在電話底部』。他支使著他們徒勞無功地到處跑來跑去，試圖分散調查的重點，不去查他已經殺了人的事實。可是他失敗了，因為他老在做同樣一件事。我們最後是在當地所有電話亭都裝了監視器，才拍到他在電話底下貼紙條的畫面。」

「我懂了，」我說道，「所以對警方來說他其實是自己請君入甕，就像《糖果屋》故事裡的麵包屑一樣也留下了一條痕跡。讓我猜猜看：他本來沒有要殺她，只是性侵時失手誤殺。結果不知道從哪裡來的靈感，在自己的腦袋裡把這一切全攪和在一起，故佈疑陣，用勒索的方法來掩飾他殺人的事實。他是想要把自己跟這件案子隔開來，但因為有反社會人格，所以會沉迷於很有冒險性質的遊戲裡，沒辦法放手。我的說法有沒有歸納出他的伎倆？」

「賓果！」道格拉斯點頭稱是。「但你為什麼突然對這件案子有興趣？」

「我一直在翻閱這類舊案例，想看看心理語言學能否幫上忙。我想這會是一個還不錯的資源，可以給隊上的新手參考。不過我覺得這案子稱不上是一個範例。」

「不見得。他沒有必要一直做同樣的事，最後害自己在電話亭裡被逮。他太大費周章了。伯考維茲或黃道十二宮殺手（Zodiac killer）都有同樣情況，這些傢伙都很洋洋得意。他們很亢奮。邦迪、威廉斯……全都一樣。他們迷失在犯罪行為的冒險遊戲裡。這完全符合冒險型的人格特質。」

「等一下，」我打斷道。「所以重點在這裡。對於那些想要跟我們進行互動的人來說——不管是奚落警方、報紙、或任何人——基本上他們只是嚷嚷著要別人注意到他們。如果他們追求的是刺激的快感，我們就給他們那種快感。我們來玩弄他們的自負，把他們的麵包屑撿起來，告訴他們，他們有多聰明。我們跟他們交流得越多，他們就越想要令我們刮目相看。基本上這就是標準的尋求肯定的行為。他們巴不得有人注意他們，而這也是我們可以用來設下陷阱的餌。」

第十四章 捆、虐、殺

一九八七年，FBI派任務給BSU，要他們弄懂連環殺手尋求媒體注意的原因，這顯然是在特別針對一名不明嫌犯。這名自稱為BTK的殺手（Bind them, Torture them, Kill them的縮寫，意即「捆綁他們、虐待他們、殺害他們」）又再度活躍。他在一九七四年一月到一九七七年十二月之間，殺害了七名被害者，之後沉寂了將近十年，直到一九八五年春天又再度作案，殺害了兩名新的被害者。此外他也重拾他一貫以來的伎倆，發送信函給媒體和堪薩斯州威契塔市當地警方。這很奇怪。他在沒被警方抓到的情況下突然隱遁了十年，這種行徑對一名連環殺手來說真的很怪——有些個案是不明嫌犯因某樁不相干的案件被抓去牢裡關了之後，才承認他們曾犯下某起殺人案。但是對一個像BTK這樣的殺手來說，他顯然是在尋求肯定和關注，視它們為他犯罪行為裡的基本元素，所以這種長時間的蟄伏完全不像我們以前所見過的例子。

「這種人不會一次就收山很多年。」芮斯勒說道。

更糟糕的是，BSU多年來曾有好幾次機緣參這件案子的調查，但都無法破案。這名殺手完全掌控局面。有時候他會利用精心斟酌的用詞或者那種足以暗示他對幻想有多沉迷的拼貼畫來奚落警方的調查作業。也有些時候，他幾乎就像是在求我們逮到他。他送出一份訊息給《威契塔鷹報》（*Wichita Eagle*），用圖解的方式重述了他是如何在光天化日下闖進一棟民宅，殺了住在裡頭的四名家庭成員。後來他又寫了一封致歉函，裡頭充斥著錯誤文法和錯字：我很抱歉社會發生這種事……我停不了，這頭怪物一直肆虐，傷害我野傷害這個社會。也許你們可以阻止他。我不能。祝你們追卜順利。

在某種程度上，BTK算是陰魂不散地糾纏著BSU。他形貌模糊、轉瞬即逝，不可捉摸。他的威脅宛若濃霧籠罩著有責任為中西部民眾伸張正義的我們。我們從來不知道他什麼時候會再出現，除非他想現身。儘管BSU盡了最大的努力，他還是成功逃脫過兩次：一次是一九七九年，還有一九八四年我們試圖誘他出來的那一次。但現在，由於FBI局長威廉．韋伯斯特親自下令，這個團隊又有了一次機會可以從過去的錯誤中汲取教訓。我們終於可以把事情做對，將這名危險的罪犯關進大牢。

早期我們會參與這起案子的調查，是源於威契塔警察局的一名重案組警探連絡上我們，向我們請教了幾個問題。他的單位以前從來沒遇到像BTK這麼嚴重的案子。他們沒有任何嫌疑犯。他們有的只是犯罪現場的照片和兩封威脅要繼續犯案的信件。那名警探說他耳聞過我們的連環殺手研究，而且我們曾經成功破過這類案子，他好奇我們能否幫忙。團隊很感興趣，於是一周後，一名來自威契塔警局的警官飛到匡提科來幫忙我們加速辦案。

光是從新聞報導裡頭，我就已經得知我們是在對付一個渴望認同的殺手。他是一個自覺重要卻受到忽略和輕視，且一意孤行的人——他已經不滿到一個臨界點，於是把犯罪當成一種機會，來博得該有的注意。但這只是表面，BTK比簡化過的新聞報導所展現的那個角色要來得複雜多了。我們讀過他的信件，檢視過成疊的犯罪現場照片，照片裡被害者的擺姿就像是被丟棄的洋娃娃，我是從這些內容裡頭首度瞥見這名殺手有多聰明和多走火入魔。他利用殺人來企圖讓大家認識他，用這種方法讓大家接受他，也把殺人當成一種工具，讓他可以走出社會的監禁，表現出最真實的自我。而這只是開始。顯然BTK還會再大開殺戒——除非我們能進入他的腦袋，搶先一步地弄清楚怎麼抓到他。

但這裡頭有個挑戰。因為ＢＴＫ是個還在犯案的犯罪者，道格拉斯、芮斯勒、和我必須小心不讓他影響到我們當時正在進行的連環殺手研究。我們已經設好參數，讓我們只能針對已經被宣判有罪和已經上訴過的著名罪犯進行研究，而且我們也知道保持這個作業成果的完整性非常重要。但是這件案子很令我著迷，芮斯勒、哈茲伍德、和道格拉斯也都對它深感興趣。他們熱切地談論著這件案子，說它跟總局裡那些請求調查、但較為典型的案子比起來相對怪異許多。他們尤其好奇不明嫌犯竟然會同時連絡媒體和警方。ＢＴＫ不像多數的連環殺手會躲開任何可能曝露真實身份的活動，反而對公眾的關注展現出一股強烈到幾乎是不顧後果的渴望。就連他書寫的內容也似乎真實到沒有偽裝。這說明了有一種新的殺手類型必須從心理學和犯罪調查方法這兩個角度去做不同的探討。

雖然這個案子非常與眾不同，但ＢＴＫ還是會把其他連環殺手的一些元素併入他的人格建構裡。在我看來這是合理的，畢竟ＢＴＫ很喜歡追蹤媒體對他犯罪活動的報導內容。這證實了他與人疏離的性格、高傲的個性、自信心的不足。他是那種想把自己拿來跟其他殺手作比較的那種人，他會透過別人的目光來衡量自己，用盡各種可能辦法來控制輿論。這使得他極為類似山姆之子（Son of Sam），也就是大衛・伯考維茲，一名連環殺手，曾在一九七六年的夏天令整個紐約市聞風喪膽，他會槍殺沒有戒心的被害者，然後在犯罪現場留下紙條。

兩名殺手都把他們殺人的那一面稱之為「怪物」，但是都會向媒體報出自己的暱稱，而且也都會留下線索告知下次要殺誰，藉此挑戰警方。這些雷同之處協助BSU在一九七九年對這件案子做出了初步分析，也成為我們向威契塔警方的獻策之一。

我們的獻策是什麼呢？「讓他繼續說下去，不要顯露敵意。」我們的研究報告告訴我們，殺手會覺得自己有權利用某種形式向公眾說明他犯罪的意義何在。他不斷餵養著那個被誇大的自我意識——因此，他渴望連結，而那正是我們的機會點。我們的建議是利用主動出擊式的媒體策略，也就是執法單位得跟當地報紙一起合作，釣出殺手，讓他曝露出自我。做法可以是打造一條公開的溝通管道，讓殺手和警方繼續對話。驕兵必敗的他最終必定會曝露出自己。

這正是BSU在這件案子裡最起初的角色範圍。我們後來還是持續監控這個案子，尤其是在BTK跟當地警方初期來回溝通的那段時間。可是後來因為當地警方沒有再進一步要求協助，而我們又太忙於其他有助於我們連環殺手研究的案子，於是就沒再主動獻策。後來那幾年，我們只能像其他民眾一樣一路看著事件不斷發展，信件一封接一封，被害者一個接一個地倒下。

在第一次致電請求協助之後，五年過去了，威契塔警方再次提出請求，要求BSU協助。他們才剛組成BTK專案小組——也就是後來眾所皆知的「抓鬼大隊」（Ghostbusters）——而且他們想要為這件案子裡的行為元素放進一些旁觀者的視角。截至那時為止，他們已經累積了成疊的新案卷，包括警方報告、證人證詞、畫師的嫌犯素描、大量的犯罪現場照片、驗屍報告、和幾近十幾封來自凶手本人的信件和拼貼圖。但是他們不太確定要怎麼自行弄懂這一大堆資料。他們需要我們幫忙發展出一份可以整體結合的犯罪剖繪。一九八四年十月，兩名專案小組警探抵達匡提科，準備開一整天的簡報會議，他們打算針對自從我們上次談過之後這件案子後來發生的大小事情，做一個詳盡的解說。

負責這件案子的道格拉斯把專案小組的警探帶到地下室的會議室，介紹給團隊成員認識。他等大家都坐定之後才開口說：「在你們開始之前，我有一個問題。為什麼現在要去緝捕BTK？就大家所知，他已經好幾年沒犯案。你的簡報裡也說他已經好久不再跟威契塔的警方聯絡。所以為什麼現在又要開始緝捕？」

「你的疑問很合理，」兩名警探裡頭個子較高的那位承認道。「實情是任職多年的威契塔警局局長要退休了，但這案子始終令他寢食難安，他想趕在他退休之前揪出這個陰魂不散的凶手。」

「所以是要把ＢＴＫ誘出來嗎？」道格拉斯說道。

「沒錯，長官。」

「很好，我只是要確定我們都很清楚你們的目的何在。你們是要去煽動一名連環殺手。要是出現了什麼副作用，是你們和你們的局長要負責哦。」

快接近週末的時候，我們已經爬梳過專案小組給的新資料，並拿它來和我們研究裡頭的其他個案作比較，然後開始著手精修ＢＴＫ的剖繪。但是進度緩慢。因為老實說，這類犯罪者沒有什麼前例可循，也沒有什麼可以就近取材的類似個案。雖然他在模式上模仿了知名的殺手，其行為在心理層面上也都似曾相識，是我們可以分類和理解的，但是犯罪的整個範圍很不一樣，它更為複雜也更混亂。他對被害者屍體所展現的惡意、他在犯案過程中所涉及到的儀式性捆綁元素、元素裡頭的性意味、以及對每次犯案的策畫程度，都在在顯示出某種更高境界的暴力。他被診斷出的精神疾病數量也是破紀錄的多，ＢＴＫ顯示出七種性偏差疾病[1]以及多種人格障礙。一般的連環殺手平均而言頂多只有兩到三種失調性疾病——自戀和

1 性偏差這種疾病是一種反覆出現，難以揮卻的性幻想或行為，涉及到反常的性對象、情境、或目標，譬如孩童、屍體、動物、或非經同意的成人。他們的主要特徵是他們只強調痛苦、折磨、或羞辱，而且可能造成傷害。

心理變態尤其是最常見的兩種。但在ＢＴＫ這件案子裡，我們面對的是一種交疊雜亂的犯罪心理，是我們從來沒交手過的。

「這份清單沒完沒了，」哈茲伍德說道。「這傢伙的自我感大到誇張，對別人缺少同理心，不會感到內疚、悔恨、自責或恐懼。你想得到的毛病，他都有。」

另一個挑戰是，我們搞不懂為什麼ＢＴＫ每次犯罪，中間都會不尋常地消聲匿跡很長一段時間，這對連環殺手來說是很奇怪的行為。當犯罪者越來越跌進幻想，追逐腦袋裡所呈現的一種完美的憤怒表現形式時，通常都會增加犯案的頻率。我們都知道ＢＴＫ會從被害者身上取走個人物品，我好奇這種行為是否跟他能長時間不犯案有一定的關連。在某種程度上，我知道殺手都會習慣性地把從被害者身上取得的紀念品當作道具，以便在腦袋裡不停重溫犯案過程。不過這不只是一種臨時替代品而已，也算是用來暫時填補逐漸削弱的「報酬」。

此外這種不尋常的長期消聲匿跡還有另一個可能。從鑑識照片來看，我們知道這名殺手會花時間小心翼翼地將他的被害者擺放出露骨的性姿勢，這種行為本身就有風險。而這也顯示他是在替這些屍體拍照，完全吻合殺手會利用紀念品來延長幻想和重溫暴力的這個概念。照片這種東西可以讓事件的重溫更容易一點。這是很合理的，而且也吻合ＢＴＫ貌似有的知識以及他模仿其他連環殺手的習慣。這是在向哈維·格拉特曼以及他犯案時的攝影步驟致意：格拉特曼會綁住被害者、強姦她們，再拍下她們的驚恐表情，以便日後繼續回味。

會議終了時，這個團隊整理出一份長達三頁的BTK剖繪。我們也提供了建言，教警方如何在不惹怒殺手的情況下與對方交手，以免造成更多流血事件。我們建議他們要迎合殺手的自我價值感，方法是平等對待他，建立起互信和互相尊重的感覺。這個策略曾在八〇年代初發揮作用，破了加州以前的一件案子。道格拉斯是利用一種叫作為超級警探（super-cop）的角色在記者會上直接跟殺手對話。他強調絕對不要去陳述殺手的精神狀況，並建議這名超級警探一定要讓自己跟殺手站在同一陣線上，而不是跟媒體或精神科專家站在一塊。如果BTK想要感覺自己很重要，調查人員就要讓他覺得自己很重要。他終究會因為太沉迷於這種注意力而露出馬腳。

剖繪內容本身是將BTK歸類為幻想逼真的性虐待狂。我們把所有能找到的證據（當時並不太多）分成幾個剖面。犯罪現場的屍體被當成洋娃娃一樣被刻意擺出姿勢，根據這一點，我們推斷BTK的行凶是他把殺人幻想在現實世界裡表演出來的結果。在這名殺手的生命裡，殺人是他第一次覺得自己身處在一個重要和主宰的地位。所有這一切都顯示出他對暴力著迷已久，可能是從幼兒期的幻想開始。根據他的行為和犯案的地區來看，我們相信這個嫌犯是在顯然管教嚴格和宗教氛圍濃厚的環境下長大，可能有一個跋扈的母親利用粗暴的管教來執行家規。而他的父親——就像許多嫌犯個案中的狀況一樣——可能在不明嫌犯還小的時候就拋妻棄子。

不明嫌犯殘酷對待和玷污被害者屍體的方式對這份側寫來說尤其具有意涵。「這顯示出他曾研究過這類犯罪行為，而且覺得這種暴力沒什麼，」哈茲伍德說道。「早在他有記憶以來，他就有暴力的念頭。他小時候可能虐待過動物，後來成了一個喜歡戶外運動的人，為了更瞭解自己和其他與他類似的人，他開始對心理學和犯罪學感到興趣。我敢打包票，不管在他家附近經營成人書店的老板是誰，一定都認識他。他深受幻想吸引。」

被害者背景研究也很重要。不明嫌犯的早期殺人案不挑對象——有男、有女、有老、有少。但比較最近的被害者都是單身的中年女性。這顯示不明嫌犯也年紀漸長，鎖定的目標必須是他可以輕易掌控的對象，因為殺人是他可以展現絕對主宰權的一個機會。他對被害者的獵殺方式是挑選那種不容易察覺到他的鄰近地區。他會選擇熟悉的區域，監視目標，瞭解對方的作息和習慣，還會想出方便的逃脫方法以防半路出岔。

從他信件的拘泥形式以及他那不自然的寫法來看（「這個怪物從哪裡進入我的腦袋，我永遠不知道。但是，它待了下來。一個人要怎麼醫治他自己？如果你求助，說你已經殺了四個人，他們就會大笑或者開始驚慌，然後打電話給警察」），我們相信他有服役的經驗，或者是個軍警迷。他曾被控侵入民宅，但偷走的東西都很微不足道，比較可能是因為戀物癖或純粹為了犯罪的刺激快感才犯案。

這份剖繪也強調，像BTK這樣的人很想得到調查人員的認同，這種想法很尋常。他們甚至經常出入警察時常聚會的場所，好偷聽警官對這起案件的討論（就像艾德蒙·肯培常做的事）。在這件案子裡，我們知道他會在被害者被發現之後沒多久，就重回犯罪現場，試圖混在那些喜歡偷窺的第一波鄰居和過路人當中。這可以滿足他的自我價值感，也讓他得到某種優越感。但這也給了調查人員一個有利的條件，因為這名嫌犯無法跳脫自己的窠臼，終會露出馬腳。但在他露出馬腳之前，他很可能再犯案。

側寫會議結束後，我把道格拉斯拉到一旁請教他一些事。我想知道他對BTK模仿或吸收其他連環殺手的元素這件事有何看法。BTK會參考一些最惡名昭彰的連環殺手他們的習慣，再量身訂做成自己的慣例手法，這看起來似乎有其意義存在。這絕對證實了我們正在處理的這類自我價值感，也說明了他渴望達到同樣罪大惡極的名聲。但是如果BTK有在研究這類暴力案件，也一定會知道那些殺手是怎麼被抓的。我們在為這件案子擴展策略時，必須謹記這一點。我們特別留意山姆之子那件案子，也就是大衛·伯考維茲，因為BTK似乎對它很熟悉。

「他用來溝通的那個符號，你的解讀是什麼？」我問道格拉斯。「它很像山姆之子用的那一個，只是這個不是那麼崇拜撒旦，反而很色情。」

「這傢伙目前為止在他腦袋裡都把它視為他藝術的一部份。」道格拉斯沉思道。「他認為這符號可以提升他的份量。為什麼呢？你覺得還有更多的意涵嗎？」

「我不確定。我覺得他這麼做的部份原因是為了效果。但是把他的英文縮寫轉換成女性軀體的性欲圖畫，感覺太明顯了。在某種程度上，這已經是一種饑渴。就好像他有強迫性的需要，得不斷發展和維繫住他自己的神話。」

「芮斯勒和我在訪問伯考維茲時，我們曾問他有關BTK的事，」道格拉斯說道。「我們是靠這話題激他開口說話的。我們用的方法是：有個堪薩斯州的新殺手，把你當成偶像，正在模仿你的一些手法。」

「你們有告訴他那個符號嗎？」

「我們沒機會說到那個。我們一提到BTK，山姆之子接下來就花了五個小時的時間不斷敘述他犯案過程的各種細節。我們根本沒辦法叫他閉嘴。他很生氣別人竟然利用他的威望、偷取他的名氣。他很氣媒體把他的案子全搞錯了。」

「我記得這個，」我點點頭。「他不介意別人稱他是怪物，但是被稱為『厭女者』，這令他『非常受傷』。」

「沒錯，上帝怎能允許任何人去傷害一個連環殺手的脆弱心靈。」道格拉斯翻了個白眼。「但是那符號怎麼辦？你有什麼想法？」

「它只代表他有多渴望能為他的犯案找到認同，就像伯考維茲一樣。」我說道。「但是方法一定要對。這些傢伙想要媒體看到，而且要把他們描繪得跟他們眼中看到的自己一模一樣。對BTK來說，那個符號是他試圖創造出來的部份形象。他想以性和控制來出名。」

這得再多花幾年的時間來證明了，不過傲慢是BTK弱點的這件事我們說對了。他終於又有了動作。二〇〇四年一月十五日正是BTK恐怖殺害奧特羅（Otero）家的十三周年紀念，公眾在這時候會對這件案子的興趣再度升高。於是一月十七日，當《威契塔鷹報》的一篇報導推測BTK要不是已經死了，就是因為另一起不相干的罪行正在監獄裡服刑時，殺手忍不住了。自從他最後一次犯案，已經是十幾年前，他最後一次跟警方聯絡的時間，也已經是好幾年前的事。BTK火速回應了《威契塔鷹報》，將那些罪行全攬在自己身上。他嘲弄地寫下「Bill Thomas Killman」這個名字——縮寫也是BTK——充當寄件人的地址。他還在信封裡放進幾張照片，照片裡是一具被擺成各種性姿勢的女性屍體，還有那名女性的駕照影本。被害者的名字是維琪・韋格爾（Vicky Wegerle），一九八六年被殺害，但是從來沒被正式確認跟BTK有關。那封信只算是開端。

就在調查人員又回頭鑽研檔案，準備在這件案子上再衝刺一次時，他們赫然發現BTK所做的每一件事和自我披露的部份竟都完全吻合BSU在八〇年代中所製作的原始剖繪。這份剖繪甚至有預期到他渴望調查人員的認同，因為BTK曾在一封信裡自稱是執法人員的朋友，也就是在這時候，專案小組又回頭求助FBI。他們想利用BSU最起初的「超級警探」策略來誘出BTK，但是他們也擔心會更激怒殺手。

BSU的策略很簡單。要是BTK想被認同為執法人員的同路人，我們就幫他心想事成。這個計畫是開始開記者會，找一名特定的警官專門在記者會上對BTK直接喊話。就某種意義上，這名警官會成為BTK的一種投射，在BTK的心目中，對方是一位全心投入這起案件的忠誠對手，是一種同袍情誼和互相理解的形式展現。這個超級警探策略的目的是用來回應需要不斷被認可的BTK，安撫他的自我價值感、他的自恃甚高、以及他想在個人層面上被權威人士接納的那種需求。本質上來說，這個超級警探就像一面鏡子。在BTK腦袋裡那令人費解的幻想世界裡，他可以在超級警探身上看見自己。他把他當成朋友一樣關注。

於是接下來的那十一個月，威契塔市的重案組警探肯恩・蘭德威爾（Ken Landwehr）——

一位外表乾乾淨淨、說話言簡意賅、工時長到得靠咖啡和香菸來提神的警探——特地為這件案子扮演這個角色。他成為這件調查案的代表面孔，定期開記者會對BTK直接喊話，安撫殺手的自我價值感，也很清楚他一定在收看。

BTK如同計畫所料陷入這個策略。他很快上鉤，陶醉在這份新獲得的關注裡。後來那幾個月，他又透過一連串的十次訊息來奚落調查人員，包括信件、謎語、以及令人不安的包裹，裡頭裝著被綁起來的洋娃娃，意在模仿他早期殺人的犯罪現場。

二〇〇五年一月，BTK在麥片盒上留下印刷字體的訊息給警察看。「老實說，我可以用軟式（磁碟片）溝通，但不會追蹤到電腦嗎？」內容這樣寫道，而且還說如果答案是可以，請蘭德威爾在《威契塔鷹報》上登一則分類廣告，回答他：「雷克斯，不會有問題。」

調查人員照他的要求登了分類廣告，然後開始等候，感覺就像等不到盡頭似地過了兩週之後，他們收到一個包裹，裡頭有張磁碟片，但是BTK並不知道磁碟片裡的數據庫是有追溯功能的，而裡頭顯示這張磁碟片曾經在附近一家路德教會使用過，最近一次存儲這張磁碟片的使用者名稱是丹尼斯（Dennis）。從教會網站裡可以確認丹尼斯・雷德（Dennis Rader）正是教堂會眾的主席。警方終於找到嫌犯。現在他們只需要證明他是兇手。

他們知道如果他們找雷德要DNA樣本，一定會被他拒絕。但他們想方設法找來了從雷德女兒那裡收集到的組織樣本，因為她最近才去過一家健檢診所做檢驗。二十四小時過後，鑑識結果出來。凱莉・雷德（Kerri Rader）的DNA跟BTK的有家族性的吻合度。也因為這個結果，警方很快取得搜索票，在二月二十五日趁午休時間逮捕了擔任法遵人員的丹尼斯・雷德，當時他正停在紅燈前面，離威契塔市的自家住宅並不遠。

超級警探策略徹底奏效，就連雷德都很驚訝蘭德威爾竟然也參與了這場逮捕行動。他認為這是對他信任的背叛，他看起來似乎心碎了。他甚至質問蘭德威爾：「你怎麼可以騙我？你怎麼可以騙我？」

「因為我一直想逮到你。」蘭德威爾回答道。

就在這一刻，雷德徹底崩潰。

事後，他的招供認罪時間長達三十二小時——按時間順序交代分散在各時間點的案子，完整和詳細地重述他是如何虐殺十名被害者，包括一名九歲男童和一名十一歲女童。

他談到他的童年：「我那時經常畫素描，《米老鼠俱樂部》（*Mouseketters*）裡的安妮特・弗奈斯洛（Annette Funicello，譯註：美國女演員和女歌手）是我的幻想對象。我腦袋裡有各種想像，包括怎麼綁架她，怎麼跟她發生性行為。我也喜歡木乃伊，因為他們會把人綁起來。」

他談到他殺人的幾個階段：「一開始，我只是觀察——那算是搜索階段，然後是跟蹤階段。基本上你要先搜索、跟蹤，最後鎖定。你只要不斷照著這個模式，幻想就會跳出來，懂嗎？就是你會開始想像要怎麼做這件事或者從哪裡著手。然後不知怎搞的，就會突然靈光一現，於是你把你的東西準備好，訂下一個日期，就去做了。」

他也談到了殺人本身這個行為：「要勒死一個人很難。你的手沒多久就會麻掉，除非你有鍛練過（你的手）。可能得花兩到三分鐘的時間。你必須一鼓作氣地緊緊掐住他們的脖子，哪怕鬆手只是鬆個一秒，他們就會大口吸氣，又活了過來，不停踢打和蠕動。」

雷德在那長達數日的認罪招供裡，交代了數量可觀的細節。但是他從來沒有表示過一絲悔意。

「一切都是繞著他轉，」蘭德威爾說道。「從以前到現在都是，以後也是。」

第十五章　驕兵必敗

一九七八年，就在ＢＴＫ的首波連環殺戮之後的那一年，一個新的連環殺手出現在檯面上，令媒體大驚失色。他跟ＢＴＫ異乎尋常地雷同，不過在此同時，兩名殺手也都有完全不同於其他犯罪者的明顯之處。這是一種很反常的現象。新的不明嫌犯就跟ＢＴＫ一樣會把一些晦澀難懂的符號和訊息放進他的作案手法裡，就像一種溝通形式，後來演化成不斷需要跟全美各大媒體直接連繫。這名殺手就像ＢＴＫ一樣含糊其詞，在犯罪行為上展現出一絲不苟的掌控手法，刻意留下很多蛛絲馬跡供調查人員追蹤。但是他沒有抄襲——兩名殺手的犯案手法截然不同。ＢＴＫ能從直接的肢體接觸裡得到一種乖張的滿足感，他會慢慢勒死他的被害者，但這名新的殺手卻是保持距離。他是一個炸彈客，他的滿足來自於他施加在大眾身上的歐斯底里和恐懼。他想重塑這個世界，使它完美貼合這個世界理當成為的理想建構體，這是一個在他腦袋裡反覆出現、難以捉摸的幻想。

儘管BSU越來越擔心他的犯案，但是標準程序規定，除非BSU被明確要求從旁協助，否則我們不能參與案子。於是從一九七八年五月一直到一九八〇年六月，我們沒有選擇，只能像旁觀者一樣看著炸彈新聞不斷出現在全美各大報的頭版標題裡。我們就跟其他人一樣只能旁觀。

第一次的炸彈攻擊發生在一九七八年五月二十五日。某停車場發現一只被棄置的包裹，於是歸還給西北大學一名叫做巴克里・克里斯特（Buckley Crist）的教授，因為寄件人地址寫的是他的名字。但雖然包裹上有他的名字，克里斯特卻堅稱從沒見過這個包裹，更別提是他寄出去的。這位教授連絡了一名叫做泰瑞・馬可（Terry Marker）的駐警小隊長，請他來打開包裹，結果不小心引爆裡面的自製炸彈。這起爆炸造成小隊長的左手輕傷，還好除此之外沒有其他傷亡。第二次攻擊也發生在西北大學的校園裡。這次也一樣（相當）幸運，只有輕微的割傷和燒傷——只是這次傷到的是一名毫無戒心的研究生，他叫做約翰・哈里斯（John Harris）。

接下來的兩起爆炸攻擊的作案手法明顯不同。炸彈客不再鎖定個人，反而提高賭注，瞄準航空公司，這顯示出一種更複雜的層面，說明這個不明嫌犯越來越有自信。第一次是一九七九年十一月，一顆炸彈在美國航空（American Airlines）編號444班機上被引爆，濃煙充斥整個機艙，迫使飛行員提前落地。隔年，聯合航空公司的董事長柏西．伍德（Percy Wood）收到一只寄到他家的包裹，他一打開，炸彈就被引爆。這場爆炸嚴重燒傷了被害者的身體和臉部，但他最終還是逃過死劫，即便如此，它對被害者身體所造成的傷害程度算是這名炸彈客當下為止最成功的一次攻擊事件。

這起案子一開始是在美國郵政署（US Postal Service）和美國菸酒槍炮及爆裂物管理局（Bureau of Alcohol, Tobacco, and Firearms）的管轄下。可是航空公司攻擊事件清楚顯示出那個快速演化中的犯罪者正在學習如何自我表達，於是BSU開始參與。也就是在這時候，鑑識人員接連分析了幾個爆炸裝置，並從犯罪現場找到的燈繩、扣件、和木榫型開關等碎片發現了某種共通性。這些裝置的設計都非常罕見，幾乎所有零件都是用木頭小心翼翼地製作出來，就連螺絲也是手工製品。這使得調查人員完全無法追溯素材的取得源頭，但是它們在建構上是獨一無二的。這是一名連環炸彈客的個人手工作品。

BSU負責的是攻擊事件裡的行為元素，因此必須交出一份初步的剖繪。但是除了炸彈本身的碎片以及被它們鎖定的被害者之外，我們手邊的資料很少。就連這個案子的代碼都反映出我們的所知甚少。我們稱它為UNABOM，此乃大學（University）和航空公司爆炸（Airline Bombing）的英文首字母縮寫。直到發生了第七起爆炸案，也就是一九八二年七月二日，我們才有了足夠的資料可以開始正式剖繪此案的不明嫌犯，也就是後來眾所皆知的大學航空炸彈客（Unabomber）。而道格拉斯也在自己的職涯裡首度被指派擔任這件案子的剖繪負責人。

「這份剖繪真的很棘手，」道格拉斯承認道。「我們有炸彈、有被害者，但沒有互動關係，也沒有典型的犯罪現場。我們能做的其實不多。」

「我們先從炸彈開始，」我提議道。「那是他的工具，而且我們知道都是他親手製作的，所以這裡頭一定有它的意義存在。目前為止，我們掌握了什麼具體細節？」

「我們知道我們追溯不到素材的販售源頭，」道格拉斯回答。「前兩顆炸彈只是簡單的土製炸彈，使用火柴的點火頭、電池、和一些木材原料建構出來，第三顆炸彈就是在美國航空貨艙裡的那一顆，它的引爆管是靠高度計來控制。它沒有爆炸，但是引爆系統的設計顯示出大學航空炸彈客的作案手法更高竿了。」

「我最感興趣的是第六顆炸彈，他送進范德堡大學（Vanderbilt University）的那顆炸彈使用的是無煙火藥。你覺得這顆怎麼樣？」芮斯勒打岔道，同時盯看縱火專家戴夫·艾可夫

（Dave Icove），後者是以專家身份來參與這件案子的會議。

「我想他正在改良他的作品，」艾可夫說道。「我們面對的顯然是一個智商很高的人。他所混合的化學物和他正在開始建構的引爆裝置都不是高中等級的化學。一般人可能早就先把自己炸死了。」

「安，被害者方面呢？你有看出什麼端倪嗎？」道格拉斯問道。

「目前為止，不是大學就是航空公司，」我說道。「但是就被鎖定的個人來說，他們之間並沒有什麼一致的共通性。這令我不免認為訊息本身可能比實際的被害者更重要。我現在的想法是，我們面對的是一個意識形態性的殺手。所以他想傳達的訊息到底是什麼？或者他想攻擊的那個訊息是什麼？」

「我們得更瞭解裡頭的儀式性元素。」道格拉斯停下來思考。「他用木材製作，而不是去買任何一家五金行都能買到的便宜電料。而且他開始把炸彈安置他用木工精心製作出來的結構物裡。他的被害者也都跟木頭有點關連，不是名字裡有木頭（wood）的意思，就是地址裡有。」

「我們必須回頭看一下幾件典型的炸彈攻擊案，」芮斯勒說道。「如果你去看喬治・邁德斯基的案子[1]，它顯示出這類犯罪行為裡的簽名特徵是很重要的，有點像是一張名片。邁德斯基的方法是把信放在炸彈上面，還有寫憤怒的信給報社，抱怨愛迪生聯合電氣公司（Consolidated Edison）害他得到肺結核。這些信幫忙調查人員確認犯案者是不滿的員工，最後才能逮捕歸案。」

「但是這傢伙沒有寫任何信件，」艾可夫對這個說法持保留態度。「而且他製作炸彈的方法顯示出他是在盡一切努力將自己盡可能地藏匿起來。我意思是，他甚至是靠溶掉鹿角來來製作黏合劑，這在搞什麼啊。他絕對不可能向我們洩露他的身份。」

「這一點我不太確定，」我說道。「不明嫌犯的這種做法一定有他的理由，他在試圖強調一件事。從行為來看，他跟其他犯案者不同的唯一一點就是他的小心翼翼。他就快要做出一個很大的動作來合理化他的攻擊了——這才是連續犯罪者的本質。只是這一位會試圖確保一開始就要有足夠大的聚光燈照在他身上。」

「我贊成安的說法，」道格拉斯同意道。「這傢伙正在往某個目標前進。我敢說他現在一定自我感覺很良好。」

「沒錯，」芮斯勒點頭附和。「所以我們要利用這一點來對付他。我們把我們有的東西全給媒體，不管是照片、分析、還是這類細節，讓這傢伙一直受到媒體的關注。我們就針對他的自我中心來出牌。等他開始掉以輕心，沾沾自喜時，就可以準備收網逮人了。」

一九八五年五月，沉寂了三年之後，大學航空炸彈客又開始頻繁活動。到了同年十二月，我們最深的恐懼成真了，加州沙加緬度一家電腦店的老板修・斯克魯頓（Hugh Scrutton）在店門外被炸死。這是這件案子裡頭的第一名死者，它意謂著一個令人深感不安的轉折點。大學航空炸彈客現在已經從我們所稱的技術型炸彈客（犯罪者的滿足感來自於炸彈裝置的設計、建構、和成功引爆）轉變成具有權力動機（**power-motivated**）的炸彈客（犯罪者會透過破壞和恐怖活動來得到自我的滿足）。換言之，大學航空炸彈客不再只滿足於功能性武器的製造。他現在的意圖是想殺人。

斯克魯頓的死亡確實給了大學航空炸彈客他想要的東西。畢竟這件事令全美為之躁動不安，新聞版面被佔據了好幾個禮拜。它成了一種權力遊戲。大學航空炸彈客開始明白他可以如何完全掌控這個社會。為因應這個局面，ＦＢＩ（到了這個時間點，它已經開始為這件案子擔任起更重要的諮詢角色）如今被正式指派接手調查案子。但是儘管投入了數百名探員和

---

1 這名惡名昭彰的紐約市連環殺手就是眾所皆知的瘋狂炸彈客，他恫嚇紐約市多年，很有策略地到處放置炸彈，只因他跟前任雇主愛迪生聯合電氣公司有私人恩怨。

相當多的資源，總局還是看不到太大的進展。大學航空炸彈客有一個宏偉的計畫，而且他非常善於偽裝它。

「聽我說，」那個十二月底，道格拉斯把我們全都找到地下室的會議室裡，然後這樣說道，「總部現在正在監督這件案子。他們沒有請教我們的看法，而且也肯定對它不太感興趣，但是未來一定會。他們最後一定在某個時間點上要求我們參與。等到他們真的準備展開行動時，我們就已經先做好了準備。」

「我們有得到什麼情報嗎？」芮斯勒問道。

「這個當下還沒有什麼情報進來，」道格拉斯說道。「他們那裡的口風很緊，什麼事都不肯透露。他們把這當成一種優勢。」

「這合理嗎？」芮斯勒輪番看著桌旁的我們，活像我們有答案似的。

「不合理，」道格拉斯說道。「他們做的事情跟我們三年前的建議完全相反。他們必須盡可能地釋出越多資訊越好，才能針對他的自我中心來出牌，把輿論帶進來協助我們。」

「我聽說他們是擔心會有人有樣學樣。」哈茲伍德說道。

「所以要怎麼辦？就因為這個理由，我們應該縮回來，讓這傢伙想炸什麼就炸什麼嗎？」

「我只是說他們還沒出手，」哈茲伍德告訴他。「總局不想讓會有樣學樣的人關注到這件案子。他們會繼續待在幕後，盡可能採用分析的方法。」

道格拉斯和芮斯勒兩人正要開口，卻被我打岔。「我不確定這一回合會再有更多的炸彈攻擊事件。不明嫌犯以前也收手過。我認為這代表了一種多疑的人格。他會想要現在先讓事情冷卻一下。」

「我以為我們都同意這傢伙喜歡得到關注。他一定會做一些事情來正當化這些攻擊行動，然後宣稱全是他幹的。」芮斯勒說道。

「我也認為是這樣。但是這對他來說也像是一種情緒上的充電，」我解釋道。「他犯下這些攻擊案的部份理由，是因為他還在拼湊出他所潛藏的意識型態，不管那是什麼意識型態。而那也是我們還不瞭解的地方——也就是說他攻擊的理由究竟是什麼。但我們知道的是，這些攻擊可以幫忙他讓他的動機得到關注，這也使他變得很多疑。他每一波攻擊的間隔時間之所以拉很長，就是因為這個原因，這也是他用來解決異類素材取得問題的一種方法。」

「這一點我站在安這邊，」道格拉斯說道。「而且我也認為我們沒有及早抓到他，就會讓他有更多的可趁之機。他正在策劃他的下一步，我們得根據這一點來調整剖繪內容。」

「好吧，」哈茲伍德說道。「所以如果總部打電話來，我們給他們的建議是什麼？」

「策略還是跟以前一樣，」道格拉斯回答道。「我們會把上次告知他們的事再重覆一遍，要他們把案子裡的細節和相關資訊都公佈出去。我們要逼這傢伙回應我們。我們要打破這傢伙的掌控感，迫使他犯下錯誤。」

後來那幾個禮拜，這個團隊都在忙著數量奇多的其他案件，包括在華盛頓州跟蹤青少年的選美皇后殺手（Beauty Queen Killer）以及綠河殺手（Green River Killer），後者堪稱是有史以來殺人數量最多的殺人犯之一，他在西北部太平洋沿岸各地不斷勒死婦女和未成年少女。我們當時全都在加班，然後有人突然說：「看來道格拉斯又搞失蹤了。」

我停下動作，這句話只是一個很簡單的陳述，但我知道這話的意思是什麼。BSU是一個老在嗡嗡作響的吵雜之地：電話鈴聲不斷，影印機不停複印，傳真機尖銳地嗶嗶作響，這些聲音的存在令人無法忽視。道格拉斯有時候需要休息一下，安撫緊張的情緒，重整思路。他從來沒告訴過任何人他去了哪裡，但我總是知道可以到哪裡找到他。於是我搭了國家學院的電梯，來到圖書館頂層，直接走到位在西北邊的一處角落。道格拉斯正坐在他平常坐的那張桌子前面，被一整疊書籍和裝滿官方文件的資料夾半擋在後方。他沒有注意到我正朝他走去。

「他們在樓下找你。」我告訴他。

道格拉斯沒有抬頭。

「我只是需要休息一下，」他嘆口氣。「你也知道，在那底下工作，有時候會讓人覺得快發瘋了。」

我點點頭。「很難相信我們竟然在那裡簽了賣身契。」

通常對玩笑話都很有反應的道格拉斯，這次竟然沒有大笑。「我喜歡上面這裡的視野，地面上的一切看起來都好渺小好遙遠，變得好像不是那麼重要。好吧，也不是不重要啦，但至少可以讓那些案子不會給人很壓迫的感覺。」

「你現在在想哪件案子？」我問道。

「炸彈客的。他們早該抓到他了。他們就是不聽我們的忠告……」

「你不能太介意這種事。我們在犯罪剖繪這方面的成績已經超出任何人當初的預期。它非常有效。但問題是，在我們交出成果的那一刻起，這個工具就會變成總局在控管，由他們來決定何時使用，以及想要採用的建議是什麼。」

「我懂，」道格拉斯說道。「我們不再是以前那種非公開的專案小組。我只是想說，有時候我還真希望能回到以前那樣。那時候做事情感覺簡單多了。你不必跟誰回報。我們只要做我們自認是對的事情就行了。」

「這就是成功的代價。你最後終究會在那個你一直想修補的體制裡，成為它的一部份。」

「唉，這想法真令人沮喪。」

「約翰，別想太多了，我相信很快就會有更多的新案子要讓你傷腦筋了。」

這句玩笑奏效了，道格拉斯聽完大笑。「我們最好回去看看小組進行得怎麼樣了。」

對這名大學航空炸彈客來說，他最大的失策在於他為了自己的私利而試圖利用犯罪行為來得到的媒體和公眾關注。這件事就發生在一九九五年六月——不到兩個月前，他才寄了一顆威力十足的炸彈給加州林業學會（California Forestry Association）會長吉爾伯特・莫瑞（Gilbert P. Murray），炸死了正在沙加緬度辦公室裡的他。而且令人意外的是，大學航空炸彈客還寄了一份長達三萬五千字、標題為〈工業社會和它的未來〉（Industrial Society and Its Future）的宣言給《紐約時報》（*New York Times*）和《華盛頓郵報》（*Washington Post*）。自從一九九三年以來，他一直透過信件嘗試跟媒體和可能的被害者溝通。但是一直等到這份宣言出來，他才終於說清楚他攻擊的理由。他想要「毀滅全世界的工業系統」。他意圖解釋為什麼他認為科技是邪惡的，藉此正當化他的宣言和暴力行動。他把自己看成類似預言家的角色——一名救世主。他覺得他有責任說服這個社會拆除科技系統，回歸農業部落的生活方式。他還特別提到FBI，罵FBI是個「笑話」——而不令人意外的是，這句話自然激怒了上位者。

大學航空炸彈客口出什麼狂言，我其實並不在乎。但是他的主動卻給了我們一個絕佳的機會。公開要求關注的這種動作正是我等了很久的東西，也是剖繪裡頭早就預測到的事情，更提供了我們所需的額外資訊和細節，希望可以因此破案。這些信和這份宣言讓總局的心理語言學家有了機會分析大學航空炸彈客的書寫風格，判讀出他的教育程度、心理狀態、背景、人口統計資料、和動機。我們才好把研究出來的結果當成工具來尋求公眾協助。但這裡有個問題。大學航空炸彈客說，唯有他的宣言被刊登在全國發行的報紙上，他才會停止殺戮。他給了我們三個月的時間做決定。

這是一個最直接的挑戰。罵ＦＢＩ是個笑話就夠糟了，竟還加上最後一道通牒，這更是惹怒了ＦＢＩ的高層。它害總局處於劣勢地位。但是在經過內部的激烈辯論之後（之所以辯論激烈的部份原因是有些調查人員覺得給一名暴力罪犯這樣一個公開的發言平臺，等於立下了很糟糕的先例），我們有了共識。宣言會在一九九五年九月十九日的《華盛頓郵報》裡以八頁的增刊插頁來發表。為了滿足大學航空炸彈客想要兩家報紙同時發表的要求，《華盛頓郵報》和《紐約時報》還發出了一份聯合聲明，說他們「為了公共安全起見」，已經決定發表那份文件。他們還補充，「出版成本會由我們兩家分帳，但是由《華盛頓郵報》印製，因為只有它具有機械技術能力可以在它日報的所有份數裡再多添一個獨立的單元」。

沒多久，成千上萬的民眾做出回應，蜂湧寫信進來告知可疑的嫌犯。其中一封信特別引人注目。那是一個叫做大衛·卡辛斯基（David Kaczynski）的男子寫來的信，他認出宣言裡頭的措辭和一些冗長含糊的意識型態很像他弟弟的寫作風格。[2]總局要求大衛盡量提供其他的書寫文件來作比對。結果他寄來他弟弟寫的一份二十三頁文件，內容有點類似那篇宣言的初期草稿。語言學家確認這兩份文件的作者很有可能是同一個人。

三個月後，也就是一九九六年四月三日，調查人員在蒙大拿州林肯郡（Lincoln）附近泰德·卡辛斯基自建的小木屋裡逮捕到他。當天的搜索行動就找到了一顆未完成的炸彈以及許多炸彈零件，還有大約四萬頁的手寫日誌，詳細記載他的炸彈製造過程以及對每一次犯案的清楚描述。

在BSU，主要目標之一就是開發出一些技術，來比別人更早一步地確認和理解暴力型連續犯案者。但是這不見得意謂我們會在短短幾天或幾週內就逮到他們。有時候得花好幾年的時間。BTK和大學航空炸彈客就是屬於後者。我們花了數十年的時間才讓殺手被繩之以法。但是在這兩個案例裡，我們最初始的角度和剖繪就像一張路網圖，引導著調查人員逐步接近，透過對行為心理學和極度自我本位式缺陷的追蹤和研究來找出犯罪者。

當卡辛斯基落網的時候，我的工作重心已經從行為科學研究轉移到連續暴力的法庭證詞這部份。跟調查人員共事了幾十年，協助他們更瞭解這些類型的犯罪之後，我希望也能在法庭上作出類似的貢獻。然而一九九六年一個春天的傍晚，我像其他人一樣坐在電視機前，看到卡辛斯基閃現在新聞裡的最初幾個畫面裡，他比我們原始剖繪所預期的年紀來得大，看起來很筋疲力竭。但是除了少數的細節仍有待商榷之外，我們在其它很多地方都做出了準確的預測：他是在芝加哥地區長大，將自己隔絕於社會之外，像隱士一樣獨居蒙大拿州，最後屈服於那股急需獲得外在肯定的自我價值感。更重要的是，我們提議採用主動出擊式的策略真的奏效了。這是在付出了十六顆炸彈、二十三名傷者、三名死者的代價之後，才讓調查人員終於聽進去我們的話。這個策略被刻意迴避很多年，因為他們擔心可能會多少讓對方摸清調查的底細，或者刺激出其他可能有樣學樣的炸彈客，但是這些顧慮都沒有發生，反而是徵召

2 大衛花了三個禮拜的時間在當地一家圖書館線上重讀那份宣言，拿它來跟那些年來他弟弟寄給他的憤怒信件作比較。他是在有一天早上看著他太太吃脆玉米片的時候才痛下這個決定。他看著她說：「親愛的，我覺得那份宣言有一半的機會是泰德寫的。」

到公眾的協助，而且證明破案的關鍵靠得就是這個策略。而這也等於設下了先例，告訴我們未來執法機關可以如何跟媒體合作。

但是在這些類型的媒體案子和他們對連環殺手的整體描繪裡，有一件事情始終令我憂心，那就是它出現了一種制約效應。公眾開始把他們視為美國經典史料裡的原型故事來接受。不知道從什麼時候開始，艾德·蓋恩（Ed Gein）和約翰·韋恩·加西（John Wayne Gacy）這類殺手對公眾所帶來的初始震撼，竟然已經從嫌惡反感變成了著迷，甚至著迷到連警方的畫師所繪製的大學航空炸彈客人像竟都成了T恤上的印製圖案。這很令人不安。因為儘管這些殺手明明很可怕，對被害者的傷害很殘忍也很令人痛心，但不知怎麼搞的，他們竟在某種程度上被傳奇化了。他們成了某種新類型的名人。有礙這套傳奇的所有不妥細節——殺戮行為、精神問題、和被害者本身——全數被忽略。這不是我所樂見的事。

第十六章　凝視無底洞

想到連環殺手，總是令人不寒而慄，你絕對不會有洋洋得意的感覺。至少我不會，但可能會漸漸麻木。我見過幾位探員就像這樣。就算他們看到格外噁心的犯罪現場也是連眼皮眨都不眨（譬如整片地板和下面三分之一的牆面都像一幅畫似地全染上被害者的鮮血），不然就是乾脆打卡下班，別開目光，不再繼續加班。在這種情況下的他們不再只是區隔工作裡頭比較可怕的元素，而是索性接受它們的存在。芮斯勒有時候很像個哲學家，他會搬出尼采（Nietzsche）的話：「在跟怪物戰鬥時，小心別讓自己也變成怪物，因為當你凝視深淵的時候，深淵也在凝視你。」

一九九五年，我終於體會到這句話的真諦。我用盡了足夠深的角度和足夠長的時間去凝視連環殺手的內心，盡可能完全瞭解他們。可是當我這麼做的時候，他們也會回頭來研究和分析我。有好幾個人知道我小孩的名字，也有的讀過我所有的出版著作。其中一個甚至年底會寄聖誕卡給我，而且是年復一年。我們之間的那條分界線越來越細。所以該是離開的時候了。

因此同年那個夏天，我退出了FBI的職務，專心從事犯罪心理學的法律工作，但我從來沒有正式終止過跟總局之間的合作關係，我還是會在他們詢問我對一些案子的意見時，擔任諮詢的角色。我只是決定把我的專長往另一個新的方向推展。其實自從當年，也就是八〇年代中，我跟道格拉斯在圖書館裡的那番對話之後，當時我們曾聊到感覺自己就像被困在我們一直想要試圖修補的那個系統裡，我就開始思索我的下一步了。那時我很清楚，情況即將會有變動，只是不確定什麼時候會出現或者究竟是什麼樣的變動。可是當它來臨時，竟宛若是某種啟示。

一九九五年夏天的一個早上，我像平日一樣在匡提科的走廊間奔波，意外聽到兩名年輕探員談到他們當初是怎麼進FBI的。第一個人的故事相當常見。他有軍事背景，在海外服役四年後，就被徵召進FBI。但第二人進FBI的原因格外引起我的注意。我刻意放慢腳步，小心偷聽。他提到ＢＳＵ還有他讀過幾篇關於我們成功破案的報導內容，然後他說到一件事情，令我忍不住停下腳步。

「不過那件肯培的案子，我不知道你有沒有聽過他的名字，他有時候被人稱為女大生殺手。他犯下很多相當瘋狂的案子，逍遙法外很多年。他是我最喜歡的連環殺手。」

最後那句話在我的腦袋裡不斷迴響。這聽起來很怪。最喜歡的連環殺手，這到底什麼意思啊？我突然恍然大悟，對這句話的背後涵義感到無比震驚。連環殺手正在靠他們的犯罪行為獲得人氣。公眾對這些犯案者越是著迷，他們的神話色彩就越是濃厚。他們的故事開始變得家喻戶曉、引人入勝、甚至娛樂性十足——大家終於可以一窺人性裡頭最黑暗的角落，而那是大家從來沒見過的東西。殺手們正在遠離那十惡不赦的屠殺現場，被昇華到文化偶像的地位，變得魅力十足。人性到底可以變得多黑暗，若是社會規範被完全剝除或漠視，人類到底可以徹底黑化到什麼程度，這些令人不安的事實令世人深深著迷。他們終於可以在另一個人身上找到相通的憤怒情緒甚或暴力念頭，只是他們還不到把這些衝動付諸行動的地步。公眾在連環殺手身上看見了自己——卸下面具和卸除束縛的自己——不過話說回來，他們自己的那些約束也還是有可能完全卸除的。

就在那一刻，我明白我有責任把自己的見解跟公眾分享。我不能繼續自我孤立，在地下六層的政府機關辦公室裡兀自埋首研究。光是提煉數據資料是不夠的。我必須將它公諸於世。就像我在七〇年代末消除大眾對性侵的誤解一樣，現在也該是時候來解決大眾對連環殺手的錯誤印象。我有機會可以去糾正錯誤，但是那個機會窗口正在快速關閉中。我必須想出一個辦法，趁犯罪者的神話增大到不再受控之前趕緊解決。

在那個時候，我就已經看到現實和虛構之間的那條界線正在慢慢消失。像《沉默的羔羊》、《德州電鋸殺人狂》（*The Texas Chainsaw Massacre*）、《閃靈殺手》（*Natural Born Killers*）這些熱門電影都是取材自真實世界裡的連環殺手，再創造出故事書裡的反面人物來符合娛樂模式。但是他們的做法過於簡化。他們在犯罪心理學裡抽取令人不安的表象細節，再簡化成好人對抗壞人這種耳熟能詳的故事。他們創造出對觀眾來說容易理解、消費、和產生共鳴的人物角色。這套方法奏效了。電影的成功也助長了電視裡真人真事犯罪影集的暴增，進而造成監獄被粉絲信件淹沒，因為公眾都吵著想要認識被關在牢裡的那些罪犯。甚至還出現連環殺手的「追星族」，並透過求婚來表達自己的愛意。

令人驚訝的是，這一切竟都講得通。這種對連環殺手病態的好奇心理正是胡佛長久以來公關活動下的必然產物。這麼長久以來，執法鐵漢的英雄行徑都只是在捕捉公眾的想像力，所以公眾的關注最後會轉移到反英雄角色身上也只是遲早而已。當然這種關注不是沒有它的影響力在。通常娛樂界所打出來的聚光燈都會掩蓋現實，聚焦在連環殺手最吸引人的樣子上。就像《沉默的羔羊》裡的漢尼拔．萊克特（Hannibal Lecter），往往被描繪成一個超有魅力，甚至討人喜歡的人物。他們被賜予了同理心和魅力這樣的特質，才能比較容易把他們跟那些無從想像的惡毒行為隔離開來。他們被塑造得很有人性。但這只是一種很好用的減去法。就我所知，連環殺手是有情感的，沒錯。但是這些情緒和感覺缺乏深度。他們不在乎別人。他們不想交朋友。他們沒有同理心。他們只想要找到被害者。透過魅力、奉承、或幽默感所做出的交流只是他們行為的一部份。那是為了達到某種目的的一個手段。由於他們是透過那個以自我為中心的基礎架構在瀏覽這個世界，所以他們是隨心所欲的。他們愛做什麼就做什麼。這使得他們成了危險人物。

我看到的那個反諷正在流行文化裡上演，但它逃不過我的眼睛。事實上，有部份的我甚至想要大笑。我在BSU花了多年時間試圖研究連環殺手的心理，以便讓調查人員能夠更瞭解他們的本質。而現在媒體也採用類似的方法，只是他們最終的目標是要娛樂大眾，而非找出真相。而這其中的意涵很是深遠。娛樂這種東西不會只存在於泡泡裡，它是有制約效應的。公眾會變得越來越同情那些危及被害者的連環殺手。在現實世界的審判裡也多的是被這些虛構信仰洗過腦的陪審團，所以我很清楚這些審判最後會有什麼結果。他們都被困在那個虛構的神話裡。事實上——就像我多年前在眾多性侵案裡所經驗到的——歷史總是不斷重演，但這一次，我做好了準備。

由於我跟FBI有過多年的共事經驗，因此在專業領域上已經建立起名聲，被視為被害者研究、創傷、和連環殺手現象這幾個領域的權威專家之一。而且在FBI的最後那幾年，我也越來越常接下別人無法接手的離奇案件，到法院提供專業證詞。也許我沒有資源可以抗衡媒體對連環殺手的描繪與刻畫，但我還是可以在最關鍵的地方發揮我的影響力：那就是法院的訴訟案件。我可以對陪審團說話，戳破所有的錯誤印象、過份簡化、和省事的減去法。我可以說出很少人知道的真相——也因為這樣，我發現我可以在這個位子上利用真相去幫助被害者和他們的家屬，得到他們非常渴望的司法正義。

一九九六年夏天，我的機會來了，當時芮斯勒和我接到一通電話，問我們是否有興趣在連環殺手亨利．路易斯．瓦利斯（Henry Louis Wallace）接受審判時提供專業證詞。這件案子符合所有條件：名氣很大，很吸引人，而且已經引起全國媒體的關注。此外這案子也尤其特別。瓦利斯（已經招供曾在一九九二年到一九九四年之間殺害九名女子，後來又主動坦承他還另外謀殺了兩名女性）是我們在黑人族群裡頭首度見到的連環殺手。不單如此，瓦利斯也認識每一個被他殺害的女性被害者。在我們先前分類的殺人犯當中，大多是白種男性，而且被害者幾乎都是陌生人。瓦利斯代表的是一個全新類別的罪犯——對ＢＳＵ如此，對媒體亦然。

但是這裡有個難處。

不是檢方來找我們幫忙。

而是辯護律師。

這件新穎的案子對他們來說是個挑戰。他們想知道是瓦利斯是在什麼動機下犯罪？這些犯罪行為有多蓄意？他有精神方面的問題嗎？換言之，他們需要我們這種專業程度的人去幫瓦利斯在審判之前先做一次正式的評估。

這個請求令我措手不及。我總是以為連環殺手的辯護團隊是司法正義的死對頭。但是剛從ＦＢＩ總局退休，正在熱中學習法律制度運作方式的芮斯勒卻有不同看法。

「安，我們不是在選邊站。我們的工作從來不是這樣，我們的工作都是在處理複雜的事情，想設法搞懂它。我們是在尋找真相。」

芮斯勒說得沒錯。譴責連環殺手不是我們的目標，我們追尋的是某種更大的目標。我們想要洞穿那些跟連環殺手有關的普遍迷思，我們要讓陪審團知道這些罪犯的腦袋真正的運作方式。無論是辯方還是檢方在採用我們的見解，這都不重要。重要的是我們揭露了真相。就是這麼簡單。

隔週，也就是一九九六年的六月，芮斯勒和我去了北卡羅萊納州夏洛特市瓦利斯被囚（Charlotte）的梅克倫堡郡監獄（Mecklenburg County Jail）。我們以前都是代表ＢＳＵ進監訪談，但現在情況有了變化。當年芮斯勒還是探員，他的徽章可以讓我們可以隨時走進全美任何一家監獄，沒有人會質疑或刁難。但是退休後的他失去了這個特權。我們就像其他人一樣得接受一套官僚程序的擺佈。沒有瓦利斯的法律顧問伊莎貝爾・黛依（Isabel Day）和詹姆斯・庫尼三世（James P. Cooney III）簽名背書的信件、沒有核准訪談的法庭文件、沒有本國簽發的駕照，我們根本無法踏進大門。整個流程變得完全不一樣。

我們花了半個多小時，才終於在警衛的護衛下通過三個安檢站和一連串的金屬偵側器，然後被要求在兩道上鎖的鐵門附近等候第二名警衛前來。五分鐘過去了，這兩道門才緩緩滑開，有人從裡頭招手要我們進去。我們默不作聲地跟著那名警衛沿著一條長長的廊道走，兩邊都有囚犯從囚室的柵欄後方朝我們瞪看。我始終直視前方。在一座全是男性囚犯的監獄裡擔任女性訪客，絕對跟電影裡演得不一樣。沒有叫春聲，沒有淫詞穢語，沒有盤子敲打囚室柵欄的聲響。對這些行為不屑一顧並不難——畢竟那都是很幼稚和無知的行為。真正嚇人的是這種靜默的氛圍。它是沉重透頂的，它是全神貫注的。但因為我做了足夠多的研究，聽慣了這種靜默聲，所以我知道那些囚犯心裡在想什麼。

警衛把我們帶到一間有一張桌子、三張椅子和一個簡易廚房的小房間裡。他告訴我們「就當自己家，別客氣」，然後離開這裡去找瓦利斯來。芮斯勒馬上展開工作，將錄影設備架設好。

我們需要一個安靜的房間來幫忙創造出一種有利訪談的完美氛圍。這個空間看起來很合適。我環顧那些被關籠的日光燈、光禿的牆面，這時突然倒抽口氣。我看見一條毛巾就掛在簡易廚房裡。我很震驚。他的被害者大多是被他用一條毛巾勒死的。我趕緊跑過去把毛巾塞進抽屜裡，就在這時，門開了。門口站著六呎四吋高、體重三百磅的瓦利斯，他微微低頭，走進房間，高大的身軀擋住了光線。他的手腳都被銬住，步距受到限制，步伐因此顯得笨拙，厚重的金屬在水泥地上被拖得匡啷作響，迴音不斷。相形之下，我們的警衛外型看起來就像個小孩一樣。

這是黃金時間。

亨利・路易斯・瓦利斯有個廣為人知的名號：夏洛特絞殺魔（Charlotte Strangler）或塔

可鐘絞殺魔（Taco Bell Strangler），後者是因為他是在塔可鐘連鎖餐廳裡當經理。幾乎所有被害者不是他的同事、就是他女友的朋友或同事，他女友也在當地的柏貞格爾斯快餐店（Bojangles）上班。

芮斯勒伸出手自我介紹：「我是小羅・芮斯勒，退休的ＦＢＩ探員。」

「我是賓州大學的安・布吉斯，」我補充道，同時也伸出手，笨拙地握了一下，哪怕對方的手銬有點礙事。「我們是你辯護律師團的其中成員。我們希望今天能跟你聊一下。」

「我一直在等你們來。」瓦利斯說道。他人很客氣，滿臉笑容地輪流看著我們的眼睛。

「我不曾——」這時走廊突然傳來廣播聲響。那受到靜電干擾、像被蒙住的廣播聲正在召集囚犯出來集會。

「我們一天到晚都會聽到這種廣播。」瓦利斯致歉道。「從來沒停過。」

芮斯勒請瓦利斯坐下。大傢伙拖著腳步，移到桌子的另一邊，就在我們這兩張椅子和鏡頭對面的那張單人椅上坐下來。為了取得他的同意，我從我的筆記本裡抽出一張文件，要求他如果同意我們為審判和教學目的錄下這段訪談內容，請先簽名。

「我希望你們可以從我這裡學到一些東西，」他說道，同時在他前面的那張紙上徐徐簽下自己的名字。「因為我不知道我為什麼會做出這種事。」

大家停頓了一下。他的出現和存在突然使這個房間感覺像是會引發幽閉恐懼症似的。芮斯勒這時把手伸進公事箱裡，掏出一疊《真實警探》雜誌（*True Detective*）。

瓦利斯坐直身子。他歪著頭，仔細看著芮斯勒把雜誌放在桌上。

「我們讀過你所有的檔案記錄，」芮斯勒說道，同時拍拍那疊雜誌，像是在逗弄瓦利斯，要他把目光放在最上面那本雜誌的封面上。「所以我們知道你小時候就喜歡讀你母親看的肥皂劇劇情還有犯罪雜誌。」

瓦利斯點頭附和，這時芮斯勒從那疊雜誌裡抽出一本，把它放在靠近桌子正中央的地方。它的封面秀出一名女子的照片，身上衣服大半被撕破。她被捆綁住，雙手被綁在頭上，嘴裡塞了一塊布，抖縮著身子想躲開一個拿著獵刀架在她巨乳上的男子。

「這是怎麼回事？」芮斯勒問道。

瓦利斯朝下瞅了那張封面一眼。「他看起來好像很享受。」

芮斯勒又抽出另一本雜誌，把它放在第一本的上面。「那這一張呢？這個照給你什麼聯想？你對它有什麼幻想？」

「我看到的是一個色情明星，這女的對這男的很咄咄逼人。他們的角色互換了。」

我們就這樣來來回回地問了將近一個小時——久到足以討論完十五本不同雜誌——瓦利

斯在整個過程裡明顯變得越來越興致勃勃。他開始指出他最喜歡哪幾張圖片，而且是在椅子上雀躍地告訴我們。

芮斯勒拿起一張捆綁的封面圖。「這符合你的幻想嗎？」

瓦利斯毫無猶豫地回答道：「這是控制，我比較喜歡強迫性的性關係。我有很多女友和『炮友』，」他的意思是妓女，「但是暴力才能帶給我想要的那種權力感。」

瓦利斯隨後承認這些雜誌讓他想到自己的青春期。他歷歷在目地記得孩提時自己會把雜誌攤在房間的整片地板上，好好欣賞他所收藏的色情圖片，有時候會在那裡直接打起手槍，也有時候只是光著身子站在那兒勃起。但就在那當下，芮斯勒將雜誌全收進自己的公事箱裡。瓦利斯的手消失在桌子下方，他在椅子裡稍微移動身子，承認這些圖片令他性致高昂。

我在我的筆記本上潦草寫下觀察心得：捆綁是他的色情媒材。

當然雜誌只是初步的測試，其他暴力犯罪者也會有同樣反應。比方說，BTK殺手丹尼斯．雷德曾告訴調查人員，當他們秀給他看他自己畫的死亡被害者圖畫以及她們的照片時，他「都會勃起」。但是以瓦利斯來說，我們必須看到他在一個被架構好的環境裡所產生的反應，才能建立起基準線。我們正在設法查出是什麼因素（如果有的話）害他變得跟別人不一樣。圖片生動的警探雜誌對某些暴力性侵犯的影響以及這兩者之間的關連已經很清楚了。但是不管怎樣，到目前為止，瓦利斯只算是一個很普通的連環殺手。我們必須找到更多關於他性侵和殺人幻想的事情——它們是何時開始，又是如何演化，以及是什麼事情觸使他變成一個施虐狂。

接著我們請瓦利斯描述一下他的成長背景以及每一次的殺人犯案過程。這些他都已經跟夏洛特市的警探和調查人員說過一遍，但是當時的敘述大多是為了填寫體制內的表格。而我們感興趣的是更深一層的東西。瓦利斯不設防的回應內容會給我們正在尋找的答案——它們會透露出他是如何看待自己。但是要觸及到他心理層面最深處的那一塊，就必須先讓他信任我們。剛剛搬出雜誌也算是建立我們善意溝通意圖的一種方法。我們必須讓他感覺自己又拿回掌控權。

掌控權是連環殺手在做每一件事情時的核心元素。它是他們高度模式化思考方式的症狀之一。他們是用它來架構他們的幻想以及他們和被害者之間的互動，而且也常常用它來架構他們跟我們之間的互動。這也是為什麼雖然在訪談之前，我們就已經大致清楚瓦利斯的背景，我們還是會請他說說自己的成長背景，以便瞭解他有沒有渲染內容還是提供假故事。就算他真的更動了真相，我們也不能質疑他——我們希望瓦利斯能完全放鬆心情和敞開心房——但是瞭解他可能會怎麼操縱我們已經知情的真相事實，這一點也很重要。對於這一點的瞭解也有助於我們更好去推測他可能會如何操縱案子裡一些較不為人知的細節。

正因為我們很懂掌控權這裡頭的動態關係，所以才會知道一開始該如何架構這場訪談。在我們最早期的FBI訪談裡，我們就已經曉得，最有效的方法是由其中一個人針對某特定話題、事件、或主題來提出大部分的問題。這樣一來，要是犯罪者變得沮喪，另一個人可以立刻接手，轉換成另一個話題，把之前那些問題所帶來的負面聯想全拋在腦後。

輪到我先開口了。我知道瓦利斯對我沒有那麼多疑，比較不設防。他還是會測試我的反應，試圖用不同角度來查明我代表的是什麼。但這個測試底線的過程會很快。這一向如此。因為在犯罪者的心態裡，我只是個女的，女性從來不構成威脅。這就是性侵殺人犯的想法，也是他們傲慢的一部份，早在我的意料之中，而我已經學會利用自己的優勢。

我請瓦利斯先談談自己的童年，結果他用一種不怎麼感興趣的單調語氣重述那個已經司空見慣的老掉牙故事。他描述自己是在沒水沒電的環境下長大。家裡用水取自於戶外的一口井，他們的廁所就是幾個便壺，清理便壺是他負責的家務之一。他也提到屋子裡總是衝突不斷。他很愛他的曾祖母，後者甚至曾經介入，想幫忙撫養他，無奈曾祖母跟他母親合不來。她們經常吵架，通常都在半夜，在紡織廠裡縫襪子的母親值了很長的班回到家後，兩人就擦槍走火了。瓦利斯描述他母親是個嚴守紀律的人，性子很急，脾氣火爆。她在他很小的時候就開始打他，那時他都還不到兩歲，打他的理由全是一些很正常的孩童行為，譬如把自己身上弄髒了、或者難過的時候嚎啕大哭。除此之外，她經常對著瓦利斯吼叫，說她真希望沒把他生下來。有時候她累到無法去工作，就會命令比瓦利斯大三歲、總是盡可能想要保護他的姊姊伊芳（Yvonne）去煤渣屋外面找一根枝條回來，然後用這根枝條打她弟弟給她媽媽看。這樣的成長過程給他帶來極深的恐懼，這種感覺甚至延續到瓦利斯長成個六呎四吋高的成年大漢、比媽媽還高大許多。

「我從國中到高中一直都很怕她……我怕她會把我殺掉。」

「她為什麼會想殺掉你？」

「她打得很狠。她說她會殺了我。有一次她拿一把菜刀要砍我，我低身閃過，結果牆壁被砍掉一大塊。所以想也知道，我媽不是一個善於表達、很有愛的人。事實上，她不太表達愛意。」

「說說你姊姊吧。」我轉換話題。

「我很喜歡伊芳，我跟她很像。我們同住在一間沒有廁所的屋子裡。」整個童年期，他姊姊都很照顧他，盡她所能地引導他。他在談到伊芳時，語氣格外溫柔，完全不像在描述母親時的那種冷漠語調。

瓦利斯繼續說道，「我總是好奇我父親長什麼樣子……他是誰，他像什麼樣子。我有一次看過他的一張照片。我問過我媽有關他的事，她就說他是她高中的一位老師。有一次他打電話到家裡來，應該是要來看我。我就留在家裡沒去學校，想等他來。我等了又等，看著每一輛車子經過家門前，但他始終沒有出現。」

我問瓦利斯在他這一生中，有沒有誰是他的行為榜樣。有沒有任何一位男士受到他的敬仰。」

「我母親有個男友，我還滿喜歡他的，」瓦利斯說道。「但我知道他不是我父親，也不是什麼好的行為榜樣。他已經結婚，只是在跟我媽瞎搞。」

瓦利斯所形容的成長背景一點也不令人意外。它完全符合連環殺手研究裡所建構出來的單親媽媽、充滿暴力的童年、以及缺少男性楷模這類常見模式。至少在他的個案裡，他很幸運地跟他姊姊和曾祖母都很親。但是這種關係還不夠。他的幻想世界是在他小學時開始的，當時他在他家附近親眼目睹一場輪姦。

「那是你的第一次性經驗嗎？」我問道。「你對它的記憶是什麼？」

「不是……」瓦利斯有些遲疑。他向桌子傾身，有點面無表情地看著我。隨後描述他是在「一群小鬼」裡頭混大的，他說這群人一直都很有事，「可能是鬥毆、槍擊、或互砍」。

他記得他才八歲還是九歲，就有了第一次的性經驗，對方是個十幾歲的女孩。

「我以為我有麻煩了，」瓦利斯回憶道。「我看見她媽在揍她，然後她媽來我家告訴我媽她看到我跟她女兒在亂搞。我很怕自己也會被毒打一頓。結果我姐跟我媽開始大笑，還揶揄我為什麼不找一個漂亮一點的女生。這個揶揄最令我困擾。」

過沒多久，瓦利斯就親眼目睹到輪姦。「我們全都去看高中橄欖球賽。那個姓布希（Bush）的女孩被幾個傢伙帶出賽場外，我朋友和我都跟過去。我們看見她被懸在半空中，那些傢伙正在輪姦她。她一直說：『等一下，等一下。』」

「你經常想起那件事嗎？你自己在犯罪的時候，那件事曾出現在你的腦海裡嗎？」

「會啊，我覺得那是完美的方法。」他微笑道。

我把它記在筆記裡，瓦利斯用完美這個字眼在形容那個姓布希的女孩是如何受到羞辱和掌控。這個記憶顯然很取悅他。他很可能把它當成幻想的助燃物。

「第二天早上，」他繼續說道，「我才知道有兩個鄰居被控性侵。他們惹上了法律糾紛，這反而更令我興奮。我開始想把人綁起來，這全是因為我看過那幾個男的做過這種事。」

我在剛剛的筆記上加添瓦利斯目睹女孩被強姦，於是開啟了他各種新的可能。他把暴力視為一種工具，來重新創造他孩提時的創傷。只是這一次，他坐上了駕駛座，他被吸引去體驗掌控的感覺。

在這部份的對話裡，瓦利斯的自信明顯高漲。他沒有挑釁或怎樣，但是他展現出一種類似自豪的態度，彷彿他在自己的記憶裡頭安頓了下來，找到了他所熟悉的自在世界。就某種程度上，他是在跟我們分享很私密的事情。這只是行為上的一點細微變化。但是瓦利斯有很強烈的視覺記憶，對他來說，他對過去事件的小心描述以及他對細節的專注，這些都像是某種拱手禮，感覺正在邀我們一起進入。

從這裡開始，瓦利斯在沒有任何提示下接管了對話。他正在自我陳述。他知道我們研究過他的犯罪行為，對他的所作所為非常感興趣。所以他滔滔不絕。他描述一九七九年開始念高中，同學們就都很喜歡他，老師也說他很合群很有禮貌。他母親不准他參加橄欖球隊，他就加入啦啦隊，成為隊裡唯一的男生。他比那些女生啦啦隊長都來得高大，但沒有人怕他。他的同學都覺得他很樂觀、很熱心、很有創意。瓦利斯對學校裡的這些友誼感到自豪。他覺得自己被同儕接納，但是在家裡，卻像是一個外人，一個怪胎——他會因為個子比他們高、膚色比他們黑、動作比他們慢而受到揶揄。

一九八三年五月，瓦利斯從高中畢業，試圖跟隨姊姊的腳步也去念大學。但是因缺乏學習動機，以及無法專心課業，老是陷入對女人的幻想裡，而連著兩個學期被兩間學校退學。

在談到退學的事情時，瓦利斯看起來明顯沮喪，於是我問他那幾年有沒有什麼事情令他覺得特別有成就感。這問題使他精神一振。他想了一下。「我真的蠻喜歡我在當地廣播電台ＷＢＡＷ晚上擔任音樂主持人的那份工作。他被稱為午夜騎士（Midnight Rider），因為他的聲音很低沉有磁性。他師法的對象是具有傳奇性色彩的搖滾ＤＪ沃夫曼・傑克（Wolfman Jack），後者每晚主持空中節目，透過無線電波放送動聽的音樂，尤其是當時曝光度還不是很夠的黑人音樂。但是這份工作壽命很短。瓦利斯幾個月後就被炒了魷魚，因為他被抓到竊取電台裡的ＣＤ。

大學夢碎、也從電台被踢出局之後，瓦利斯決定轉換跑道，加入美國海軍後備隊（US Naval Reserve）。這是他這一生中最安定的一段時間。從一九八四年十二月開始，持續了八年的時間，瓦利斯安份守己，漸漸有了名聲，被認為是一名成功的水手，一路被拔擢為海軍下士。就在那段時間，瓦利斯娶了跟他分分合合已久的女友瑪麗塔・布拉漢姆（Marietta Brabham），成為人夫以及布拉漢姆女兒的繼父。但是蜜月期沒有持續太久，他們之間開始關係緊張。瓦利斯渴望有自己的孩子，可是瑪麗塔拒絕考慮這件事。這種失望大到瓦利斯再也無法承受。他在古柯鹼和其它毒品裡頭找到了逃避的方法，但最後遭到逮捕，因二級盜竊罪被判兩年徒刑。瑪麗塔離開了他。瓦利斯沒有別的選擇，只能搬回家跟他母親和姐姐同住，當時她們就住在北卡羅萊納州夏洛特市的附近。

「你曾想過要殺掉瑪麗塔嗎？」我問道。

瓦利斯低頭看著桌面。「有想過。」他咕噥道。「我甚至去過她屋子那裡，站在外面好久。但後來離開了，我沒辦法下手。」

「因為你知道你還得回去清理現場？」芮斯勒問道。

「我最擔心的是血跡和指印的問題。」瓦利斯輕聲說道。但他懊悔的語氣沒有持續太久。

瓦利斯很快又轉換話題，談到搬去夏洛特市的這個決定是如何給了他一個機會重新開始，認識新的女孩。當他好不容易讓其中一名女友懷孕時，他興奮極了——哪怕這段關係沒有持續很久——因為他終於可以當爸爸了。小貝比是在一九九三年九月出生。他把她取名為凱德拉（Kendra），他珍視她的程度甚過這世上任何東西。

「是什麼讓你開始殺人？」我問道，因為我擔心之前那個話題可能會使瓦利斯變得感性，話開始變少，因此得把他從那個話題裡拉出來。

「呃——這跟錢沒有關係。我沒有財務上的問題。我的工作很棒。我在渥爾瑪商場（Walmart）的防損部門工作。我很喜歡那份工作，但是他們逮到我在店裡行竊。我是偷器材，大多是相機，利用職務之便行竊。要是沒被逮，我搞不好會把它們全偷光。我在儲藏庫裡有個小房間，它有個鎖，我都用切割器來開鎖。」

「我跟我太太瑪麗塔分開時，我對她開始感到憤怒。她說她在大學的時候曾被性侵過，結果有了一個小孩。我就問她，我們做愛的時候，她會想到以前被性侵的經驗嗎？她說會。這讓我覺得我們做愛時，好像是我在強暴她一樣。就是在那個時候我小時候的記憶又都回來了，我開始付諸行動。這整件事讓我有了全然不同的心態，再加上古柯鹼的癮頭越來越大，於是開始殺人。」

瓦利斯是在一九九〇年代初，也就是他剛被海軍強迫退役的兩年後，在南卡羅萊納州巴恩韋爾（Barnwell）他老家那裡犯下第一起殺人案。他拿了一把槍脅迫舊識塔香達·貝斯（Tashonda Bethea）進他的車。雖然被害者被槍抵著，但還是在反抗。於是瓦利斯把車開進林子裡，強迫她口交，然後性侵，還告訴她不會有人找到她。等到完事後，他猛砍她的喉嚨，將屍體丟進池塘裡。

「殺人後的第二天早上，」瓦利斯描述道，「我開始疑神疑鬼，不確定她到底死了沒。於是我回去查看池塘。池水沒有很深，可是我找不到屍體。我拿起槍，朝池裡射了幾槍，然後走到對岸，看屍體有沒有漂過來。我相信警察一定會找上我。我開始胡思亂想，大概有兩三天的時候我的壓力真的很大。我不斷回到那個現場，總共有三、四次吧，但一直沒找到她。」

貝斯的屍體在幾周後被沖上岸。因為找不到什麼證據，警方針對她的失蹤詢問了她的幾個舊識，這裡頭也包括瓦利斯，他的犯罪紀錄使他成了一個帶有危險信號的目標，但是從來沒被認定是重要的嫌疑犯。

瓦利斯第二次殺人是一九九二年五月，當時他正在跟莎朗·南希（Sharon Nance）進行他「自以為」的約會，南希是一名眾所皆知的妓女和前科毒販。

「我告訴她我想肛交，她說『這是你喜歡的方式嗎？』這句話害我暴怒。性交過後，她要我付錢，但是我沒有錢，我們就開始扭打，最後我把她打死了。我用車子載她到鐵軌附近沒有人煙的地方，把她丟了出去。」

她的屍體幾天後被發現。

瓦利斯的自信隨著每次犯案一點一滴地增加。他已經變得可以不加思索地閃躲警方的詢問盤查。他覺得如果他想要的話，他躲得掉所有事情。他覺得沒人管得住他。

「唯一的問題是，」瓦利斯補充道，這時說話的語氣明顯緊張了起來，「我跟我媽住，情況糟糕得我得另外接條電話線才行。我都已經二十五歲了，她還把我當十五歲的小孩在管。她不喜歡我帶回家的其中幾個女生。她有我車子的鑰匙。她會罵我笨。」

「你是在什麼時間點會失控？」芮斯勒問道。

「每個被害者都不一樣，」瓦利斯說道。「莎朗和我坐在一起一個小時，只是純聊天。然後我起身，就像我們平常一樣，然後擁抱和親吻，這時那頭怪物就出來了。殺賈波（Jumper）的那一次是我一進到屋裡就想做的事。突然間我就動手了。我從來沒想過這種事會發生在賈波身上。鮑考姆（Baucom）當時是在家——純屬意外——她挑錯時間待在家裡。這種殺戮可能落在任何一個人頭上。」

「你的火氣、憤怒、和敵意又是怎麼回事？最後一個被害者被你戳了三十八刀。」

「那是後來才有的。在性侵和殺人這兩者之間，我其實是性侵了很多妓女，有過了很多性伴侶，才慢慢演變成殺人的。也是在那時候我才發現我比較喜歡強迫性的性關係。」

「讓我問你一件事情：這件事對我來說很重要，那就是你認識所有的被害者，只有一個除外。為什麼？」

「我的個性就是會想讓他們信任我。」

「好吧，可是為什麼不會對陌生人下手？」芮斯勒追問道。

「我在認識別人的時候，他們都會有一些個性能讓我聯想到過去——我媽、我姐、我太太，」瓦利斯解釋道。「如果是陌生人，我做不到。」

下午短暫休息之後，我決定改採不一樣的方法。我拿出一疊白紙和幾支色筆，問瓦利斯是否想把殺人的過程畫出來。他點頭答應。於是在沒有什麼催促的情況下，瓦利斯開始專心地用人物線條畫的方式（頭部是圈圈，其它部位是線條）繪出他偏好的鎖頸動作，再利用同樣的人物線條畫繪出性侵和扼殺過程。此外他也用簡單的線條來描繪他曾進入的各種房間以及和他看到被害者時所在的那些房間。他的畫法全都是俐落的線條和基本的形狀，這種簡單的繪畫方式顯示出瓦利斯的冷漠。他的表達方式也顯現出他的冷漠——當他小心翼翼地將腦袋裡的記憶轉移到白紙上時，會出現一種志得意滿的專注神情。所有這一切都代表，對瓦利斯而言，暴力行為本身不是重點，真正令他感到刺激和亢奮的是在自己的腦袋裡不斷重覆播放這些犯罪行為，去蕪存菁每一件往事，直到能鮮明地記起每一個恐怖的細節。他犯下這些罪行的目的是為了擁有這些記憶。這是他用來找到和維繫他從未跟別人一起創造出來的那種情感連結。

芮斯勒又瞄了一眼瓦利斯的其中一張圖畫，然後下了一個評論。「這看起來好像是你從上面往下看。」

「我的感覺就是這樣啊，」瓦利斯點頭道。「好像我正在監看。我正在現場的上空盤旋觀察。我完全脫離。有時候殺了人之後，得花好幾個小時才回得來。這也是為什麼我會回到犯罪現場。」

「如果你想要的話，你能阻止得了自己嗎？」我問道。

「不能。」瓦利斯搖搖頭。「我一碰到她們，就完了。我可以用想的，但是完全不能控制。」

「你怎麼那麼清楚你自己在做什麼？」我感覺得出來我們不太懂他想告訴我們的事情。

「就是⋯⋯」瓦利斯猶豫了一下。「我覺得在這個殼裡面有兩個人。一個是邪惡的人，任何情況他都罩得住。另一個是可以信任的人，也是一個好人。他幾乎都在哄另一個人，想盡辦法把第二個身份——也就是那個瘋狂、憤怒、很衝動、很危險的人隱藏起來。」

這種特殊的解釋方式，也就是一個身體裡面住了兩個人，完全吸引了我的注意。這完全不同於其他連環殺手的傾向，在某方面來說是罕見又深刻的。首先這說明了雙重人格是如何為了因應早年生活裡複雜的壓力環境而演化出來。再者，瓦利斯這兩種平行身份的演進，證明他基本上缺乏統整，包括他內心的統整以及在社會裡的統整。這造成了他自覺與周遭世界脫離。我們在以前的訪談裡也見過其他雙重人格的案例，譬如肯培，後者說他有好的一面也有壞的一面。但瓦利斯這件案子最大的差別在於，他完全意識到這種分裂，很多連環殺手並沒有這麼好的自我觀察力。

「你會想什麼？當你夜裡出去的時候，你的計畫是什麼？」

「那不是我，」瓦利斯很是防備地說道。「那是另一個人在伺機活動。他被隱匿起來的時候最感到自在。他會跟蹤她們。」

「拿凡妮莎・麥克（Vanessa Mack）為例，我跟蹤她好幾個月。我幻想跟她粗暴地做愛。她是一個很有吸引力的女人，我們出去過幾次，可是後來她拒絕我。她不喜歡那些晚餐。她害我以為我們不只是朋友。後來她就懷了別人的孩子。

「她被殺的那天晚上，我知道她在家。我穿了一件黑色的針織套頭衫。我知道她在。自從她有了小孩，我就沒再見過她。但是我知道她很氣我，因為我閃人了。我當時古柯鹼的癮頭很大。我想知道她有沒有錢。我想抱她，但她把我推開。我跟她要喝的，但她什麼也不給我。於是我又試了一次……我必須從她後面去掐住她。終於我讓她願意給我一杯飲料，然後我走到她後面。她愣住了。我叫她乖乖配合，我們進入臥室，我把她衣服脫掉，再單手脫掉自己的衣服。我們先口交，然後再強姦她。就在她穿衣服的時候，我用枕頭套捆住她脖子，她昏了過去。然後我用嬰兒毯繞住她的脖子。她的小寶寶正在房間裡睡覺。」

「你有對小嬰兒做什麼嗎？」

「沒有，我很擔心那個孩子。我自己也有小孩、有媽媽、有姊姊。我現在回想起來，我對當時在做的事情是完全麻木的，我很感謝上帝沒讓她的大女兒也在家，不然我也會對她做同樣的事情。」

「為什麼？」

「我就是會做啊。這得回溯到我十幾歲的時候被人欺負還有欺負女性的經驗。我需要有人制止這一切。」

在我們的最後一部份訪談裡，芮斯勒和我請瓦利斯重述每一次的殺人過程。他很是機械化地按表全說一遍，概述了他的思路過程，他記得被害者生前最後說的話，也詳述了在他使出那招牌的掐頸手法、性侵之前先使她們無力反抗時，對方眼裡所閃現的痛苦神色。

他說他有好幾個禮拜都在幻想性侵他女友珊迪．麥克奈特（Sadie McKnight）的朋友卡蘿琳．羅夫（Caroline Love），結果演變成了凶殺案。當時他就是沒辦法停止想她。他知道唯有把他的幻想付諸行動，才能重獲控制權。於是他闖入她公寓，趁她看電視的時候從後面偷偷走近，用手掐住她脖子，然後把她移到臥室，脫光她的衣服，再把她綁起來，趁她半昏迷的時候強暴她。等到完事了，瓦利斯直接將她勒死，再把屍體丟到小鎮郊外一處很淺的溪谷裡。

「大約兩天後，我又回去。屍體已經腐化到看起來就像一具皮囊，很像是ＥＴ娃娃之類的。她的屍體腐敗得太快了。我大概一個禮拜後又回去看，只剩下一堆白骨。」

瓦利斯也殺害了他在塔可鐘的同事肖娜・霍克（Shawna Hawk），但相反的，他把這個過程描述為一場始料未及的意外。他們兩個已經是朋友，有時候下了班還會一塊出去消磨時光。瓦利斯有一天晚上輪完班後順道到她家找她，可是當肖娜開始揶揄他跟他女友最近一次的爭吵時，他的脾氣就來了。[1]他把她推進她的臥房，逼她脫掉衣服，命令她為他口交。她很害怕，全程都在哭，瓦利斯很喜歡這樣，如果女性反抗，他會更生氣。後來瓦利斯叫她把衣服穿回去，然後把她帶到浴室，再喬好她的位置讓他鎖喉。他緊掐住她脖子直到她失去知覺。在他離開前，他放水到浴缸裡，將她塞在裡面，再從她皮包裡抽出五十塊美元，便從現場脫身了。

奧黛麗・史班（Audrey Spain）是瓦利斯的另一個同事，而這段友誼害她付出了生命的代價。他們在她的公寓裡抽了兩根大麻後，她竟成了被害者。他的犯案手法如今都遵循同一套熟悉的模式：把她喬成可以被鎖喉的姿勢之後，再拖到房間強姦和勒斃。事後，他偷了她的信用卡去幫自己的車子加油，當天深夜又回到史班的公寓使用她的電話，希望能混淆到時會想確定史班死亡時間的警方。

瓦利斯承認凡妮莎・賈波對他來說有點像是他妹妹，不像其他一些女性被害者，大多是他才認識沒多久的朋友。他從來沒想過要殺害她，但事情就是發生了。一九九三年八月十日的傍晚，他曾順道到過她公寓兩次，第一次只是聊天，第二次的意圖就是要殺她。瓦利斯像平常一樣先鎖喉，但是她求他別傷害她，如果他願意放過她，她可以跟他發生性關係，那時他曾經鬆開手。瓦利斯同意她的條件。可是等完事之後，他還是把她勒斃。因為他知道她一定會說出來，那就無法消遙法外了。事後他取下公寓裡煙霧偵測器的電池，把廚房裡的爐火打開，試圖引起火災，他把蘭姆酒灑在賈波的全身上下，然後點了一根火柴在屍體上縱火。在他離開現場時，還順道偷取屋裡的一些珠寶，賣給當地一家當鋪。

「我只有跟賈波很要好。其他的關係都還滿疏遠的，再不然就是好幾個禮拜或好幾個月都沒連絡了。」

像這樣的類似故事屢見不鮮。他漠然地回想他是如何殺害他認識的這些女人：掐住脖子，強迫口交，然後性侵和殺害她們。儘管他的犯罪模式都一樣，但是他攻擊的性質隨著時間的過去越來越殘暴。他得靠更多的暴力和更高的被逮風險才能滿足自己的需求。瓦利斯在追逐一種消失中的快感。每次殺人都沒有太多的背後理由，豁出去的心理反而還更多一點。

---

1 揶揄最能萬無一失地引發瓦利斯犯罪。它會挖出他孩提時宛若洪水猛獸的痛苦回憶，那段時間鄰居小孩經常作弄他，他感覺不到任何掌控權。

他再也不能滿足於自己的幻想。他已經失去控制。這尤其顯見在他殺害倒數第二名被害者白蘭蒂・茱恩・漢德森（Brandi June Henderson）的過程裡。

瓦利斯是因為她的男友伯尼斯・伍茲（Berness Woods）才認識她的，他跟伍茲是多年朋友。瓦利斯說他計畫在一九九四年三月九日的傍晚行凶，因為他知道伍茲那天要上班，漢德森會待在家裡照顧他們那十個月大的兒子T. W.。大概下午五點，瓦利斯到了她公寓，說他是來拿東西給他朋友的。漢德森邀他進去坐，就在她轉身要拿飲料請瓦利斯喝時，他從背後勒住她，叫她進房裡去。

瓦利斯告訴她這是搶劫，他要錢。漢德森給了他一個洋芋片罐，裡頭大概裝有價值二十美元的硬幣，她說屋裡沒有放其他錢。瓦利斯命令漢德森脫掉衣服，然後把她兒子T. W.抓來，放在她胸前，就這樣中間隔著小嬰兒強姦了她。我發現最後這個細節尤其令人不安，於是提醒自己這可能是一種象徵，代表他殺掉了他在他自己心裡看到的那個小孩，又或者是那個他很想跟瑪麗塔生下來，卻終究無緣的小寶寶。

等他完事後，他叫漢德森把衣服穿好，並趁機從浴室裡拿了條毛巾勒死她，還把她的屍體橫放在T. W.的床上。T. W.開始嚎啕大哭，瓦利斯給了他奶嘴，還到冰箱裡去找東西要給他喝，但是找不到。沮喪的瓦利斯於是從浴室裡抓了另一條毛巾，緊緊綁住T. W.的脖子，直到小嬰兒不再出聲為止。瓦利斯出去的時候，順手偷了音響、電視、一些剛送來的食物、和零錢罐。他把電器賣了一百七十五美元，拿那些錢去買古柯鹼。

哪怕是我們，都覺得瓦利斯是很罕見的個案。他是已經認罪的連續性侵殺人犯，跟以前建立的那些犯罪剖繪完全不符。但可能就是這些很不同的地方才能讓他得躲掉偵查這麼久。「這人是完全找不到剖繪範圍的，」芮斯勒曾經指出。「我始終沒辦法從他身上找到一個他殺人的好理由。」

芮斯勒說瓦利斯很難理解，這句話他說對了。部份原因是被害者背景以及瓦利斯跟這些被害者的關係，而另一個原因是，瓦利斯是我們遇到過的第一位非白人連環殺手。

此外他所持有的信仰和整體態度也都相當獨特，完全不照別人的既定模式來走，哪怕他也還是具有其他犯罪者常有的局外人心態。瓦利斯不像我們所預期的那種孤狼型掠食者，反而很自豪自己能當別人的好朋友——這是一種很奇怪的自我認定，畢竟他在取被害者的性命之前，都跟她們有一定的交情。他沒有費力在找自己的位置，他不認為這個世界是不公平的。他有時候的確會顯現出妄想症的跡象，不過這也可以歸咎於他的嗑藥。他不認為權威和生命是反覆無常、無法預測、或變化莫測的，反而是打從一開始就知道，他的犯罪活動終有一天會告終。他信任權威，相信法律終會制裁他。

真正的區別是在於瓦利斯對掌控權的極度執著。他甚至比我們訪問過的其他連環殺手都來得更是執著於他的主宰權。這也是為什麼他會找他認識的人當被害者——他才能在周遭這個真實世界裡頭更徹底主宰自己的空間。他不像其他連環殺手會利用暴力和掌控權去修補他們在周遭世界裡所看到的缺陷，瓦利斯對修補世界不感興趣。他感興趣的是創造和維繫一個完整的現實世界。他把自己看得像上帝一樣，飄浮在他犯罪活動的上空看著「壞亨利」（住在他腦袋裡那個怪物的名字）在下方為非作歹。他小心製作出來的幻想世界，可以幫忙在他如何看待自己、和如何看待自身犯罪行為這兩者之間填補起距離。

只是瓦利斯對掌控權的執著度甚至還更深一層。他需要別人視他為主宰者，雖然性侵行為滿足了這方面的需求，但仍不足以滿足他想要感覺自己主宰一切的那種欲求。而這只能透過完全漠視他人的性命才能完成。對瓦利斯來說，從性侵過渡到殺人，這是他最高權威的極至表現。它讓他在一個有始有終的行為裡既是創造者也是毀滅者。這才是完全的主宰，不單是重塑這個世界的一種方法，也在重塑過去、現在、和未來。就像錄音帶一再重複錄製，直到原始內容完全被覆蓋為止，瓦利斯就是利用他的被害者在重新錄製他自己的過去歷史，用暴力和恐怖的聲音來扼殺自己的過去，直到只能聽到他孩提創傷裡那最微弱的迴音。

第十七章　腦袋裡的怪物

在那兩年的恐怖殺戮期間，午夜騎士亨利・路易斯・瓦利斯在夏洛特市各地奪走了九條人命，都是年輕黑人女性。但是一直以來這件案子被很大程度地忽略——籠統地說，就是被警方、媒體和公眾忽略。這很奇怪。因為光是被害者的人數就應該足以讓這件案子本身引起各方注意，更何況犯罪行為的性質極為恐怖，這使我不由得好奇為什麼各方反應沒有那麼強烈。夏洛特警局（Charlotte Police Department）聲稱他們已經盡了力，曾在一九九四年年初向ＦＢＩ求助，但是總局不相信這些凶殺案能靠連環殺手的剖繪來破案。由於這些件凶殺案都是採取個別調查的方式——有幾名被害者只被歸檔為「失蹤人口」，有的被害者是根本沒有人注意到她們失蹤了，再加上當地法醫未能確認所有死者的死因都是被勒斃，因此ＦＢＩ

的駁回理由可能也有它的道理在。不過在我看來，種族問題明顯也是一個因素。

瓦利斯的被害者都不是白種女性，她們全是黑人。這就像我早期職涯在研究性侵被害者時所遇到的情況，這裡只是另一個例子在告訴我們，污名化這種東西絕對是司法正義的最大敵人。如果被害者有某個地方不符合某個類型，又如果那東西不知怎麼搞的好像會威脅到調查人員或者令他們很不舒服，他們就會有很多藉口去忽略那件案子。這是瓦利斯之所以能消遙法外這麼久的其中一個最大原因。誠如瓦利斯的第四名被害者肖娜．霍克的母親所言：「這些被害者在社經地位上都不是什麼出色的人物。她們並不重要。她們是黑人。」

但等到調查人員一旦確認是塊頭魁梧、身高六呎四、體重一百八十磅的瓦利斯犯下的案子，大家便開始集體瘋狂搶食這條新聞。他的體型和殺人的方法——慢慢勒死受到他箝制的無助婦女——完全符合大眾對一頭完美怪物的認定。再加上他的膚色，更使得這個故事顯得驚心動魄，也讓大眾更扭曲了他們對連環殺手的刻板印象。《夏洛特觀察報》（*Charlotte Observer*）將他稱之為「一個精於算計的冷血殺手」。《紐約時報》引用調查小組裡一位副主任的話說：「這個社區的女性現在上床睡覺都會覺得安全多了。」《時代》（*Times*）雜誌甚至明目張膽地搬出怪物這個比喻來渲染話題，他們寫了一篇跟案件調查有關的文章，標題就是〈與狼人共舞〉（Dances with Werewolves）。

在此同時，新聞報導也提到被逮後的瓦利斯在禱告時崩潰，哭喊著要求原諒。它還引用他朋友們的話，說他是一個聰明、溫和、和很有吸引力的人。即便是《時代》雜誌那篇太過頭的報導也特別提到「被他的燦笑、體貼、和好看的長相給迷住的女性，都很信任他。」

這種媒體策略似曾相識。瓦利斯跟所有連環殺手一樣都是被用很粗糙的描繪手法一筆帶過——在恐怖和娛樂之間找到一個平衡點。他們的呈現方式是他是一個備受折磨的個體，其極端的暴力行為每每衝撞著他內心仍存有的人性，只不過那個人性被深埋在某處角落。這是一種簡化法，把真正的瓦利斯簡化成一個很平面的漫畫人物，但是這可以讓他給人一種比較容易親近的感覺，也比較令人放心。於是靠著這種過度簡化的方法，瓦利斯成了善惡之爭這種省事說法裡頭的另一個傳奇。他沒有什麼再需要多瞭解的地方。

這種對美國連環殺手的現代迷思正在耳熟能詳和反覆放送下，刻印在數百萬人的腦袋裡，以致於陪審團是不是看過某特定案子的新聞報導，這已經不再重要；從根本上來說，瓦利斯與在他之前的其他殺手並不一樣，這一點也不再重要。模式已然建立、確認、和固化。

這也正是我當時面臨到的問題。

瓦利斯的審判於一九九六年九月在梅克倫堡郡高等法院（Mecklenburg County Superior Courthouse）開庭審理。這是一個再熟悉不過的場景：靠近法官席的地板已然磨損，法庭速記員的小桌子擺在一旁，陪審席上成排的椅子供十二個人靜靜地坐在那裡聆聽呈堂證供，以便提交出這件案子的判決結果。儘管如此，我還是很緊張。我把瓦利斯看成是我這些年來一切所學的結晶——包括性侵、連環殺手、和犯罪心理學。而且最重要的是，這件案子不只是被法律界密切關注，也受到大眾的關注。瓦利斯被描繪的方式，他犯罪特徵的歸納方式，對這些被害者記憶的完整性，都很至關重要。而這是我的一個機會可以去戳破那些跟連環殺手有關的各種與日俱增的迷思，也是我的一個機會可以去揭露連環殺手本質核心裡的原始真相。我必須把每一個細節都做對。

對辯方而言，這計畫很簡單。因為這是一樁死刑案件，瓦利斯也已經招認所有犯罪行為——他的認罪已正式納入法庭記錄——所以剩下的唯一選項就是說服陪審團他的精神並不健全。這可以把審判的範圍縮小到只剩量刑的部份：究竟是受到處決還是終身監禁。而這件重擔就落在芮斯勒和我的肩上。身份是主題專家的我們（專門研究連續殺人犯、犯罪分類、心理社會發展、和精神疾病）有責任讓陪審團瞭解加重刑罰因素相對於減刑因素這兩者。[1]瓦利斯案子裡的加重刑罰因素都很嚴重，包括性侵殺人、在孩童面前公然殺人、連續殺人。但陪審團也必須考量許多減刑因素。芮斯勒和我可以提供寶貴的深入見解，讓他們一窺瓦利斯殺人時的心理，而方法就是用行為上的前因來脈絡化它們。我們可以從一個連環殺手的行為科學去作解釋，因為這是我們多年耕耘這個領域所得出的成果。

當然，這不是簡單的任務。陪審團對瓦利斯固有的偏見就幾乎不可能挑戰了。畢竟，他是一個認了罪的連環殺手。再加上檢方已經將這案子訴諸感性——而且充滿戲劇效果，不斷站在陪審席前，請他們「看看那些被害者的家屬們，如果換作是你們呢？」但芮斯勒和我不玩這一套。我們已經認清瓦利斯。我們訪談過他，也訪談過他的母親、姊姊，以及他那位擔任監獄護理人員的未婚妻。雖然我們大可做出感性的呼籲，但是我們不願意。我們只就事論事。這方法會比較難，但這一向是我們的作業方式。在BSU的那段期間，它教會了我們無論外在的壓力或疑慮是什麼，都要相信這套完善的方法。所以如果現在妥協，當然一點道理也沒有。我們能做的就是出庭作證瓦利斯殺人當下的心理狀態就行為科學和心理科學來說，我們的瞭解是什麼，並提供他孩提時的過往歷史。我們會說出不偏不倚的真相。剩下來的就交給了陪審團。

1 加重刑罰因素是為犯罪行為提供背景內容的一種方法，以便將犯案者罪行的嚴重度拿來跟類似犯案者的類似罪行做比較。減刑因素則是為特定犯案者的生活經驗提供背景內容。通常會強調生理、心理、或智力上的障礙，企圖顯示被告何以無法為自己的發展和行為負起全責。

第一個出庭的是芮斯勒，他作證瓦利斯有精神不穩定的跡象。「瓦利斯好像總是前進一步，後退兩步。他會把東西放在爐子上燒，想毀了它們，但又忘了打開爐火。」

芮斯勒接著解釋瓦利斯的犯罪行為同時有條理型和混亂型的特徵。他直接舉例說明瓦利斯為什麼在行為上符合降低的心智能力或精神疾病。他特別指出瓦利斯殺害第二名被害者莎朗．南希的理由，引用他在我們訪談時所說的那段話。

「他的理由是她問了他一個問題，這問題『害他暴怒』，於是性交完，她跟他要錢時，他就把她打死。」芮斯勒停頓一下，然後補充道：「這人是完全找不到剖繪範圍的，我始終沒辦法從他身上找到一個他為什麼要這麼做的好理由——就算他選擇當一個連環殺手，也用錯了方法。」

結論很簡單：這類非計畫下的殺人行徑只能歸因於精神或情緒障礙。瓦利斯這方面尤其嚴重。當這些障礙產生影響，就會完全控制他。

接下來該我了。我在證人席坐下來，先集中思緒，然後在直接詢問下，當庭作證我對瓦利斯這個人以及他腦袋運作方式的據實理解是什麼。

「辯方列出了足夠多的精神疾病元素，因此我可以斬釘截鐵地說他沒有那種形成具體意圖或者執行預謀性動機的能力。他創造出很複雜的幻想，將它們化為行動，無法分辨腦袋裡的世界和他周遭世界這兩者的差別。從被告的被害者都是鎖定熟人的這個模式來看就很明顯。我的專業看法是瓦利斯正飽受精神疾病之苦，使得他缺乏形成具體意圖的能力。」

我接著解釋我的推論，我先從瓦利斯在很多面向都不太像會成為連環殺手的這個角度來切入。他在學校人緣很好，很有魅力也很迷人，在海軍服役時也做得有聲有色。不過所有犯罪行為一般來說都是從文化裡學習來的，連環殺手的本質一直都在演化，考驗著我們對什麼事情可不可能發生什麼的先入之見。暴力是某些人格的一種流動表現，它會呼應它所處的環境，以極其個人的方式彰顯出來。

對瓦利斯來說，這一切都源自於他想要有真正的情感生活所做的各種掙扎。這就是催化劑。先從他的家人開始——尤其是他母親和妻子——她們既是攻擊者，也是他唯一真正的情感依附，瓦利斯靠挑選那些關係親近的被害者來試圖解決他過去失敗的情感連結。他對人與人關係的理解是困惑混亂的，而他的雙重人格更是害他失去方向。但不管他內心有多紊亂，他表現在外的暴力手法卻冷靜沉著。他是利用憎恨、性和殺人來實現他對權力和控制權的完美想像。

瓦利斯的犯案手法同樣罕見。他在極大程度上算是一個條理型的殺手。但是他會跟蹤他認識的人，利用友誼，並借助毒品來強化他浮誇的幻想和解開他的拘謹。鮮少有其他犯罪者能有瓦利斯一樣的社交能力。重點不在於他覺得他跟人們無法親近，而在於他有能力讓別人覺得跟他是親近的。這成了瓦利斯軍火庫裡一個重要的武器，讓他可以逍遙法外。

我也強調了瓦利斯在童年和青少年成長期的幻想這件事的重要性。由於他母親曾不斷虐待他，再加上他父親對他的遺棄，使他自覺與周遭世界完全脫節，轉而沉迷於創造和控制自己的世界。他從來沒有跟別人建立過任何有意義的關係，於是這成了他幻想的架構，並透過這個脈絡挑選他的被害者。不過這種幻想的呈現方式很違反常理也格外殘暴。瓦利斯無法將他的恨意、挑釁、復仇、和恐懼外化在陌生人身上，反而找熟人來發洩，背叛了他們對他的信任。在一個因孩提時的巨大空虛而建構出來的幻想世界裡生活了多年之後，這正是他的回應之道。他在尋求肯定。他靠著儀式性地殺害那些對他示愛的人來找到解脫。這就是瓦利斯整體看待自己的方法，也是他覺得最親近別人的方法。

在我的證詞接近尾聲時，我再度重申瓦利斯是沒有能力分辨現實和幻想的。我解釋他有雙重人格，他無法分辨這兩者，也無法對這兩者保持住控制權。我用這一點和其他因素來暗示這是一種失衡的精神狀態。「瓦利斯在我看來，不管他的犯罪性質有多可怕，他都不能為自己的行為負起全部責任。他的犯罪是必然的。它們是他自身構造的一部份，是他心理的一部份，結合了他與生俱有的特質以及對外在環境的曝露，才把他造就成一個殺人犯。但這些都不代表他心裡住著一頭怪物，並不像瓦利斯自己所相信的那樣。這只是代表他是一個複雜且有嚴重缺陷的人，無法在不構成危險威脅的情況下在這個社會裡生活。」

一九九七年一月七日，在經過包括一百名證人和四百件物證的四個月審理之後，十二名陪審員判定被告犯下九宗一級謀殺罪。根據上訴報告，「每宗罪行都是基於惡意、預謀和深思熟慮。」三個禮拜後，也就是一月二十九日，同一批陪審團裁定瓦利斯必須為他的罪行付出生命的代價。審判長羅伯．強斯頓（Robert Johnston）當庭宣判的九個死刑裡也包括對強暴罪、以及瓦利斯被指控的其它多項罪行所做出的刑罰。

我對這個判決能夠理解，哪怕並不認同。但令我覺得鼓舞的是，陪審團曾經考量過四十個減刑因素，而且發現其中有半數以上都跟量刑有關。畢竟這正是當初為瓦利斯出庭作證的重點所在——那就是向大家證明，連環殺手比耳熟能詳的殘暴怪物這樣的比喻要來得複雜多了。我們要求陪審團考量心理因素、成長背景、以及在多面向的現實世界裡個人的發展，還有這一路下來的可能出岔機率。至少我們的聲音有被聽見。

判刑之後，瓦利斯終於有了發言的機會。他利用這個機會向被害者的家屬發表聲明，令我驚訝的是他的聲明內容顯示出某種程度的同情與理解，我從來沒有想到他會這樣表示。「在這些婦女當中，任何一個——可能是你們的女兒、母親、姐妹、或家人——不管怎麼樣都不該受到這種對待。」他說道，「她們並沒有對我做出任何事情讓我有奪走她們性命的正當理由。」

那一陣子，我鮮少有喘息的機會，更別提有時間對某件案子感到好奇。我一直都在忙，手邊總是有新的審理案件要準備，或者到大學授課，再不然就是那似乎永遠切不斷義務責任的BSU會來找我幫忙。即便如此，我還是忍不住偶而想起瓦利斯。他的案子對我來說是個轉折點。從那以後，上門找我出席重要公聽會，提供專家證詞的各項請託如潮水湧來，包括梅南德茲（Menendez）兄弟弒親案、比爾・寇斯比（Bill Cosby）性侵案、杜克大學曲棍球運動案（the Duke Lacroses case）。但我還是會找時間查看瓦利斯的上訴進度，讀一下偶而出現的新聞報導，而報導內容都是在試圖理解他的犯罪行為。

但我感興趣的不只是瓦利斯這個人。早期瓦利斯的訪談內容有部份是為了辯護，而透過這些訪談，我也開始認識了瓦利斯生活裡的那些女人。她們在自己的人生路上也都是被害者。我透過與她們的訪談，建立起關係。他的母親洛蒂・梅依（Lottie Mae）、他的姐姐伊芳、還有他那擔任監獄護理人員的未婚妻貝姬（Becky）都分享了她們對瓦利斯的寶貴看法。我傾聽她們，同時活用我以前專業諮詢性侵被害者的經驗所學，為她們提供了一些寶貴的資訊。

我從洛蒂・梅伊的口中得知，她的生母很年輕就過世，於是她父親也棄這個家庭於不顧。當我問到她瓦利斯的生父時，她說她被學校裡的一個老師佔了便宜，他是已婚男子，趁午休時間在學校的禮堂跟她發生性關係。他害她懷孕兩次。第一次是意外，對方並沒怪她。可是當洛蒂再度懷孕時，對方就生氣了，他說他能理解第一次犯錯，但無法理解連續兩次犯錯。他最後棄洛蒂於不顧，辭掉工作，回歸他的家庭。洛蒂沒多久就被退學。她身心受創，但如今回頭去想，她懷疑自己是把怒氣發洩在瓦利斯身上。

瓦利斯的姊姊伊芳告訴我，她和她弟弟有多親。她總是設法保護他，可是他們的童年很苦。她覺得瓦利斯尤其辛苦，因為他是個男孩，沒有父親陪他成長。也因為他的體型、還有他說話總是低聲細語，所以經常被同儕作弄。伊芳認為有些鄰居女孩因為瓦利斯個頭而長得比其他男孩高大，就常色瞇瞇地調侃他，可能也對他造成影響。

蕾貝卡・托里哈斯（Rebecca Torrijas）是一名嬌小的監獄護理人員，金髮碧眼，她是在瓦利斯在郡監獄裡等候審判時認識他和愛上對方。因為這段感情，她辭掉原本的工作，她告訴我：「我知道我越線了。」她非常清楚瓦利斯過去的歷史，但她還是覺得他受到誤解。在整個審判期間，她全程支持他，每天都到法庭報到，帶多套剛洗好的衣物給瓦利斯。她嫁給了瓦利斯，那是一場簡單的十五分鐘儀式，瓦利斯的公設辯護律師伊莎貝爾・黛依當正式見證人兼攝影師。這場婚禮是在他的死刑處決室隔壁房間舉行。「你不曉得亨利溫柔的那一面。」

她說得當然是對的。雖然我不時會收到瓦利斯寄來的信，向我更新他案子的最新近況，我當然還是不可能知道他溫柔的那一面。我只知道他的複雜——他腦袋裡那來勢凶猛的矛盾張力會碎裂成現實世界的暴力亂源。正是這一點令我不斷想起瓦利斯。我越是思索他這個人，越是對連環殺手現象有新的體悟。在瓦利斯之前，我總是透過臨床的視角在看這個現象——活像連環殺手代表的是一種我可以設法去追溯、舉證、和學習預測的疾病。但是瓦利斯對他腦袋裡怪物的描述幫忙我打開了視野。他真的是把自己看成兩個不同的個體，嚴重程度甚至到達他會把過去行為分成「好亨利」或「壞亨利」所為、但絕不是兩者合體做的。他是用破碎的視角在理解自己，這也反映出他人生經驗碎裂的總合。就像多數連環殺手一樣，瓦利斯施加在他人身上的痛苦，就本質來說是一種防禦，就像是在對他所遭受到的痛苦作出矯正的一種反應。或者至少一開始是如此。只是一旦開關被打開之後，這些就都不算數了，暴力才是王道。

是什麼驅動一個人成為殺手？是什麼因素讓這些人變得跟我們其他人不一樣？我用盡整

個職業生涯試圖搞懂它。但是答案沒有那麼簡單。

性侵、虐待或殺人，就像是粉碎了我們對人類心理狀態最基本的期待。這些行徑違反了大家心照不宣的社會契約，而人類就是靠這份契約才得以凝聚。這些行徑是褻瀆的、腐敗的。但在殺手的眼裡——在人性外圍邊緣生存的個體看來——這些徹底漠視人命的行徑是他們創造意義的一種方法，是他們活著的目的，是一種找到平衡的方法。對殺手而言，暴力是對某種神聖的表現。

犯罪心理最令人著迷的地方，就在於它是如此陌生但又如此令人不安地貼近我們。然而這股想要「搞懂它」的執著——亦即妄想解開謎底——也往往讓這份工作一開始之所以重要的那個原因蒙上了陰影。

我研究了連環殺手幾十年，不是為了玩貓捉老鼠的遊戲，也不是因為我覺得這些殺手很有趣。我不是因為同情他們的困境或者想要改造他們，讓他們恢復正常，才去做這些研究。

對我來說，原因一直都跟被害者有關。

他們是我之所以能堅持下去的原因。他們是我之所以敢一次又一次地正視黑暗的原因。他們是連環殺手為自我探索而被悲慘犧牲掉的人命代價，他們是機遇和環境下無助的被害者。他們是活生生會呼吸的個體，原本擁有無限的可能，卻被壓縮成一個個的頭版標題和統計數字。他們的名字雖然大多消失在歷史的洪流裡，或者淪為講述連環殺手及其犯罪行為的註解內容，但我從來不會忘記他們每一個人。

真正重要的是被害者。這故事既是我的，也是他們的。

謝辭

我們要將這本書獻給

琳達・利特爾・霍姆斯壯（Lynda Lytle Holmstrom）

（生於一九三九年，歿於二〇二一年）

她是一位具有遠見卓識的學者和跨領域合作的先驅者。琳達和我初識彼此時都剛在波士頓學院（Boston College）任教，我們在那裡共同教學一門醫療保健的課程。哪怕過了這麼多年，我依然記得那個明亮的新英格蘭午後，琳達跟我說她想要發展一個新的研究主題，將會影響婦女的生活以及兩性之間的關係。

琳達在讀了女性主義文學裡的故事和一九六〇年代末意識覺醒團體的婦女所寫的報告之

後，開始對性侵這個主題感到有興趣。但是她留意到研究人員幾乎不會把暴力行為拿來當研究的主題。這引起了我的注意。我不由得好奇若是用學術研究的方法來探討這個主題，可以從中學到什麼。如果我們能透過制度上的流程——她們跟警方、醫院、和法院系統的互動——來追蹤這些性侵被害者，可以獲得什麼樣的深入見解？

當我提議在這個研究裡添加諮詢的面向時，琳達問道：「社會學家可以和精神科護理師一起合作嗎？」我們決定靠自己找出答案。而這種對創新合作方式的不懈追求，終至全盤改變了世人對性侵害的概念。

琳達對她的研究自律甚嚴。什麼事都逃不出她的法眼，每件事都會被寫下來。沒有任何細節或數據點能從她手裡逃脫。她在性侵防治運動上所留下的印記對未來世代的婦女和學者來說實屬不朽遺產。

羅伯・洛伊・哈茲伍德

（生於一九三八年，歿於二〇一六年）

對調查作業和研究都有重大影響的人相當罕見，而像洛依・哈茲伍德這樣一個能影響到執法機關、調查科學——和犯罪剖繪，留下恆久印記的人更是罕見。不管什麼事情，只要洛伊全心投入，他必定是活力充沛、幹勁十足、竭誠奉獻。他從不放棄對正義的追求。但他最大的遺產或許是促進學術界、鑑識科學家和鑑識技術從業人員之間的合作互動與知識交流，幫不同研究領域搭起了橋樑，為後進設下了傲人典範。

羅伯・芮斯勒

（生於一九三七年，歿於二〇一三年）

小羅是FBI行為科學組的一個傳奇。他把「對抗怪物」視為己身任務之一，試圖去瞭解暴力犯罪者，他的願景和勇氣都在在令人驚嘆。連環殺手這個專業名詞就是他發明的，他任勞任怨，為調查科學開疆闢土。更重要的是，小羅瞭解創傷對被害者的影響，因此他總是能依據被害者背景研究組織他的調查作業。他對人體恤，心胸寬大，總是想辦法為家人、同事、和朋友騰出時間。在探員的眼裡，他是有魄力的領導者；對他的學生來說，他是很有啟發性的導師；對他的讀者來說，他是英雄。他留下來的遺產已跨出美國，推向國際。

除此之外，還有很多人也值得我們感恩，這本書的成型，一路上都是靠他們的幫忙。謝謝我們的經紀人Alice Martell如此之快地相信這份作業成果，而且從第一天起就成了狂熱的擁護者。謝謝我們的編輯Carrie Napolitano，她的活力和敬業所帶給我們的啟發多到連她自己都無法想像。謝謝阿謝特圖書集團（Hachette Books，簡稱ＨＢＧ）裡的每位成員，多虧他們幫忙，我們才得以堅持下去，完成這個專案：Michael Aielli、Michael Clark、Christina Palaia、Ashley Kiedrowski、Lauren Rosenthal、Lindsay Ricketts、Jeff Stiefel、Julie Ford、和整個ＨＢＧ業務團隊。

我們深深感謝約翰・道格拉斯，他是芮斯勒研究連環殺手的第一位夥伴，我們也深深感謝肯恩・藍寧，他們兩位都是匡提科的明星級探員，ＢＳＵ氣勢能繼續傳承下去，他們功不可沒。

我們最是感謝ＦＢＩ的高層，謝謝他們相信我們的研究，全力支持我們，包括局長威廉・韋伯斯特；幾位助理局長詹姆斯・麥肯錫、賴利・門羅、和肯恩・約瑟夫博士；以及多位ＢＳＵ主任艾倫・伯吉斯（Alan E. Burgess，暱稱Smokey）、約翰・亨利・坎貝爾（John Henry Campbell）、和羅傑・迪蒲。特別感謝ＦＢＩ行為科學部的同事和好友們：Dick Ault、Al Brantley、Grey Cooper、Bill Haigmeier、Joe Harpold、Jim Horn、Dave Icove、

Cindy Lent、Judd Ray、Jim Reese、Ron Walker、Art Westveer、和 Jim Wright，謝謝他們始終支持這個寫作計畫，同時他們也是某些文件的合著作者。

其他司法部的同仁也都很支持這次的寫作計畫，包括ＦＢＩ芝加哥分局的坎蒂絲．德朗、美國司法部的 Bob Heck、美國國家失蹤兒童與受剝削兒童研究中心的 John Rabun、以及罪犯人格諮詢委員會（Criminal Personality Advisory Board）：醫學博士 James L. Cavanaugh Jr.、醫學博士 Herman Chernoff、Charles R. Figley 博士、醫學博士 Thomas Goldman、法學博士 Willliam Heiman、Marvin J. Momzie 博士、註冊護理師兼法學博士 Joyce Kemp Laber、註冊護理師兼護理學博士 Vallory G. Lathrop、醫學博士 Richard Ratner；醫學博士 Kenneth Rickler、和醫學博士 George M. Saiger。

特別感謝波士頓市立醫院專案小組花了很長時間為這個計畫辨識筆跡、輸入和分析數據、撰寫報告，他們是程式設計師 Al Belanger、負責問卷設計的工商管理學博士 Allen G. Burgess、行政助理 Holly-Jean Chaplick、報告和書籍編輯 Marieanne L. Clark、波士頓大學統計學家 Ralph B. D'Agostino、研究助理 Renee Gould、負責精神動力學數據詮釋的護理學博士 Carol R. Hartman、行政人員 Deborah Lerner、負責數據詮釋的 Arlene McCormack 博士、以及抄寫員 Caroline Montane 和 Karen Woelfel。

還有很多很棒的同事幫忙指導我們，他們深信犯罪調查的未來概念：A. Nicholas Groth、Carol Hartman、Susan J. Kelley、Anna Laszlo、Maureen P. McCausland、Arlene McCormack、Robert Prentky、和 Wendy Wolbert Weiland。

如果不向我們在波士頓學院的同僚和領導高層表達感謝之意，那就太粗枝大葉了，他們始終都很支持我們的工作，包括康奈爾護理學院（Connell School of Nursing）院長 Susan Gennaro、校長 William P. Leahy SJ、教務長 David Quigley、Christopher Grillo、Tracy Bienen、和 Mary Katherine Hart。

謝謝來自賓州大學和威廉斯之家（The Williams House）的同僚們：Claire Fagin 院長、Ellen Baer、Jacqeline Fawcett、和 Neville Strumph、以及研究助理 Christine Grant。

最後但也是最重要的一件事，那就是要向我們的家人表達我們衷心的感謝與讚賞：Allen、Elizabeth、Benton、Clayton、和 Sarah Burgess；以及 Monica 和 Milo Constantine。為了我們，他們展現出無比的包容與耐性，在無以數計的晚餐時間忍受著不是很適合晚餐拿出來談的書中內容。謝謝你們一直都在。

資料來源

Burgess, Ann Wolbert, and Lynda Lytle Holmstrom, "Rape Trauma Syndrome." *American Journal of Psychiatry* (1974): 981-986.

同上, "The Rape Victim in the Emergency Ward." *American Journal of Nursing* 73 (October 1973): 1741-1745

Lanning, K. V., and A. W. Burgess. "Child Pornography and Sex Rings." *FBI Law Enforcement Bulletin* 53, no. 1 (January 1984): 10-16, NCJ Number 93131.

Ressler, R. K., and A. W. Burgess, eds. "Violent Crimes." *FBI Law Enforcement Bulletin* 54, no. 8 (1985): 1-31.

Ressler, R. K., A. W. Burgess, and J. E. Douglas. *Sexual Homicide: Patterns and Motivation.* New York: Free Press, 1988.

一九七八年在波士頓學院
任教的安・布吉斯

一九七八年，安・布吉斯與琳達・利特爾・霍姆斯壯共同合作她們的性侵被害者諮詢計畫。照片承蒙波士頓學院提供。

心理學家尼克．格魯斯與安．布吉斯的合影。

一九七八年，波士頓學院針對暴力被害者這個主題所舉辦的跨領域會議，由左至右分別是助理安娜．拉茲洛、尼克．格魯斯、安．布吉斯、和警探保羅．魯弗（Paul Rufo）。

UNITED STATES DEPARTMENT OF JUSTICE

FEDERAL BUREAU OF INVESTIGATION

In Reply, Please Refer to
File No.

FBI Academy
Quantico, Virginia 22135
February 20, 1980

Dr. Ann Burgess
School of Nursing
Boston University
635 Commonwealth Avenue
Boston, Massachusetts 02215

Dear Dr. Burgess:

I would like to take this opportunity to invite you to the FBI Academy on February 22, 1980, to consult with members of the Behavioral Science Unit regarding future research in the area of the criminal personality.

We deeply appreciate your past assistance to the Training Division of the FBI and look forward to continued cooperation in the future.

Special Agent Robert K. Ressler of the Behavioral Science Unit will coordinate your travel plans.

Sincerely yours,

James D. McKenzie
Acting Assistant Director

一九八〇年，FBI寫給安．布吉斯的歡迎信。照片承蒙安．布吉斯提供。

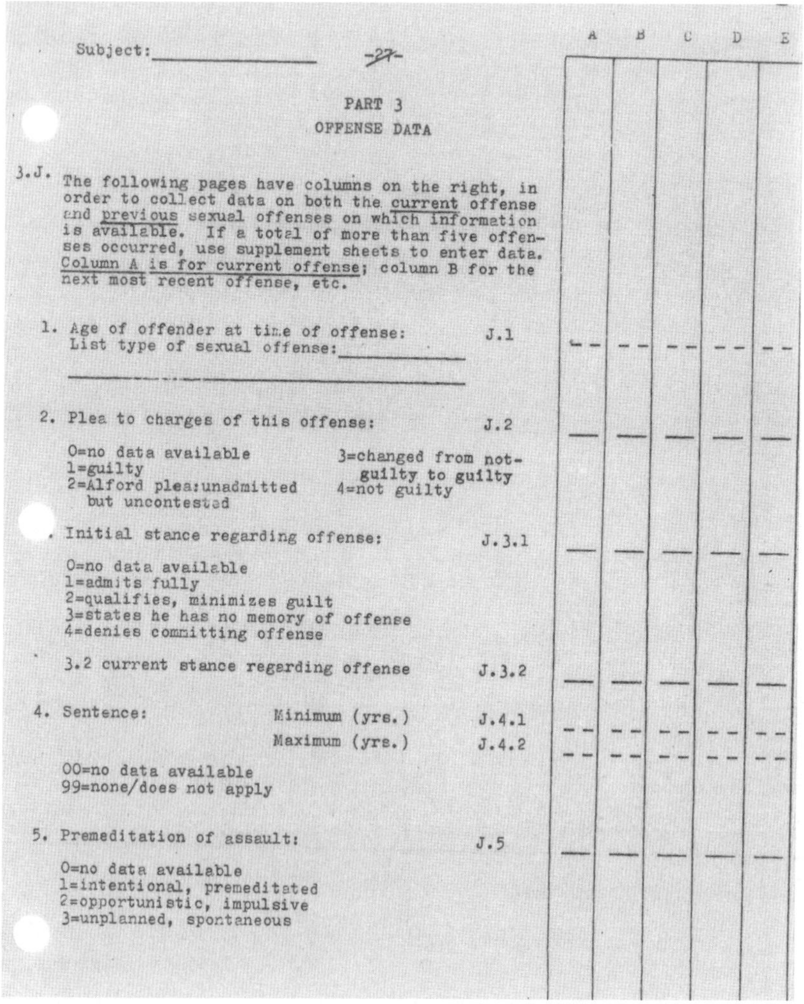
Subject:________________ -27-

A B C D E

PART 3

OFFENSE DATA

3.J. The following pages have columns on the right, in order to collect data on both the current offense and previous sexual offenses on which information is available. If a total of more than five offenses occurred, use supplement sheets to enter data. Column A is for current offense; column B for the next most recent offense, etc.

1. Age of offender at time of offense: J.1
   List type of sexual offense:________________

2. Plea to charges of this offense: J.2

   0=no data available
   1=guilty
   2=Alford plea:unadmitted but uncontested
   3=changed from not-guilty to guilty
   4=not guilty

. Initial stance regarding offense: J.3.1

   0=no data available
   1=admits fully
   2=qualifies, minimizes guilt
   3=states he has no memory of offense
   4=denies committing offense

   3.2 current stance regarding offense J.3.2

4. Sentence: Minimum (yrs.) J.4.1
   Maximum (yrs.) J.4.2

   00=no data available
   99=none/does not apply

5. Premeditation of assault: J.5

   0=no data available
   1=intentional, premeditated
   2=opportunistic, impulsive
   3=unplanned, spontaneous

此示例頁面取自於安・布吉斯為FBI行為科學組設計的數據評估工具。照片承蒙安・布吉斯提供。

一九八〇年最早的FBI剖繪專家，照片承蒙《今日心理學》（*Psychyology Today*）雜誌提供。

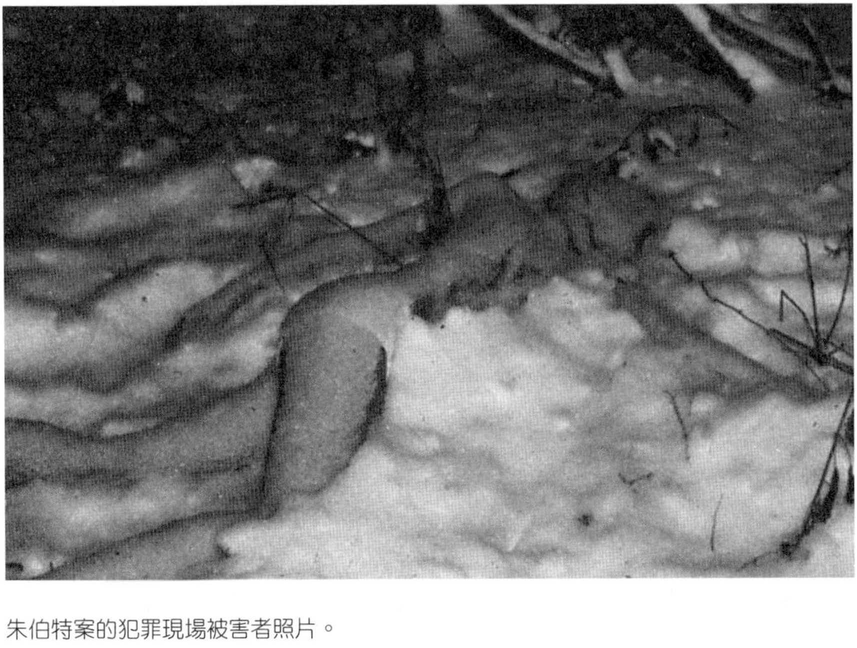

朱伯特案的犯罪現場被害者照片。

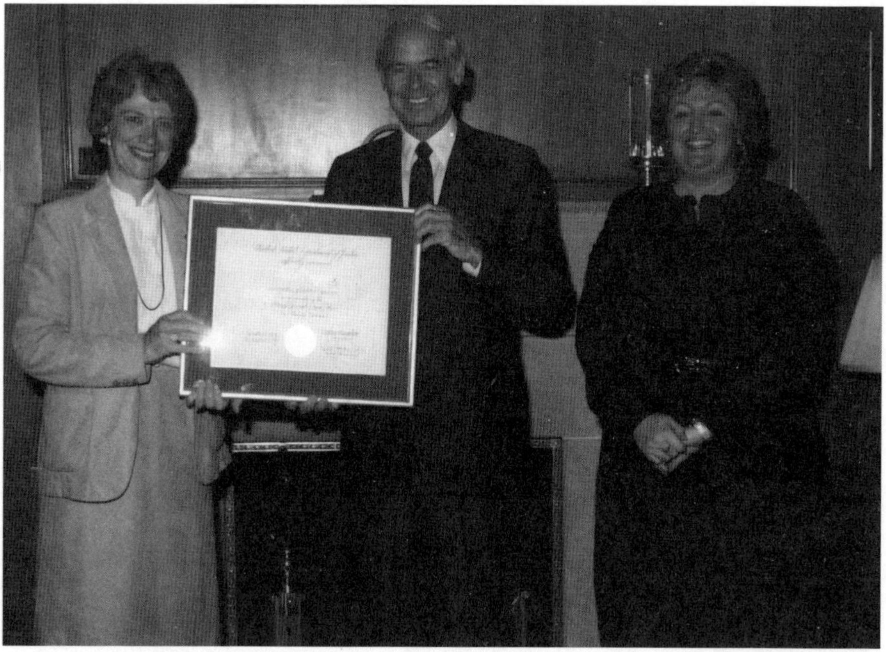

司法部長威廉・法蘭屈・史密斯（William French Smith）一九八四年的家暴專責小組。由左至右分別是安・布吉斯、司法部長史密斯、和助理部長洛依絲・海特・赫林頓（Lois Haight Herrington）。照片承蒙司法部提供。

一九八五年奧珀・霍頓畫她的好朋友被綁架。照片承蒙安・布吉斯提供。

一九八五年奧珀・霍頓畫她躲了起來以免被那個綁架她朋友的人找到。照片承蒙安・布吉斯提供。

Statistics from the FBI's Uniform Crime Reports document the alarming number of victims of sexually violent crimes. One of the disturbing patterns inherent in these statistics is that of the serial or repetitive criminal. Law enforcement officials have questioned whether a small percentage of criminals may be responsible for a large number of crimes, that is, a core group of habitual serious and violent offenders. This has been documented in one study on juvenile delinquents,[1] and other studies have reported similar results,[2] with average estimates of from 6 to 8 percent of delinquents comprising the core of the delinquency problem.

To address this problem, law enforcement is studying techniques to aid in apprehending serial offenders. These techniques require an indepth knowledge of the criminal personality, an area that, until recently, was researched primarily by forensic clinicians who interviewed criminals from a psychological framework or by criminologists who studied crime trends and statistics. Missing from the data base were critical aspects relevant to law enforcement investigation. Researchers have now begun to study the criminal from law enforcement perspectives, with a shift in focus to the investigative process of crime scene inquiry and victimology.

Our research is the first study of sexual homicide and crime scene patterns from a law enforcement perspective. It includes an initial appraisal of a profiling process and interviews of incarcerated murderers conducted by FBI Special Agents. The interviews contain specific questions answered from compiled sources plus lengthy, open-ended interviews with the murderers themselves. A subsample of 36 sexual murderers was selected for analysis to develop further information for profiling these murders. Here, we present what we learned about these 36 men. It is important to recognize that we are making general statements about these offenders. Not all statements are true for *all* offenders, although they may be true for *most* of the 36 men or for most of the offenders from whom we obtained data. Responses were not available from all offenders for all questions.

《FBI執法學報》（FBI Law Enforcement Bulletin）一九八五年出版的特稿。

Crime Scene and Profile Characteristics of Organized and Disorganized Murderers

". . . there were significant differences in the crime scenes of organized and disorganized offenders. . . ."

When requested by a law enforcement agency to assist in a violent crime investigation, the Agents at the Behavioral Science Unit (BSU) of the FBI Academy provide a behaviorally based suspect profile. Using information received from law enforcement about the crime and crime scene, the Agents have developed a technique for classifying murderers into one of two categories—organized or disorganized, a classification method evolving from years of experience and knowledge. In the service of advancing the art of profiling, the Agents were anxious to know if this classification system could be scientifically tested. This article describes the research study and statistical tests performed by a health services research staff on data collected.

Objectives of the Study

Thirty-six convicted sexual murderers were interviewed by FBI Agents for a study on sexual homicide crime scenes and patterns of criminal behavior. These study subjects represented 25 serial murderers (the murder of separate victims, with time breaks between victims ranging from 2 days to weeks or months) and 11 sexual murderers who had committed either a single homicide, double homicide, or spree murder.

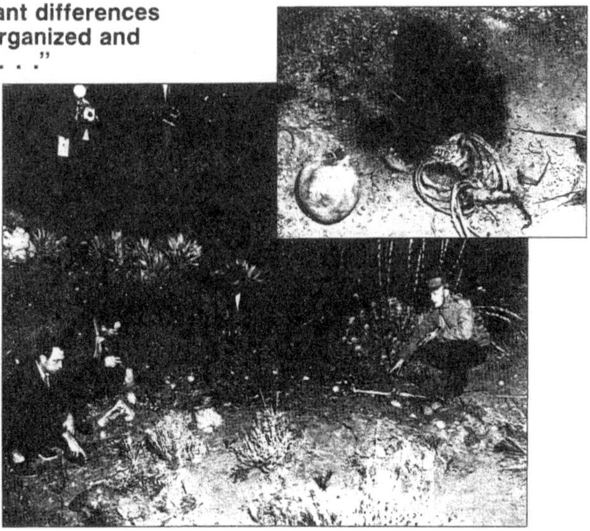

Crime scene of an organized offender investigated by Pierce Brooks in 1958 while a homicide detective sergeant with the Los Angeles Police Department.

The major objectives of this study were to test, using statistical inferential procedures, whether there are significant behavioral differences at the crime scenes between crimes committed by organized and disorganized murderers and to identify variables that may be useful in profiling orga-

《FBI執法學報》(FBI Law Enforcement Bulletin)一九八五年出版的特稿。

The Split Reality of Murder

". . . to many serial killers, . . . fantasies of murder are as real as their acts of murder."

"Murder is very real. It's not something you see in a movie. You have to do all the practical things of surviving,"[1]

Murder is, indeed, very real. Yet to many serial killers, their fantasies of murder are as real as their acts of murder. To them, their existence is split into two realities: The social reality of the "normal" world where people do not murder, and the psychological vitality of the fantasy that is the impetus for the killer to commit his heinous crime. It is a split reality because the fantasy life is such a preoccupation. It becomes an additional reality, distinguishable from the "other" reality of the day-to-day social world.

Interviews with 36 convicted sexual murderers have provided insights into their attitudes, beliefs, and justifications for their crimes. In order to interpret the murderer's sense of what is important, this article presents thoughts and beliefs articulated by the murderers themselves. First, we discuss the structure of conscious motives for murder, the killer's longstanding fantasy of violence and murder. Second, we look at what happens when the fantasy of murder is played out through its various phases. By presenting our interpretation of the fantasy's importance to the serial killer, we hope to suggest perspectives for law enforcement on the investigation of sexual homicide.

Motive and Fantasy

How does the motive for a murder evolve, and what triggers the murderer to act? Many murders puzzle law enforcement because they appear to lack the "usual" motives, such as robbery or revenge. Motives, however, need to be determined, since understanding the motive is critical to the subsequent apprehension of a suspect.

The 36 murderers in our study, replying to this fundamental question of what triggered their first murders, revealed that as a group, they were aware of their longstanding involvement and preference for a very active fantasy life and they were devoted to violent sexual fantasies. Most of these fantasies, prior to the first murder, focused on killing, while fantasies that evolved after the *first* murder often focused on perfecting various phases of the murder. The following illustrates an early fantasy of one of the serial murderers that developed following the move of his bedroom to a windowless basement room. This fantasy

《FBI執法學報》（FBI Law Enforcement Bulletin）一九八五年出版的特稿。

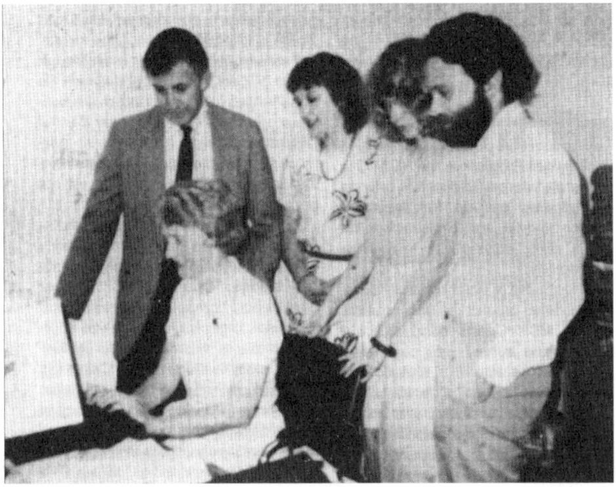

特別探員羅伯・芮斯勒請益波士頓市立醫院罪犯人格研究專案計畫的工作人員。被攝者有安・布吉斯博士（坐在電腦桌前）和（從左到右的站立者）特別探員芮斯勒、荷莉—吉恩・卡普里克（Holly-Jean Chaplick）、瑪麗安娜・克拉克（Marieanne Clark）、和彼德・喬加內（Peter Gaccione）。照片來自於一九八六年的《FBI執法學報》。

由左至右：羅伯・芮斯勒、艾德蒙・肯培、和約翰・道格拉斯。照片承蒙安・布吉斯提供。

水道旁的犯罪現場被害者照片。FBI照片。

性謀殺研究的標題幻燈片，這是用來向FBI出示行為特徵和數據資料。照片承蒙安・布吉斯提供。

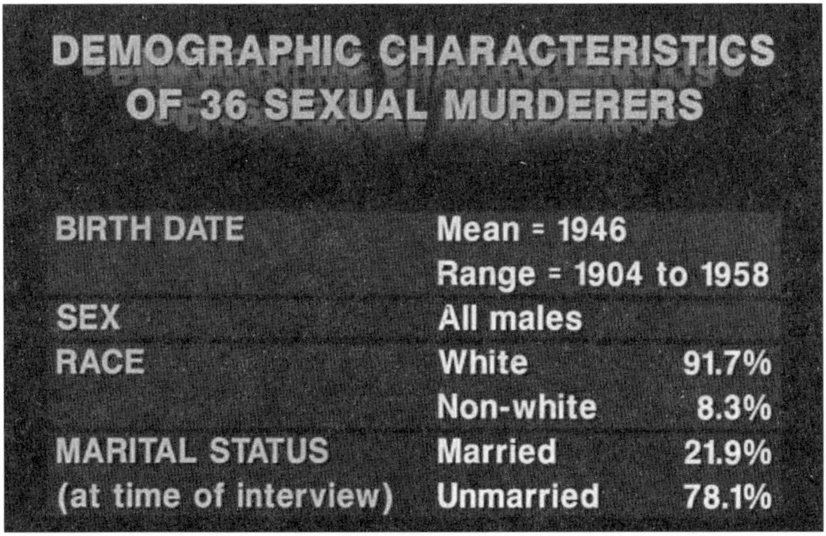

性謀殺研究的人口統計幻燈片，這是用來向FBI出示行為特徵和數據資料的。照片承蒙安・布吉斯提供。

FBI連環殺手藍帶小組。照片承蒙《捍衛蓋瑞》(*Defending Gary*)的作者馬克．普羅瑟羅(Mark Prothero)提供。

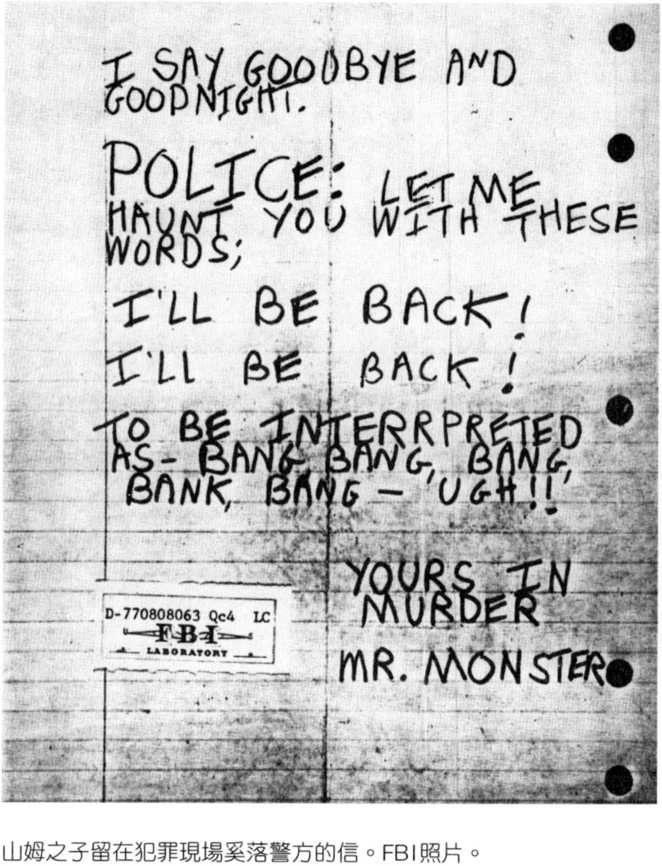

I SAY GOODBYE AND GOODNIGHT.

POLICE: LET ME HAUNT YOU WITH THESE WORDS;

I'LL BE BACK!
I'LL BE BACK!

TO BE INTERRPRETED AS - BANG BANG, BANG, BANK, BANG - 'UGH!!'

YOURS IN MURDER
MR. MONSTER

D-770808063 Qc4 LC
FBI
LABORATORY

山姆之子留在犯罪現場奚落警方的信。FBI照片。

亨利・路易斯・瓦利斯所繪的其中一張圖畫，畫的是他正在殺害他的第一個被害者。
照片來自私人收藏。

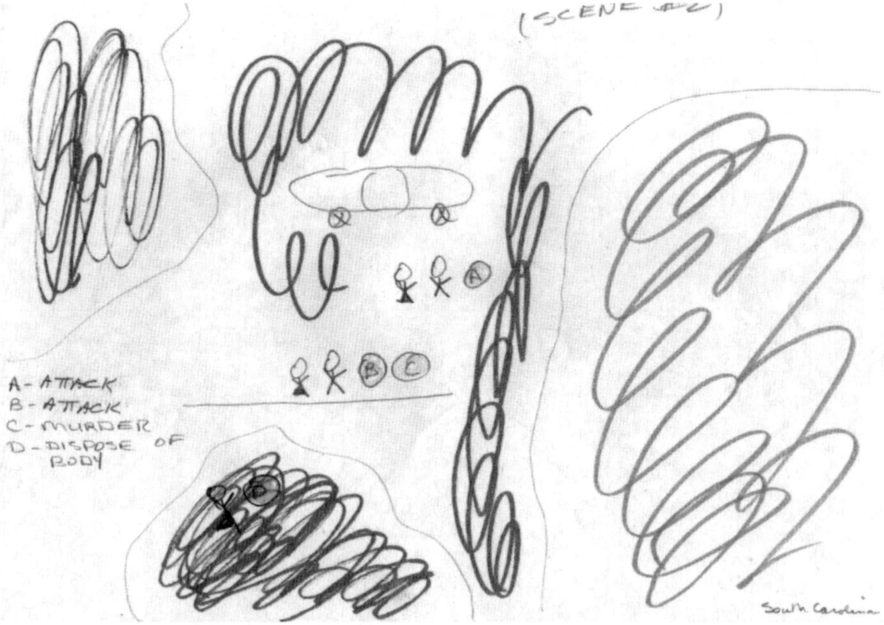

亨利・路易斯・瓦利斯所繪的其中一張圖畫，畫的是他的犯罪階段。照片來自私人收藏。

臉譜書房 FS0153

破案女神：從學院講堂、急診病房到FBI的地下室，找出與殺人魔對話的方法，寫下解讀邪惡之心的規則，「行為科學組」與犯罪剖繪技術的幕後女傑

A Killer by Design: Murderers, Mindhunters, and My Quest to Decipher the Criminal Mind

原著作者	安·伍柏特·布吉斯 Ann Wolbert Burgess、 史蒂芬·馬修·康斯坦丁 Steven Matthew Constantine
譯者	高子梅
書封設計	Bianco Tsai
責任編輯	廖培穎
行銷企畫	陳彩玉
業務	陳紫晴、林佩瑜、葉晉源
出版	臉譜出版
發行人	凃玉雲
總經理	陳逸瑛
編輯總監	劉麗真 城邦文化事業股份有限公司 台北市中山區民生東路二段141號5樓 電話：886-2-25007696　傳真：886-2-25001952
發行	英屬蓋曼群島商家庭傳媒股份有限公司城邦分公司 台北市中山區民生東路二段141號11樓 客服專線：02-25007718；25007719 24小時傳真專線：02-25001990；25001991 服務時間：週一至週五上午09:30-12:00；下午13:30-17:00 劃撥帳號：19863813　戶名：書虫股份有限公司 讀者服務信箱：service@readingclub.com.tw 城邦網址：http://www.cite.com.tw
香港發行所	城邦（香港）出版集團有限公司 香港灣仔駱克道193號東超商業中心1樓 電話：852-25086231　傳真：852-25789337
馬新發行所	城邦（馬新）出版集團【Cite(M) Sdn. Bhd. (458372U)】 41-3, Jalan Radin Anum, Bandar Baru Sri Petaling, 57000 Kuala Lumpur, Malaysia. 電話：603-90563833　傳真：603-90576622 電子信箱：services@cite.my
一版一刷	2022年8月
ISBN	978-626-315-155-0

城邦讀書花園
www.cite.com.tw

售價：450元
（本書如有缺頁、破損、倒裝，請寄回更換）

國家圖書館出版品預行編目資料

破案女神：從學院講堂、急診病房到FBI的地下室，找出與殺人魔對話的方法，寫下解讀邪惡之心的規則，「行為科學組」與犯罪剖繪技術的幕後女傑／安·伍柏特·布吉斯（Ann Wolbert Burgess）、史蒂芬·馬修·康斯坦丁（Steven Matthew Constantine）著；高子梅譯. -- 初版. -- 臺北市：臉譜出版：英屬蓋曼群島商家庭傳媒股份有限公司城邦分公司發行, 2022.08
面；　公分. --（臉譜書房；FS0153）
譯自：A Killer by Design: Murderers, Mindhunters, and My Quest to Decipher the Criminal Mind
ISBN 978-626-315-155-0（平裝）

1. CST: 布吉斯（Burgess, Ann Wolbert）　2. CST: 傳記
3. CST: 美國

785.28　　111009072